学炒股

从新手到高手

（扫码即读即看视频版）

杨小丽 / 编著

买
涨
卖
跟
跌
抛

中国铁道出版社有限公司

CHINA RAILWAY PUBLISHING HOUSE CO., LTD.

内 容 简 介

本书以通俗易懂、以图析文的方式全面地讲解了投资者涉足股市需要了解和掌握的股票知识及操作技能,主要内容包括股民必备的股票常识,了解股市和各个参与者以及股份公司,股民如何进入股市,股票投资的基本面分析,K线与缺口的分析,移动平均线和成交量的分析,通达信炒股软件的简介,实时了解与分析股市信息,手机炒股,掌握股票买卖技巧,新股民所必备的防范技能等知识。通过阅读本书,投资者可在短时间内系统地学习进入股市需要了解和掌握的知识,从而达到快速投身股市赚钱的目的。

本书适用于准备入市或者已入市的新股民、股票投资爱好者,适合作为大中专院校或者企业的股市入门培训教材,同时对有一定炒股经验的用户也有较高的参考价值。

图书在版编目(CIP)数据

学炒股从新手到高手/杨小丽编著.—北京:中国铁道
出版社,2018.1(2022.1 重印)
ISBN 978-7-113-23258-0

Ⅰ.①学⋯ Ⅱ.①杨⋯ Ⅲ.①股票投资-基本知识
Ⅳ.①F830.91

中国版本图书馆 CIP 数据核字(2017)第 144856 号

书   名:**学炒股从新手到高手**
作   者:杨小丽

责任编辑:张亚慧   编辑部电话:(010)51873035   邮箱:lampard@vip.163.com
封面设计: MXK DESIGN STUDIO
责任印制:赵星辰

出版发行:中国铁道出版社有限公司(100054,北京市西城区右安门西街 8 号)
印   刷:佳兴达印刷(天津)有限公司
版   次:2017 年 7 月第 1 版   2018 年 1 月第 2 版   2022 年 1 月第 2 次印刷
开   本:700mm×1000mm 1/16   印张:18   字数:348 千
书   号:ISBN 978-7-113-23258-0
定   价:49.00 元

随着市场经济的不断发展，通货膨胀率会导致金钱的实际购买力下降。当通货膨胀率高于定期存款利率时，金钱的价值就会缩水。面对这样的情况，仅仅靠定存获息理财的方式已经不能满足人们让钱保值、升值的需求，我们只能想方设法，这样才能让我们的生活不为钱而发愁。

选择"少花冤枉钱，让钱生钱"的投资方式是让钱保值、升值最有效的途径之一。由于炒股是一种快速获取利润的渠道，因此越来越多的投资者将目光聚集在股票投资上。然而根据调查显示：近几年来，证券市场的投资者，70%的人亏本，20%的人持平，只有10%的人赚钱。这说明股市仍是多数人赔钱、少数人赚钱的地方。

要想让自己也属于10%赚钱的那部分人，前期的准备工作是必不可少的，包括了解炒股的基础知识、掌握炒股的技术分析和投资策略等。只有充分准备，用知识和技术将自己武装起来，才能在股市的大海中游刃有余、收益丰厚。为此，我们特别推出了这本简单易学、方便实用的炒股入门书籍。该书不仅内容翔实，而且理论知识与实际分析完美结合，能够真正让您学到炒股必知的专业知识，成为一名真正的股票投资者，在股市中赚钱。

内容精髓

本书总共12章，主要从基础知识、综合分析、操作技能和投资策略4方面全方位地进行讲解，具体内容如下图所示。

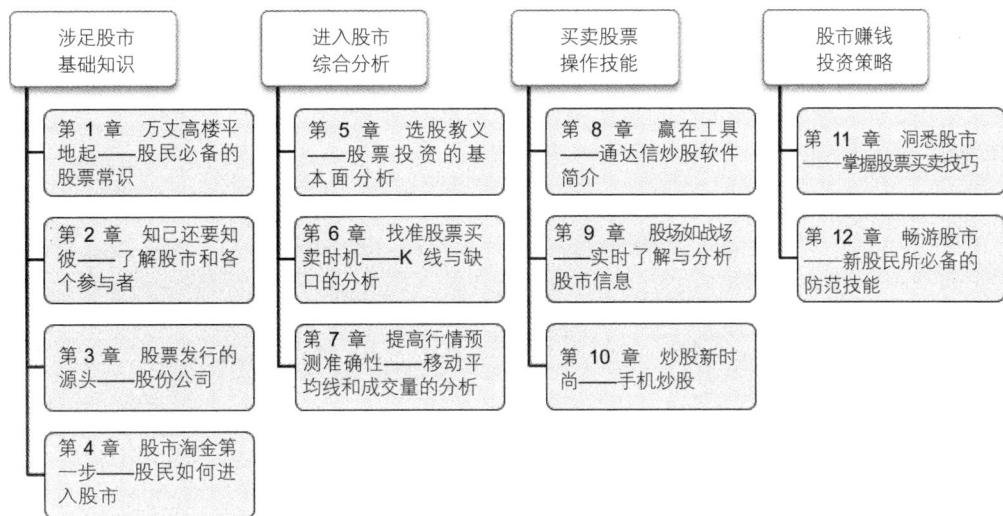

涉足股市基础知识	进入股市综合分析	买卖股票操作技能	股市赚钱投资策略
第1章 万丈高楼平地起——股民必备的股票常识	第5章 选股教义——股票投资的基本面分析	第8章 赢在工具——通达信炒股软件简介	第11章 洞悉股市——掌握股票买卖技巧
第2章 知己还要知彼——了解股市和各个参与者	第6章 找准股票买卖时机——K线与缺口的分析	第9章 股场如战场——实时了解与分析股市信息	第12章 畅游股市——新股民所必备的防范技能
第3章 股票发行的源头——股份公司	第7章 提高行情预测准确性——移动平均线和成交量的分析	第10章 炒股新时尚——手机炒股	
第4章 股市淘金第一步——股民如何进入股市			

其中，"涉足股市基础知识"主要是对股市中的一些基本概念、术语以及新股民如何入市等知识进行介绍；"进入股市综合分析"主要是对股票的基本面和技术面进行介绍；

"买卖股票操作技能"主要是对炒股软件的使用及其对行情的分析进行介绍；"股市赚钱投资策略"主要是对著名的投资理论、投资大师的炒股经验以及各种防范技能进行介绍。

内容特点

知识全面，方便查找	实例真实，实战性强	文字图示化，易于阅读
系统全面地将新股民入门需要掌握的理论知识、技术分析和操作技能分类归纳为 269 项知识点，方便读者快速查找对应的知识进行学习。	除了介绍必备的理论知识以外，还通过"应用示例"板块列举了大量实例，通过实例对理论知识进行分析，让投资者学以致用。	将理论知识以大量的图示进行讲解，打破了传统书籍中呆板、枯燥的写作风格，这样使整个版式轻松活泼，易于阅读。

读者对象

本书适用于准备入市或已入市的新股民、股票投资爱好者，适合作为大中专院校或者企业的股市入门培训教材，同时对有一定炒股经验的用户也有较高的参考价值。

由于编者知识有限，书中难免会有疏漏和不足之处，恳请广大专家和读者不吝赐教。

编者
2017 年 5 月

目　　录

第 1 章

万丈高楼平地起——股民必备的股票常识

随着市场经济的不断发展,股市投资已成为人们的一种理财手段,"炒股"一词已流行于大街小巷,本章将介绍一些关于新股民炒股时需要掌握的股票常识。

◇ 什么是证券
◇ 股票有什么特征
◇ 股票上市对投资者有什么好处
◇ 股票与债券有什么区别
◇ 什么是普通股与优先股
◇ 《证券法》对股票上市有什么规定
◇ 股票术语

◇ 什么是股票和股票投资者
◇ 股份公司为什么要发行股票
◇ 股票价值指的是什么
◇ 股票涨跌分别用什么颜色标识
◇ 股票代码意义
◇ 上市公司能否使用募集的资金炒股
◇ 股票发行术语

一、了解股票的基础知识

随着我国股票市场的不断发展与完善，参与股市投资的股民日益增多，而股票自然而然也成为大家关心的热门话题。对于一个新股民而言，需要掌握哪些基础知识呢？本小节将对其进行详细的介绍。

第1项 什么是证券

证券是多种经济权益凭证的统称，是持券人有权按其券面所载内容取得应有权益的证明。

根据性质的不同，可以将证券分为有价证券和凭证证券两种，其具体包含的内容如图 1-1 所示。

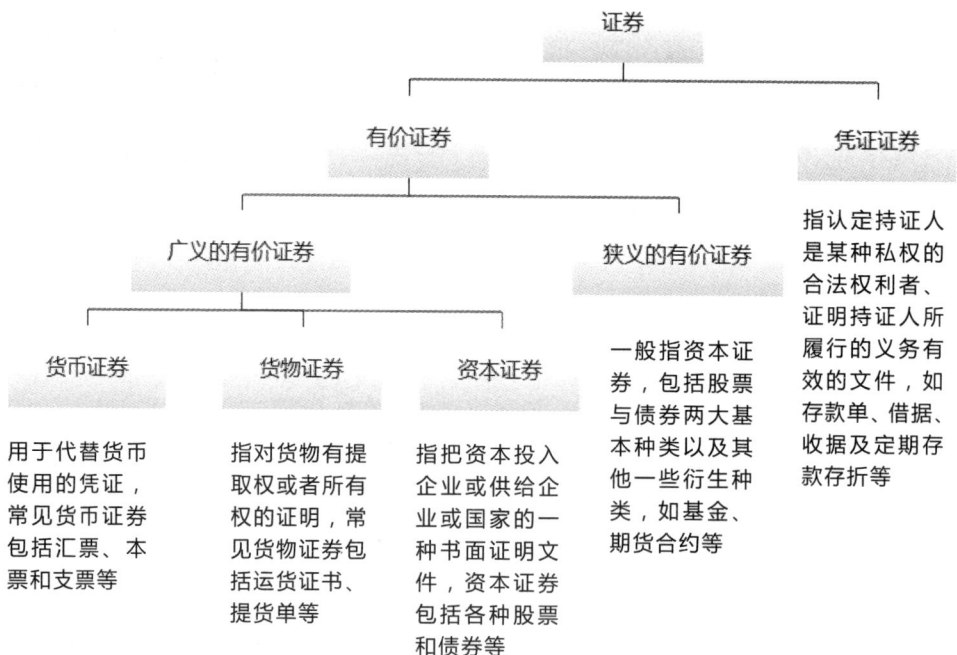

图 1-1　证券的分类

第2项 什么是股票和股票投资者

股票伴随着股份制公司的出现而出现，至今已有 400 年历史，那么股票到底是什么？股票中的投资者又是谁呢？

(1) 股票

股份证书的简称，是股份公司为筹集资金而发行给股东作为持股凭证并借以取得股息和红利的一种有价证券。每股股票都代表股东对企业拥有一个基本单位的所有权。它是股份公司资本的构成部分，可以转让、买卖或作价抵押，是资金市场的长期信用工具。

(2) 股票投资者

股票投资者就是在股票市场中进行长期投资的人或机构。广义的投资者包括公司股东、债权人和利益相关者；狭义的投资者指的就是股东。

什么是投机者

根据投资者对风险的态度，可以把投资者划分为投机者和投资者。投机者是指在期货市场上通过"买空卖空""卖空买空"，希望以较少的资金来博取利润的投资者。

第3项 股票有什么特征

股票作为一种有价证券，主要具有不可偿还性、收益性、参与性、价格波动性和风险性以及流通性5个方面的特征，其具体特征如表1-1所示。

表1-1 股票的特征

不可偿还性	股票是一种无限期的长期投资，一经向股份公司购买股票之后，只要该公司依然存在，任何股票投资者都不能要求退股并返还资金。如果需要取回资金，可以在证券交易市场将股票转让给第三方。股票的转让只代表持有该股票的股东身份的转移，而对股份公司的资本并没有直接的影响
收益性	作为一种有偿投资，股票持有者有权从股份公司获取投资回报，其收益的多少取决于投资者的成本、股份公司的盈利水平和盈利的分配政策。另外，投资者还可以通过转让股票并从中获取差价，以实现投资金额保持增长的方式来体现股票的收益性
参与性	股东有权出席股东大会、选举公司董事会以及参与公司的重大决策

价格波动性和风险性	任何投资都存在着风险。股票作为在市场中流通的交易对象，与一般商品相似，股票的价格也是根据供求关系的变化而上下波动，其供求关系受到市场行情、公司经营状况、政策等因素影响。股票投资的风险正是来源于股票价格波动的不确定性，价格波动的不确定性越大，投资的风险性就越高
流通性	股票作为有价证券，可以在市场上买卖、转让，也可以继承、抵押，因此股票具有流通性，吸引投资者不断地进行交易，使股票价格在交易过程中发生变动，并带动投资者的资金流动，从而实现社会资源优化配置的效果。流通性越强的股票，其收益越乐观，交易的频率就越高

第4项 股份公司为什么要发行股票

股份公司发行股票是因为股票上市后会给上市公司带来很多益处，具体如图 1-2 所示。

1　公司的股票上市后，该公司就成为投资大众的投资对象，公司可以很容易地吸收投资者储蓄资金，扩大筹资的来源

2　股票上市后，上市公司的股权就分散在成千上万个大小不一的投资者手中，这种股权分散化能有效地避免公司被少数股东单独支配的风险，赋予公司更大的经营自由度

3　股票交易所对上市公司股票行情及定期会计册的公告，起到广告宣传的效果，这有利于扩大公司的知名度和提高公司的信誉

4　公司主权分散及资本大众化的直接效果就是使股东人数大大增加，这些数量极大的股东及其亲朋好友自然会购买上市公司的产品，成为上市公司的顾客

5　股票上市后，公司可以争取更多的股东。股票多就意味着消费者多，有利于公共关系的改善和实现所有者的多样化，对公司的广告亦有强化作用

6　利于公司股票价格的确定

7　上市公司既可公开发行证券，又可对原有股东增发新股。这样，上市公司的资金来源就很充分

8　为鼓励资本市场的建立与资本积累的形成，一般对上市公司进行减税优待

图 1-2　股票上市对上市公司的益处

不是所有的大公司都愿意发行股票

大多数证券交易所规定，凡是在交易所里挂牌的公司必须定期将公司的财务状况等信息对外公布，因此，有些公司不愿意受这种限制而没有将其股票在证券交易所挂牌上市。

第5项 股票上市对投资者有什么好处

股票上市除了能为上市公司带来很多的好处外，还可以为投资者带来很多的好处，如图1-3所示。

1	挂牌上市为股票提供了一个连续性市场，这利于股票的流通。股票的流通性越好，其收益越乐观，投资者就越愿意购买
2	有利于获得公司的经营及财务方面的信息和资料，辅助投资者了解公司的现状，从而作出正确的投资决策
3	股票的买卖只有在买进与卖出报价一致时方能成交，所以证券交易所里的成交价格比场外市场里的成交价格公平合理
4	证券交易所利用传播媒介，迅速宣布上市股票的成交行情。这样，投资者就能了解市价变动的趋势，作为投资决策的参考
5	证券交易所对代理人或经纪人所收取的佣金有统一的标准，老少无欺

图1-3 股票上市对投资者的好处

第6项 股票价值指的是什么

股票所以能够有价，是因为股票的持有人（即股东）不但可以参加股东大会，还可以对股份公司的经营决策施加影响，并有参与分红与派息的权利，从而获得相应的经济利益。同理，凭借某一单位数量的股票，其持有人所能获得的经济收益越大，股票的价格相应也就越高。

股票的价值可分为面值、净值、清算价格、发行价及市价5种，其具体的介绍如表1-2所示。

表 1-2 股票的价值

面值	面值是股份公司在所发行的股票票面上标明的票面金额，它以"元/股"为单位，其作用是表明每一张股票所包含的资本数额。在我国上海和深圳证券交易所流通的股票的面值均为壹元，即每股一元
净值	净值又称为账面价值，也称为每股净资产，是用会计统计的方法计算出来的每股股票所包含的资产净值。每股股票净值的计算方法是：净值＝公司净资产/总股本，其中公司净资产包括注册资金、各种公积金、累积盈余等，不包括债务。股份公司的账面价值越高，则股东实际拥有的资产就越多。由于账面价值是财务统计、计算的结果，数据较精确而且可信度很高，所以它是股票投资者评估和分析上市公司实力的重要依据之一，股民应注意上市公司的这一数据
清算价格	清算价格是指股份公司破产或倒闭后进行清算时，每股股票所代表的实际价值。从理论上讲，股票的每股清算价格应与股票的账面价值相一致，但企业在破产清算时，其财产价值是以实际的销售价格来计算的，而在进行财产处置时，其售价一般都会低于实际价值。所以，股票的清算价格就会与股票的净值不一致。股票的清算价格只是在股份公司因破产或其他原因丧失法人资格而进行清算时才被作为确定股票价格的依据，在股票的发行和流通过程中没有意义
发行价	当股票上市发行时，上市公司从公司自身利益以及确保股票上市成功等角度出发，对上市的股票不按面值发行，而制订一个较为合理的价格来发行，这个价格就称为股票的发行价
市价	市价是指股票在交易过程中交易双方达成的成交价，通常所指的股票价格就是市价。股票的市价直接反映着股票市场的行情，是股民购买股票的依据。由于受众多因素的影响，股票的市价处于经常性的变化之中。股票价格是股票市场价值的集中体现，因此这一价格又称为股票行市

第7项 股票价格指的是什么

股票本身没有价值，它只是虚拟资本的一种形式，但它可以当作商品出卖，并且有一定的价格。

股票价格又叫股票行市，它不等于股票票面的金额。股票的票面额代表投资入股的货币资本数额，它是固定不变的；而股票价格则是变动的，它经常是大于或小于股票的票面金额。

股票的买卖实际上是买卖获得股息的权利，因此股票价格不是它所代表的实际资本价值的货币表现，而是一种资本化的收入。

影响股票价格的因素

影响股票价格的因素有很多，如公司经营状况、宏观经济因素、政治因素、心理因素、人为操纵因素等几方面因素的变动都会对其产生一定的影响。

第8项　股票与债券有什么区别

股票与债券都是有价证券，是证券市场上的两大主要金融工具。在本质上，二者都是资本证券。股票和债券虽然都是有价证券，都可以作为筹资的手段和投资工具，但两者却有明显的区别，具体区别如表1-3所示。

表1-3　股票与债券的区别

区别项目	股票	债券
发行主体不同	股份制企业	国家、地方公共团体和企业
收益稳定性不同	一般在购买之前不定股息率，股息收入随公司盈利情况的变动而变动：盈利多，股息收入多；盈利少，股息收入少；无盈利将没有股息收入	债券在购买之前，利率已定，到期就可以获得固定利息，而不管发行债券的公司经营获利与否
保本能力不同	股票无到期之说，本金一旦交给公司，就不能再收回，只要公司存在，就永远归公司支配	债券到期可回收本金，即连本带利都能得到，如同放债
经济利益关系不同	表示对公司的所有权，股票持有者有权直接或间接参与公司的经营管理	表示对公司的一种债权，债券持有者无权过问公司的经营管理
风险性不同	金融市场上的主要投资对象，其交易转让的周转率高，市场价格变动幅度大、安全性低、风险大，但能获得很高的预期收入	一般的投资对象，其交易转让的周转率比股票低

债券和股票的关系

从动态上看，股票收益率和价格与债券利率和价格互相影响，往往在证券市场上发生同向运动，即一个上升另一个也上升，反之亦然，但升降幅度不一致。

第9项 股票与储蓄有什么区别

股票投资和储蓄存款这两种行为在形式上均表现为：货币所有人将一定的资金交付给股份公司或银行机构，并获取相应的利益。但两者在本质上是根本不同的，具体区别如表1-4所示。

表1-4 股票与储蓄的区别

区别项目	股票	储蓄
性质不同	以资本信用为基础，体现着股份公司与股票投资者之间围绕股票投资行为而形成的权利与义务关系	储蓄存款则是一种银行信用，建立的是银行与储蓄者之间的借贷性债务债权关系
法律地位和权利内容不同	股票持有者处于股份公司股东的地位，依法有权参与股份公司的经营决策，并对股份公司的经营风险承担相应的责任	银行存款人的存款行为相当于向银行贷款，处于银行债权人地位，其债权的内容限于定期收回本金和获取利息，不能参与债务人的经营管理活动，对其经营状况也不负任何责任
投资增值的效果不同	股票是持有者向股份公司的直接投资，投资者的投资收益来自于股份公司根据盈利情况派发的股息红利。这一收益可能很高，也可能根本就没有，它受公司当年经营业绩的影响	储蓄存款是通过实现货币的储蓄职能来获取货币的增值部分，即存款利息。这一回报率是银行事先约定的，是固定的，不受银行经营状况的影响
存续时间与转让条件不同	股票是无期的，只要股票发行公司存在，股东就不能要求退股以收回本金，但可以进行买卖和转让	储蓄存款一般是固定期限的，存款到期时存款人收回本金和利息。普通的储蓄存款不能转让，大额可转让储蓄存单除外
风险不同	股票投资行为是一种风险性较高的投资方式，其投资回报率可能很高，但高回报率伴随高度的风险	银行作为整个国民经济的重要金融支柱，其地位一般说来是稳固的，很少会衰落到破产的危险地步

第10项 股票涨跌分别用什么颜色标识

为了直接查看股票的涨跌情况，在我国股市中，红色代表该股票当前状况为涨，绿色代表该股票当前状况为跌。如图1-4所示，西仪股份（002265）在2017年1月8日呈红色为上涨状况，川润股份（002272）在2017年1月8日呈绿色为下跌状况。

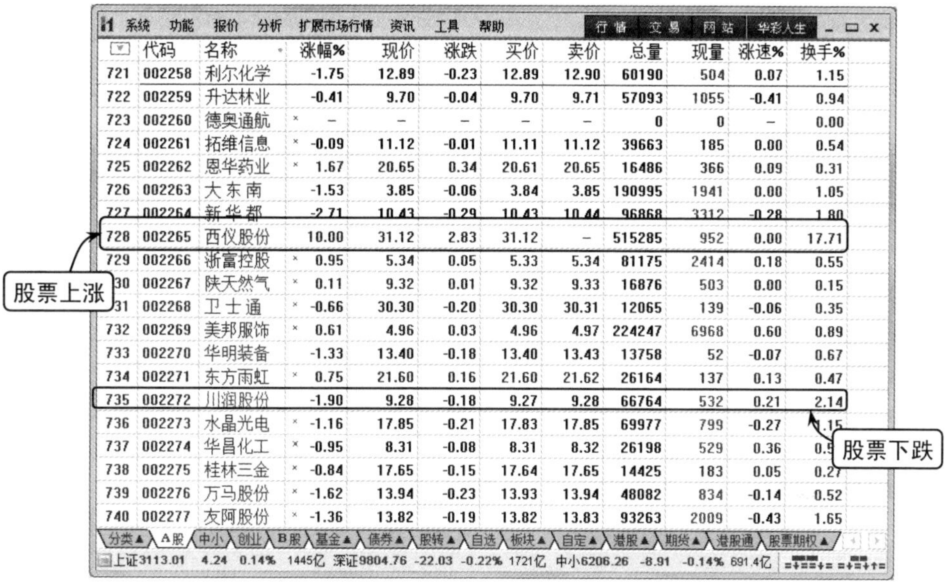

图 1-4 查看股票的涨跌

第 11 项 什么是最小报价单位

最小报价单位是指证券买卖申报价格的最小变动单位。一般情况下，最小报价单位越大，买卖价差就越大，市场流通性会降低。但是最小报价单位太小，随着买卖价差的减少，市场的成交量可能会下降。

目前，我国证券市场上最小报价单位的情况如表 1-5 所示。

表 1-5 我国证券市场上的最小报价单位一览表

交易所	A 股	B 股	基金	债券	债券回购
上海交易所	0.01 元人民币	0.001 美元	0.001 元人民币	0.01 元人民币	0.005 元人民币
深圳交易所	0.01 元人民币	0.01 港元	0.001 元人民币	0.01 元人民币	0.01 元人民币

第 12 项 什么是最小交易单位

最小交易单位是指股票买入和卖出的最小申报单位。一般情况下，最小交易单位太大，意味着交易门槛太高，一些小的投资者将无法进入股票市场，从而使交易者的数量逐渐减少，降低股票的流动性。

目前，我国证券市场上最小交易单位的情况如表 1-6 所示。

表 1-6　我国证券市场上的最小交易单位一览表

交易所	股票	基金	债券	债券回购
上海交易所	100 股份/手	100 股份/手	1000 元面额/手	1000 元面额/手
深圳交易所	100 股份/手	100 股份/手	1000 元面额/手	1000 元面额/手

二、掌握股票的种类划分以及股票代码的意义

我国证券市场上股票的数量繁多，根据不同的属性，股票种类的划分方法也各异。下面将具体讲解几种常见的股票划分方法，并了解股票代码的具体意义。

第 13 项　什么是普通股与优先股

普通股与优先股主要是根据股东的权利划分的，下面分别介绍普通股与优先股的具体含义和功能。

(1) 普通股

普通股是股份公司最重要也是最基本的一种股份，它是构成企业资金的基础。

◆　普通股的特点

普通股是随着公司利润变动而变动的一种股份，它主要有两个特点，具体内容如图 1-5 所示。

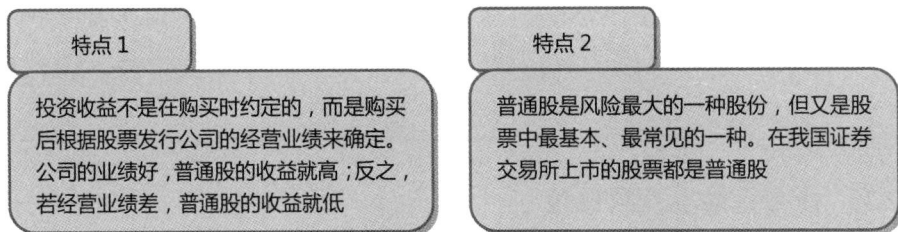

特点 1

投资收益不是在购买时约定的，而是购买后根据股票发行公司的经营业绩来确定。公司的业绩好，普通股的收益就高；反之，若经营业绩差，普通股的收益就低

特点 2

普通股是风险最大的一种股份，但又是股票中最基本、最常见的一种。在我国证券交易所上市的股票都是普通股

图 1-5　普通股的特点

◆ 普通股股东享有的基本权利

普通股作为风险最大的一种股份,它能赋予股东哪些基本权利呢?其具体享有的权利如图 1-6 所示。

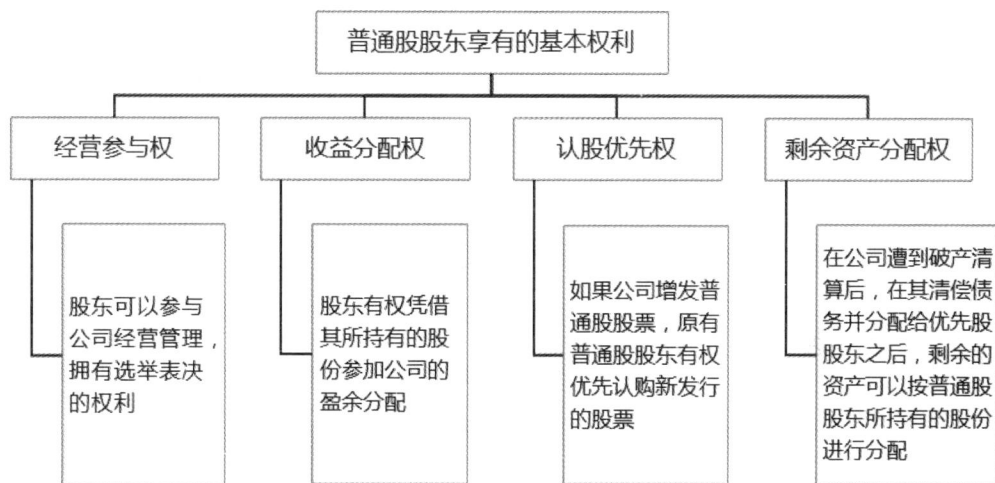

普通股股东享有的基本权利

经营参与权	收益分配权	认股优先权	剩余资产分配权
股东可以参与公司经营管理,拥有选举表决的权利	股东有权凭借其所持有的股份参加公司的盈余分配	如果公司增发普通股股票,原有普通股股东有权优先认购新发行的股票	在公司遭到破产清算后,在其清偿债务并分配给优先股股东之后,剩余的资产可以按普通股股东所持有的股份进行分配

图 1-6 普通股股东享有的基本权利

(2) 优先股

优先股也是一种没有期限的有权凭证,它在分配红利和剩余财产时比普通股具有优先权,并且在优先股的票面上标注有"优先股"字样。

◆ 优先股的特点

优先股是公司在筹集资本时给予认购者某些优先条件的股份,它有 3 个特点,具体的内容如图 1-7 所示。

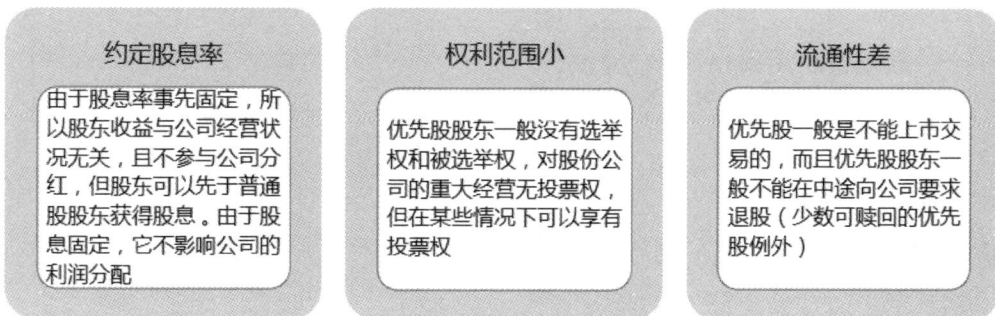

约定股息率	权利范围小	流通性差
由于股息率事先固定,所以股东收益与公司经营状况无关,且不参与公司分红,但股东可以先于普通股股东获得股息。由于股息固定,它不影响公司的利润分配	优先股股东一般没有选举权和被选举权,对股份公司的重大经营无投票权,但在某些情况下可以享有投票权	优先股一般是不能上市交易的,而且优先股股东一般不能在中途向公司要求退股(少数可赎回的优先股例外)

图 1-7 优先股的特点

◆ 优先股的分类

优先股的种类很多，常规优先股分为两类。

a. 按股息是否可以累积划分

优先股按股息是否可以累积将其划分为累积优先股和非累积优先股，各股票的基本含义如图 1-8 所示。

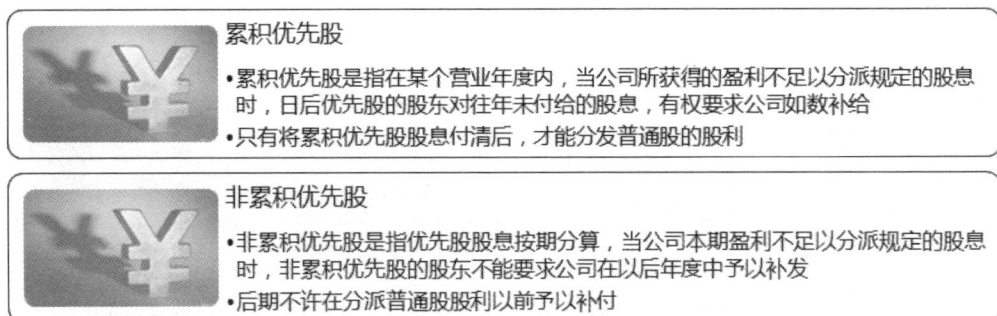

累积优先股
• 累积优先股是指在某个营业年度内，当公司所获得的盈利不足以分派规定的股息时，日后优先股的股东对往年未付给的股息，有权要求公司如数补给
• 只有将累积优先股股息付清后，才能分发普通股的股利

非累积优先股
• 非累积优先股是指优先股股息按期分算，当公司本期盈利不足以分派规定的股息时，非累积优先股的股东不能要求公司在以后年度中予以补发
• 后期不许在分派普通股股利以前予以补付

图 1-8　累积优先股与非累积优先股

b. 按股息是否可以转换划分

优先股按股息是否可以转换将其划分为可转换优先股和不可转换优先股，各股票的基本含义如图 1-9 所示。

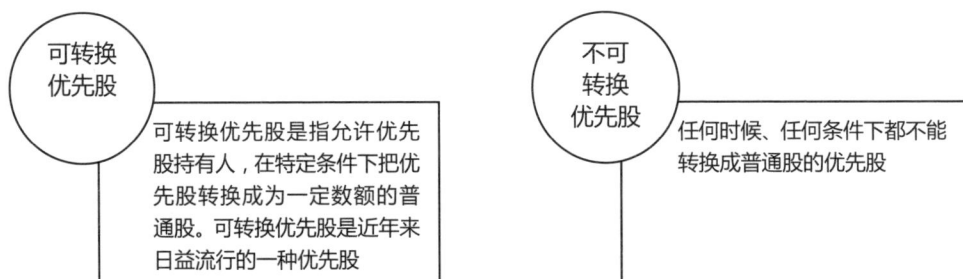

可转换优先股
可转换优先股是指允许优先股持有人，在特定条件下把优先股转换成为一定数额的普通股。可转换优先股是近年来日益流行的一种优先股

不可转换优先股
任何时候、任何条件下都不能转换成普通股的优先股

图 1-9　可转换优先股与不可转换优先股

第 14 项　国家股、法人股与公众股分别指的是什么

国家股、法人股与公众股是根据购买主体的不同来划分股票的，各股票的具体含义如下。

（1）国家股

国家股又称国有资产股，是指有权代表国家投资的部门或者机构，以国有资产向股份公司投资形成的股票，它一般是指经过评估并经国有资产管理部门确认的国有资产折成的股份。

（2）法人股

法人股指企业法人或具有法人资格的事业单位和社会团体，以其依法可经营的资产向公司非上市流通股权部分投资所形成的股份。法人股股票应记载法人名称，不得以代表人的姓名记名，而且法人不得将所持有的共有股份、认证权证和优先认股权转让给法人所在单位的职工。

目前，在我国上市公司的股权结构中，法人股平均占 20%左右。根据法人股认购的对象不同，可将法人股分为国有法人股和社会法人股，如图 1-10 所示。

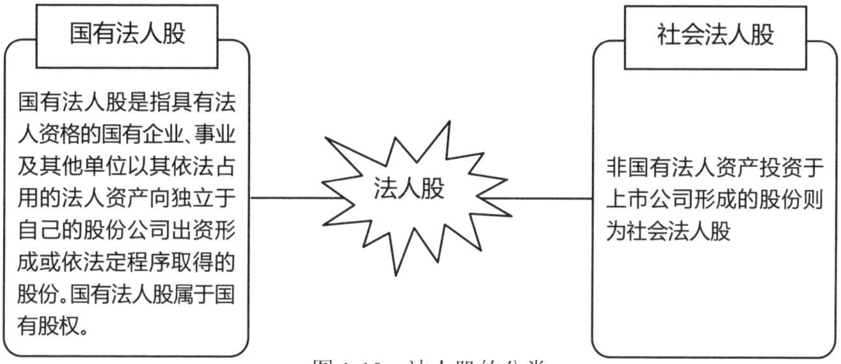

国有法人股

国有法人股是指具有法人资格的国有企业、事业及其他单位以其依法占用的法人资产向独立于自己的股份公司出资形成或依法定程序取得的股份。国有法人股属于国有股权。

法人股

社会法人股

非国有法人资产投资于上市公司形成的股份则为社会法人股

图 1-10 法人股的分类

国有法人股与国家股的区别

国有法人股与国家股的区别主要有两点：一是持股单位不同，前者的持股单位为向公司投资的国有法人单位，后者的持股单位为有权代表国家投资的机构或者部门；二是股权管理方式不同，前者的股利由国有法人单位收取并依法使用，后者的股利收入由国有资产管理部门监督收缴，并依法纳入国有资产经营预算和根据国家相关规定进行安排和使用。

（3）公众股

公众股也可以称为个人股，是指社会个人或股份公司内部职工以个人合法财产投入公司形成的股份。公众股包含公司职工股和社会公众股两种形式，如图 1-11 所示。

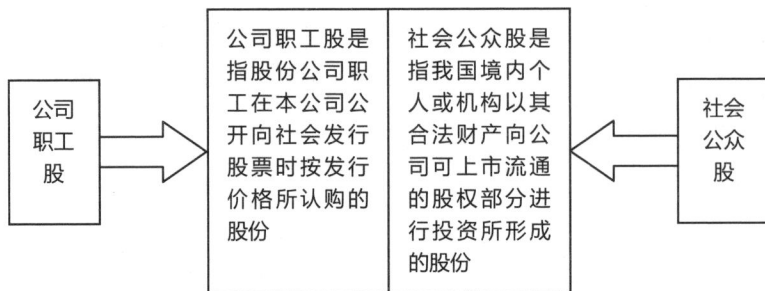

图 1-11 公众股的分类

第15项 什么是A股、B股、H股、N股、S股、L股

上市公司按股票的发行地点不同，可以将股票划分为 A 股、B 股、H 股、N 股、S 股、L 股，各股的含义如表 1-7 所示。

表 1-7 不同发行地点的股票的含义

股票	含义
A 股	A 股的正式名称是人民币普通股票，是由我国境内的公司发行，供境内机构、组织或个人（不含台、港、澳投资者）以人民币认购和交易的普通股股票
B 股	B 股的正式名称是人民币特种股票，属于境内上市的外资股。它是以人民币标明面值，以外币认购，供境内外投资者买卖的股票
H 股	H 股也称国企股，主要是指在我国内地注册、在我国香港特别行政区上市的外资股，因香港英文单词 "Hong Kong" 首字母为 "H" 而得名 H 股
N 股	N 股主要是指在我国内地注册、在纽约上市的外资股，因纽约英文单词 "New York" 首字母为 "N" 而得名 N 股
S 股	S 股主要是指在我国内地注册、在新加坡上市的外资股，因新加坡英文单词 "Singapore" 首字母为 "S" 而得名 S 股
L 股	L 股主要是指在我国内地注册、在伦敦上市的外资股，因伦敦英文单词 "London" 首字母为 "L" 而得名 L 股

什么是外资股

外资股是指股份公司向外国和我国香港、澳门、台湾地区的投资者发行的股票。它是我国股份公司吸收外资的一种方式，主要分为境内上市外资股和境外上市外资股。

第 16 项　股票名称前包含“ST”和“*ST”是什么意思

在某些股票的名称前面包含了“ST”和“*ST”前缀。图 1-12 所示为 ST 成城（600247）和*ST 景谷（600265），这些前缀具体是什么含义呢？

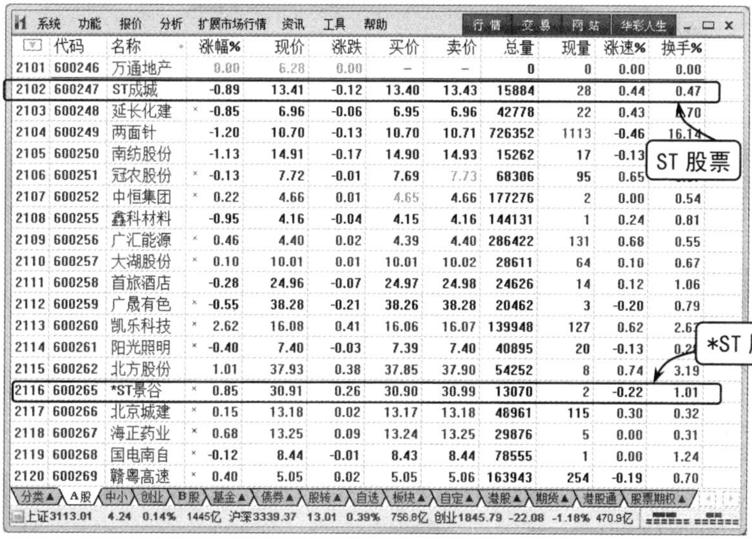

	代码	名称	涨幅%	现价	涨跌	买价	卖价	总量	现量	涨速%	换手%
2101	600246	万通地产	0.00	6.28	0.00	–	–	0	0	0.00	0.00
2102	600247	ST成城	-0.89	13.41	-0.12	13.40	13.43	15884	28	0.44	0.47
2103	600248	延长化建	-0.85	6.96	-0.06	6.95	6.96	42778	22	0.43	[illegible]
2104	600249	两面针	-1.20	10.70	-0.13	10.70	10.71	726352	1113	-0.46	16.14
2105	600250	南纺股份	-1.13	14.91	-0.17	14.90	14.93	15262	17	-0.13	[illegible]
2106	600251	冠农股份	-0.13	7.72	-0.01	7.69	7.73	68306	95	0.65	[illegible]
2107	600252	中恒集团	0.22	4.66	0.01	4.65	4.66	177276	2	0.00	0.54
2108	600255	鑫科材料	-0.95	4.16	-0.04	4.15	4.16	144131	1	0.24	0.81
2109	600256	广汇能源	0.46	4.40	0.02	4.39	4.40	286422	131	0.68	0.55
2110	600257	大湖股份	0.10	10.01	0.01	10.01	10.02	28611	64	0.10	0.67
2111	600258	首旅酒店	-0.28	24.96	-0.07	24.97	24.98	24626	14	0.12	1.06
2112	600259	广晟有色	-0.55	38.28	-0.21	38.26	38.28	20462	3	-0.20	0.79
2113	600260	凯乐科技	2.62	16.08	0.41	16.06	16.07	139948	127	0.62	[illegible]
2114	600261	阳光照明	-0.40	7.40	-0.03	7.39	7.40	40895	20	-0.13	[illegible]
2115	600262	北方股份	1.01	37.93	0.38	37.85	37.90	54252	8	0.74	3.19
2116	600265	*ST景谷	0.85	30.91	0.26	30.90	30.99	13070	2	-0.22	1.01
2117	600266	北京城建	0.15	13.18	0.02	13.17	13.18	48961	115	0.30	0.32
2118	600267	海正药业	0.68	13.25	0.09	13.24	13.25	29876	5	0.00	0.31
2119	600268	国电南自	-0.12	8.44	-0.01	8.43	8.44	78555	1	0.00	1.24
2120	600269	赣粤高速	0.40	5.05	0.02	5.05	5.06	163943	254	-0.19	0.70

图 1-12　ST 股票和*ST 股票

(1) ST 股票

1998 年 4 月 22 日，沪深交易所宣布，将对财务状况或其他状况出现异常的上市公司的股票交易进行特别处理，由于特别处理英文为“Special Treatment”，因此在股票名称前面添加特别处理英文单词的缩写“ST”，这类股票也就被称为 ST 股。

◆　**财务异常的表现**

股份公司财务状况或其他状况出现异常主要表现在 6 个方面，如图 1-13 所示。

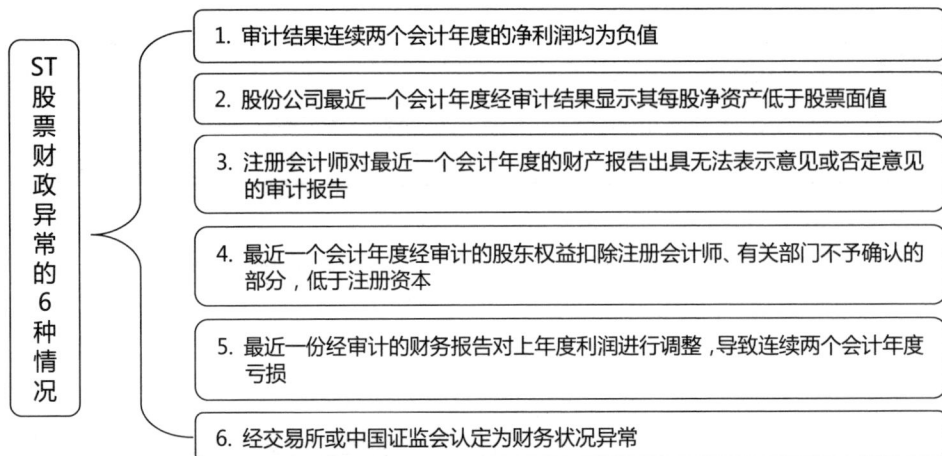

图 1-13　ST 股票财政异常表现的 6 种情况

◆　ST 股票交易需要遵循的原则

如果上市公司的股票被实行特别处理，那么期间这类股票的交易应该遵循如图 1-14 所示的交易规则。

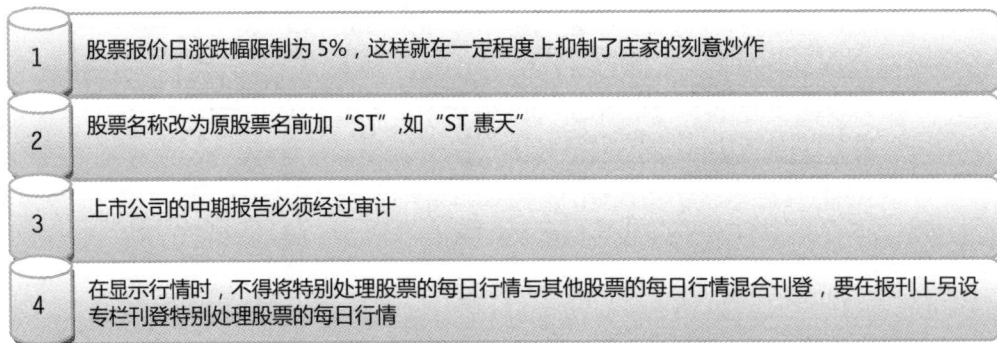

图 1-14　ST 股票交易需要遵循的规则

如何看待 ST 股

投资者对于 ST 股也要区别对待，具体问题具体分析。有的 ST 股主要是经营性亏损，在短期内很难通过加强管理扭亏为盈；有的 ST 股是由于特殊原因造成的亏损，或者有的 ST 股正在进行资产重组，而这类 ST 股往往具有很大的潜力。

（2）*ST 股票

为了警示存在退市风险的 ST 股，从 2003 年开始，将这类 ST 股前添加"*"符号。当 ST 股存在如图 1-15 所示的六种情况之一时，表示该股票被标识为*ST 股。

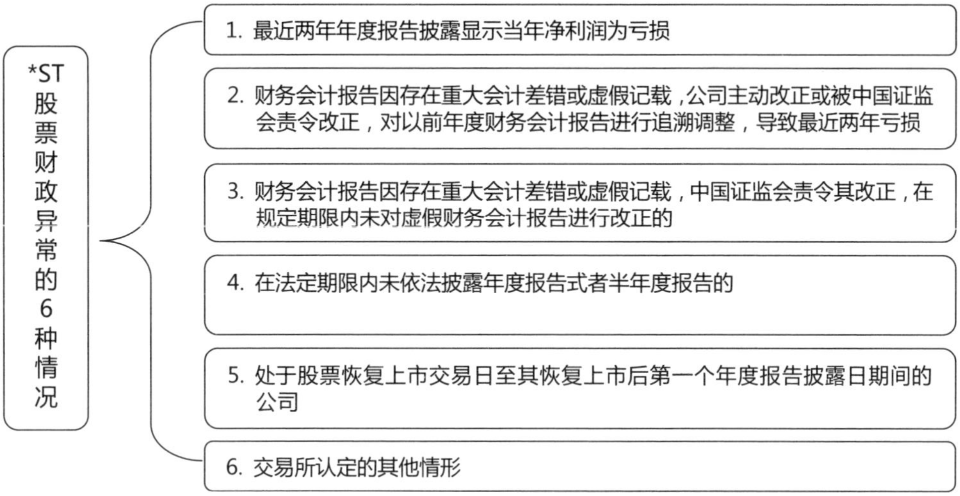

图 1-15　*ST 股票财政异常表现的 6 种情况

第 17 项　股票的其他类型

由于股票的数目繁多，其种类的划分也多样化，除了前面讲解的常规的股票划分种类以外，还包括其他类型，其具体的种类如表 1-8 所示。

表 1-8　不同种类的股票的含义

股票	含义
红筹股	红筹股主要是指将最大控股权（常常指30%以上）直接或间接隶属于我国内地有关部门或企业，并在我国香港地区注册上市的公司所发行的股票
成长股	成长股是指销售额和利润额持续增长，而且其速度快于整个国家和本行业增长的公司所发行的股票

股票	含义
板块股	板块股主要是指同一个行业、地域或者其他领域的公司所发行的股票
投资股	发行公司的经营稳定、获利能力强、股息高的股票

第18项 股票代码意义

股票代码主要是用数字的方式来标识不同的股票，对于不同的交易所，其股票代码的定义是不一样的，下面分别进行介绍。

(1) 上海交易所的股票代码

为加强业务与技术管理，确保市场交易的正常开展，上海证券交易所于 2007 年 5 月 28 日发布《上海证券交易所证券代码分配规则》文件，文件规定该所的证券代码采用 6 位阿拉伯数字编码，取值范围为 000000~999999。

◆ 股票代码的分配原则

上海交易所股票代码的前 3 位为证券种类标识区，首位为证券产品标识，第 2~3 位为证券业务标识，后 3 位为顺序编码区，如图 1-16 所示。

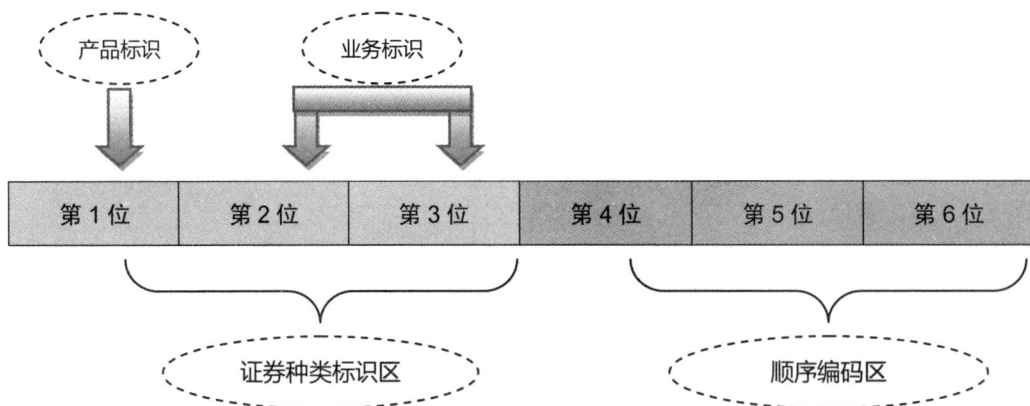

图 1-16 上海交易所股票代码的分配原则

◆ 证券产品代码的分配

上海交易所的证券产品代码取值范围为 0~9，各证券产品类别如表 1-9 所示。

表 1-9　上海交易所证券产品代码的分配原则

代码	含义	代码	含义	代码	含义
0	国债/指数	1	债券	2	回购
3	期货	4、8	备用	5	基金/权证
6	A 股	7	非交易业务	9	B 股

◆　常见证券类型的代码分配

上海交易所的常见证券类型的代码分配如表 1-10 所示。

表 1-10　上海交易所常见证券代码分配原则

证券	证券代码
A 股	代码格式为"600***"或"601***"，其中，"***"是公司申请上市的次序排列
B 股	代码格式为"900***"，其中，"***"是公司申请上市的次序排列
封闭式基金	代码格式为"500***"，如果基金名称中以"基金"为前缀的为证券投资基金
配股	代码格式为"700***"，其中，"***"与该股票代码的后 3 位相同，如"700103"是青山纸业（600103）的配股申购代码
新股申购增发	代码格式为"730***"，"***"与新股代码的后 3 位相同
国债代码	2000 年前发行的国债代码格式为"009***"，2001~2009 年发行的国债代码格式为"100***"
权证	代码格式为"580***"，包括股改权证和公司权证
权证行权	代码格式为"582***"
指数	上证指数、沪深 300 指数、中证指数的代码格式为"000***"

（2）深圳交易所的股票代码

与上海交易所的股票代码相同，深圳交易所的股票代码也是 6 位，其具体的股票代码的分配原则如下。

◆　股票代码的分配原则

深圳交易所股票代码的前两位为证券种类标识区，首位为证券产品的大类标识，第 2 位为证券产品大类下衍生的证券标识，后 4 位为顺序编码区，如图 1-17 所示。

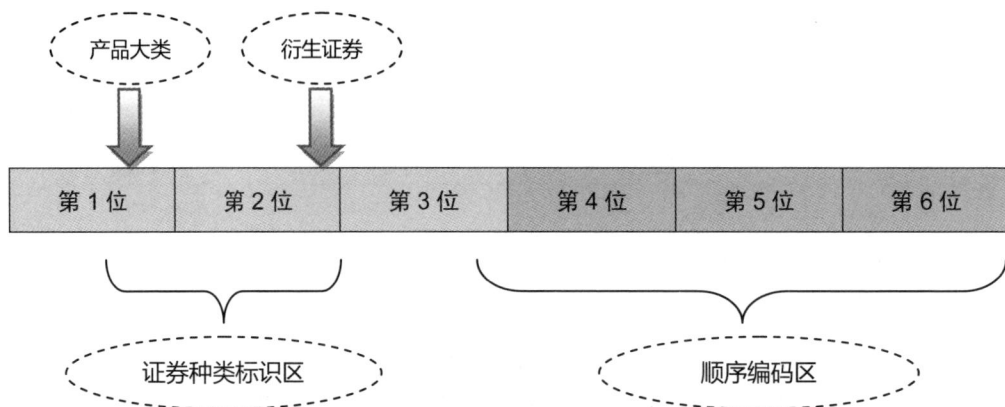

图1-17　深圳交易所股票代码的分配原则

◆　**证券种类标识区代码的分配**

深圳证券交易所的证券产品大类代码的取值范围为0~3，各证券产品类别下又衍生了其他证券，如表1-11所示。

表1-11　深圳交易所证券种类代码的分配原则

第1位	第2位	含义	第1位	第2位	含义
0	0	A股证券	0	3	A股认购或认沽权证
	7	A股增发		8	A股配股权证
1	0	国债现货	2	0	B股证券
	1	债券		8	B股配股权证
	2	可转换债券	3	0	创业板证券
	3	债券回购		6	网络投票证券
	5	开放式基金		7	创业板增发
	6	开放式基金		8	创业板配股权证
	8	证券投资基金		9	综合或成分指数/成交量统计指标

◆　**常见证券类型的代码分配**

深圳交易所的常见证券类型的代码分配如表1-12所示。

表 1-12　深圳交易所常见证券代码分配原则

证券	证券代码
A 股	代码格式为"00****"，其中，"****"是公司申请上市的次序排列
A 股增发	代码格式为"070***"
B 股	代码格式为"200***"，其中，"***"与 A 股后 3 位相同，如"000002"为"万科 A"，"200002"为"万科 B"
基金	代码格式为"1846**"或"1847**"
债券	代码格式为"1110**"
国债现货	代码格式为"1016**""1017**"或"1019**"
可转换债券	代码格式为"125***"
国债回购	代码格式为"1312**""1313**""1314**"或"1318**"
指数	指数（综合指数/成分指数）的代码格式为"39****"
权证	代码格式为"030***""031***"或"038***"

三、股票投资也需要掌握法律知识

近年来，股市的赚钱效应吸引了各种各样的人们争相入市，股民除了需要掌握相应的炒股知识，还需要了解相关的法律知识，这样才能清楚股市的相关规定以避免在炒股过程中进行违法操作。

第 19 项　《证券法》对股票上市有什么规定

《中华人民共和国证券法》对股票上市有如下规定：

◆　股份有限公司申请股票上市，应当符合下列条件：

（一）股票经国务院证券监督管理机构核准已公开发行。

（二）公司股本总额不少于人民币三千万元。

（三）公开发行的股份达到公司股份总数的百分之二十五以上；公司股本总额超过人民币四亿元的，公开发行股份的比例为百分之十以上。

（四）公司最近三年无重大违法行为，财务会计报告无虚假记载。

◆　国家鼓励符合产业政策并符合上市条件的公司股票上市交易。

◆　上市公司有下列情形之一的，由证券交易所决定终止其股票上市交易：

（一）公司股本总额、股权分布等发生变化不再具备上市条件，在证券交易所规定的期限内仍不能达到上市条件。

（二）公司不按照规定公开其财务状况，或者对财务会计报告作虚假记载，且拒绝纠正。

（三）公司最近三年连续亏损，在其后一个年度内未能恢复盈利。

（四）公司解散或者被宣告破产。

（五）证券交易所上市规则规定的其他情形。

第20项　《证券法》对持续信息公开有什么规定

《中华人民共和国证券法》规定对持续信息公开须遵循如图 1-18 所示的规定。

发行人、上市公司依法披露的信息，必须真实、准确、完整，不得有虚假记载、误导性陈述或者重大遗漏

经国务院证券监督管理机构核准依法公开发行股票，或者经国务院授权的部门核准依法公开发行公司债券，应当公告招股说明书、公司债券募集办法。依法公开发行新股或者公司债券的，还应当公告财务会计报告

上市公司和公司债券上市交易的公司，应当在每一会计年度的上半年结束之日起两个月内，向国务院证券监督管理机构和证券交易所报送记载以下内容的中期报告，并予公告：
（一）公司财务会计报告和经营情况；（二）涉及公司的重大诉讼事项；（三）已发行的股票、公司债券变动情况；（四）提交股东大会审议的重要事项；（五）国务院证券监督管理机构规定的其他事项

上市公司和公司债券上市交易的公司，应当在每一会计年度结束之日起4个月内，向国务院证券监督管理机构和证券交易所报送记载以下内容的年度报告，并予公告：（一）公司概况；（二）公司财务会计报告和经营情况；（三）董事、监事、高级管理人员简介及其持股情况；（四）已发行的股票、公司债券情况；（五）公司的实际控制人；（六）国务院证券监督管理机构规定的其他事项

图 1-18　《证券法》对持续信息公开的规定

第21项　证券犯罪行为有哪些

《中华人民共和国刑法》规定，具有如图 1-19 所示的任意情况之一，都属于证券犯罪行为。

破坏金融管理秩序罪	证券、期货交易内幕信息的知情人员或者非法获取证券、期货交易内幕信息的人员，在涉及证券的发行，证券、期货交易或者其他对证券、期货交易价格有重大影响的信息尚未公开前，买入或者卖出该证券，或者从事与该内幕信息有关的期货交易，或者泄露该信息，情节严重的，处五年以下有期徒刑或者拘役，并处或者单处违法所得一倍以上五倍以下罚金；情节特别严重的，处五年以上十年以下有期徒刑，并处违法所得一倍以上五倍以下罚金
	证券交易所、期货交易所、证券公司、期货经纪公司的从业人员，证券业协会、期货业协会或者证券期货监督管理部门的工作人员，故意提供虚假信息或者伪造、变造、销毁交易记录，诱骗投资者买卖证券、期货合约，造成严重后果的，处五年以下有期徒刑或者拘役，并处或者单处一万元以上十万元以下罚金；情节特别恶劣的，处五年以上十年以下有期徒刑，并处二万元以上二十万元以下罚金
金融诈骗罪	有下列情形之一，进行金融票据诈骗活动，数额较大的，处五年以下有期徒刑或者拘役，并处二万元以上二十万元以下罚金；数额巨大或者有其他严重情节的，处五年以上十年以下有期徒刑，并处五万元以上五十万元以下罚金；数额特别巨大或者有其他特别严重情节的，处十年以上有期徒刑或者无期徒刑，并处五万元以上五十万元以下罚金或者没收财产：（一）明知是伪造、变造的汇票、本票、支票而使用的；（二）明知是作废的汇票、本票、支票而使用的；（三）冒用他人的汇票、本票、支票的；（四）签发空头支票或者与其预留印鉴不符的支票，骗取财物的；（五）汇票、本票的出票人签发无资金保证的汇票、本票或者在出票时做虚假记载，骗取财物的
	使用伪造、变造的委托收款凭证、汇款凭证、银行存单等其他银行结算凭证，数额较大的，处五年以下有期徒刑或者拘役，并处二万元以上二十万元以下罚金；数额巨大或者有其他严重情节的，处五年以上十年以下有期徒刑，并处五万元以上五十万元以下罚金；数额特别巨大或者有其他特别严重情节的，处十年以上有期徒刑或者无期徒刑，并处五万元以上五十万元以下罚金或者没收财产

图 1-19 证券犯罪行为

第 22 项 上市公司能否使用募集的资金炒股

2007 年，随着股市行情的火爆，不断有上市公司提出利用闲置的资金参与新股申购或其他证券投资，但深圳交易所明确规定：上市公司不得把发行股票所募集的资金和银行信贷资金用于证券投资。此外，深圳交易所还对上市公司作出如下要求：

①上市公司合理安排、使用资金，将主力放在公司主营业务的发展上。

②上市公司要建立健全的内控制度来规范证券投资行为。

③董事会、股东大会慎重作出投资决策，严格控制投资风险，保护投资者的权益。

四、熟悉股市中的各类术语

对于新入市的股民而言，熟悉股市中的术语是炒股的第一步，下面将分别从不同的类别讲解股市中的常用术语。

第 23 项　股票术语

股票的常用术语如表 1-13 所示。

表 1-13　股票常用术语

术语	含义	术语	含义
冷门股	交易量小、流通性差、价格变动幅度小的股票	热门股	交易量大、流通性强、价格变动幅度大的股票
垃圾股	指公司业绩很差的股票，即每股收益和净资产收益率连续几年为负值	绩优股	指过去几年业绩和盈利很好，而且未来几年也看好，只是不再有高度成长可能的股票
小盘股	一般指股本比较小的股票	大盘股	一般指股本比较大的股票
黑马股	指价格可能脱离过去的价位而在短期内大幅上涨的股票	白马股	指股价持续稳定上涨，且还有一定的上涨空间的股票
领导股	指对股市整个行情变化趋势有领导作用的股票，这类股票必为热门股	非上市股	不在证券交易所注册挂牌的股票

第 24 项　股价术语

股价的常用术语如表 1-14 所示。

表 1-14　股价常用术语

术语	含义	术语	含义
最低价	指股票当天成交的最低价格	最高价	指股票当天成交的最高价格
涨停价	涨停板的市价为涨停价	跌停价	跌停板的市价为跌停价
票面价	指公司最初所定的股票票面值	天价	指个股或者股指由多头市场转为空头市场的最高价，或创历史最高价
填空	指将跳空出现时没有交易的空价位补回来，以填补跳空价位	铁底	指股价绝对不可能跌破的底部价位
头部	指股价上涨至某个价位时遇阻力而下滑	突破	指股价经过一段盘档时间后，产生的价格波动

停板、涨停板、跌停板分别指什么

为了防止证券市场上价格出现暴涨暴跌的情况，引起过分的投机现象。在公开竞价时，证券交易所依法对证券市场上的价格涨跌幅度予以适当的限制，即当天的市场价格涨跌到开盘价的10%就不能继续涨跌，该现象称为停板。当天市价的最高限度称为涨停板；当天市价的最低限度称为跌停板。

第 25 项　股票发行术语

股票发行的常用术语如表 1-15 所示。

表 1-15　股票发行常用术语

术语	含义	术语	含义
股票发行	指符合条件的发行人依照法定程序向投资者募集股份的行为	路演	指上市公司发行股票时，公司领导和股票承销商向股民介绍公司情况，接受股民的咨询等。现在一般是通过网络进行
主承销商	上市公司聘请的证券公司，主要对公司上市进行辅导以及帮助公司在一级市场发行股票	承销	指将股票销售业务委托给专门的股票承销机构代理，承销方式主要有包销和代销两种
认股权证	股票发行公司增发新股时发给公司原股东的一种证书，通过该证书，股东可以优惠价格购买一定数量的股票	发行费用	指发行公司在筹备和发行股票过程中产生的费用，主要包括中介机构费、上网费和其他费用，该费用可以在股票发行溢价收入中扣除
溢价发行	溢价发行有两种情况，一是指新上市的公司以高于面值的价格办理公开发行，二是已上市的公司以高于面值的价格办理现金增资	中间价发行	指股票以时价和面值的中间价格作为发行价格
增发新股	指上市公司再次发行新股的行为	摘牌	指上市公司因长期亏损、扭亏无望或者其他原因而被停止上市交易资格

第 26 项　股市术语

股市的常用术语如表 1-16 所示。

表 1-16　股市常用术语

术语	含义	术语	含义
一级市场	也称股票的初级市场或者发行市场，股票处于招募阶段，正在发行，不能上市流通	二级市场	也称交易市场，是指公司股票发行完毕后上市可以进行买卖交易的场所
三板市场	三板市场的全称是"代办股份转让系统"，于 2001 年 7 月 16 日正式开办，是证券公司以其自有或租用的业务设施，为非上市股份公司提供股份转让服务	猴市、鹿市和牛皮市	大幅震荡的股市称为猴市；平缓行情的股市称为鹿市；走势波动小、陷入盘整、成交量低的股市称为牛皮市
多头市场	也称牛市，主要指股票价格普遍上涨的市场	空头市场	也称熊市，主要指股价长期呈下降趋势的市场，熊市中，股价的变动情况是大跌小涨
趋势	指股价在一段时间内的变动方向	近期趋势	指时间在 20~30 天之间股市的变动方向
中短期趋势	指时间在 50~60 天之间股市的变动方向	中长期趋势	指时间在 80~100 天之间股市的变动方向
行情	指股票的价位或者股价的走势	行情牌	证券交易所设置的大型电子屏幕，供客户实时查看股市行情
交割单	由证券公司出具的买卖委托记录	成交量	某种证券或股票在一定时期内完成的交易股数
成交笔数	指股票在当天交易的次数	成交额	指当天每种股票成交的总金额
量比	衡量相对成交量的指标	价位	指股票报价的升降单位，我国 A 股的价位是 0.01 元
换手率	（某只股票指定时间内的成交量）/（该股的流通股本）×100%，换手率高，意味该股的股性较活跃，股票多为热门股，是短线或者阶段性操作的最佳对象	市盈率	市盈率指在一个考察期（通常为 12 个月的时间）内，股票的价格和每股收益的比例。理论上，同一个行业中，股票的市盈率愈低，愈值得投资

第 27 项　股市参与者术语

股市参与者的常用术语如表 1-17 所示。

表 1-17　股市参与者常用术语

术语	含义	术语	含义
看空	某股股价下跌，看坏大盘或股市行情未来的投资者	看多	某股股价上涨，看好大盘或股市行情未来的投资者
空头	指现时股价虽然较高，但是对股市未来不看好，预计股价将会下跌，趁高价时卖出股票的投资者	多头	指现时股价虽然较低，但是对股市未来看好，预计股价将会上涨，趁低价时买进股票的投资者
死空头	指总是认为股市行情不好，即使股市形势向好，市价不断上涨，也始终不敢持有股票的投资者	死多头	看好股市前景，买进股票后，如果股价下跌，宁愿放上几年，不赚钱绝不脱手的投资者
看平	指预计股价不会上涨也不会下跌而观望股市的投资者	炒手	指利用资金优势人为地拉抬或打压股价，从中牟取利润的职业股民
短多	指对股市前景看涨，买进股票后在短时间内寻机卖出的投资者	新多	指刚入股市的多头投资者
长线	指长期投资者买进绩优股后长期持有，以此来获取利润	短线	指短期投资者在短时期内通过不断卖出买进来套取利润
散户	指股市上的小额投资者	中户	指投资金额较大的投资者
大户	指成交股票金额与数量都很大的客户，通常指信托公司、资金雄厚的集团或者个人	主力庄家	指股市中，资金实力很强，而且具有深层的背景关系的炒作集团
业内	证券行业从业人员	经纪人	执行客户委托，并为此收取佣金的人

第 28 项　股市交易术语

股市交易的常用术语如表 1-18 所示。

表 1-18　股市交易常用术语

术语	含义	术语	含义
抢帽子	股市上一种短期投机性行为。低价买进，在涨到某一高价时卖出	帽客	从事抢帽子行为的投资者

续表

术语	含义	术语	含义
拨档	投资者在多头时遇到股价不断下跌时，马上将其持有的股票卖出，等股票跌落一段后再买进以减少损失	回档	指股价上升过程中，因上涨过速而出现暂时下跌的现象
保证金	投资者通过经纪人购买股票时支付的一定比例的资金	套牢	预计股票将上涨，当买进后，股价却持续下跌
吃货、出货	庄家在低价时暗中买进股票称为吃货，在高价时，不动声色地将股票卖出的行为称为出货	打底	股价由最低点回升，遭到空头压卖而再度下跌，但在最低点附近又获得多头支持，如此来回多次后便迅速脱离最低点而一路上涨
打压	利用非常手段将股价大幅度压低	哄抬	用非常手法将股价大幅度抬起
打开	股价由涨跌停板滑落或翻身	仓位	投资者买入股票花费的资金与资金总量的比例关系
半仓	买入股票的花费占资金总量的50%	满仓	将资金总量全部用于买入股票
全仓	买卖股票的交易都是一次性完成	倒仓	指庄家自身或者庄家之间股票筹码的转移
补仓	在后市看好的情况下，在现有基础上再次购买该股票	平仓	低价买入股票、高价卖出股票并有了成交结果的行为
屯仓	买入大量股票，但是并不卖出	踏空	认为股价会持续下跌而没有买入股票，结果股价却持续上涨
挂出、挂进	挂出即卖出股票；挂进即买入股票	抢搭车	在股价稍微上涨时立即购买股票的行为
抬轿子	在他人以低价买入股票后自己才买入，从而将股价抬高使他人获利，由于自己买入的股价较高而无利可图	下轿子	在抬轿子的过程中，自己获利而卖出股票
现卖	交易成功后在当天交付证券	老鼠仓	指操盘手在为公司操盘的同时用个人资金跟随炒作，从而获利

第 29 项 盘口术语

盘口的常用术语如表 1-19 所示。

表 1-19 盘口常用术语

术语	含义	术语	含义
开盘价	在证券交易所每个营业日的第一笔交易的成交价即为当日开盘价	收盘价	在证券交易所一天交易活动结束前最后一笔交易的成交价格
低开	开盘价低于上一个营业日的收盘价，但未低于最低价	平开	开盘价与上一个营业日的收盘价相同
高开	开盘价比上一个营业日收盘价高	拉高收盘	在股市收盘时快速将股价拉高
买盘、卖盘、平盘	买盘：以比市价低的价格进行委托买入，并正在排队的量。卖盘：以比市价高的价格进行委托卖出，并正在排队的量。平盘：股价基本上没有涨跌	洗盘	庄家为达炒作目的，在途中让低价买进、意志不坚的散户抛出股票，以减轻上档压力，同时让持股者的平均价位升高，以利于施行坐庄的手段，达到牟取暴利的目的
全盘尽黑	指所有的股票均下跌	震盘	指股价在一天之内涨跌变化大
崩盘	股票大量被抛出，导致股价下跌	红盘	今日收盘价高于昨日收盘价
护盘	在股市行情低落时，为刺激股民购买股票，促使价格上涨，投资大户一起大量购进股票的行为	整理	股价在经过一段时间的上涨或下跌后，开始小幅度的波动，最后进入稳定变动的现象
跳空	股价受利多或利空影响后，出现较大幅度上下跳动的现象	跳空低开	今日开盘价低于上一个营业日的最低价
跳空高开	今日开盘价超过上一个营业日的最高价	盘坚、盘软	盘坚指股价缓慢上涨的现象；盘软指股价缓慢下跌的现象
盘口	查看个股买进、卖出的 5 个档位信息	盘体	描述股市行情整体形态的俗称
扫盘	指主力不计代价和成本将盘面上的筹码全部吃掉	反弹	在空头市场上，由于股价下跌过快而出现回升的现象
反转	多指股价在多头行情与空头行情之间的转换	杀跌	指在股价下跌时抛出股票，使股价继续下降
试盘	指主力通过少量买卖来了解市场人气、买卖意愿、持仓成本等	探底	寻找股价最低点过程，探底成功后，股价由最低点开始翻升

第 2 章

知己还要知彼——了解股市和各个参与者

俗话说：知己知彼，百战百胜。炒股也一样，除了需
要了解自己本身的条件以外，还需要了解股市及其各
个参与者的具体情况。本章将对其相关知识进行详细
讲解。

- ❖ 什么是股市
- ❖ 股市具体有哪些作用
- ❖ 股票在股市中的发行方式有哪几种
- ❖ 股票上市的基本过程是什么
- ❖ 股票投资的三大忌讳
- ❖ 证券交易所有哪些业务规则
- ❖ 什么是上证综合指数

- ❖ 股市中有哪些参与者
- ❖ 什么是股票发行市场
- ❖ 股票上市的基本条件是什么
- ❖ 什么样的人不适宜炒股
- ❖ 证券交易所在股市中的作用是什么
- ❖ 什么是证券管理机构
- ❖ 什么是深证综合指数

一、了解股市的基础知识

股票市场起源于荷兰，至今已有近 400 年的历史，至今仍然十分活跃，其交易的证券种类繁多，是供投资者集中进行股票交易的机构。

第30项　什么是股市

股市是股票市场的简称，它主要是对已经发行的股票按时价进行转让、买卖和流通。它主要包括股票发行市场和股票交易市场，如图 2-1 所示。

图 2-1　股票市场的分类

第31项　股市中涉及哪些参与者

股市是股票发行和交易的主要场所，从参与者的角度而言，股市主要由股票发行者、股票投资者、中介机构、自律性组织和监管机构组成，各组成部分的具体含义如图 2-2 所示。

股票发行者	股票投资者	中介机构	自律性组织	监管机构
主要是指按照《公司法》规定，具备发行条件而公开发行股票的股份有限公司	股票投资者主要是指个人投资者、企业、金融机构以及各种社会基金等	参与股票发行和交易的机构。主要包括证券承销商、证券经纪商、证券交易中心、证券交易所、证券评级机构、证券投资咨询与服务机构等	按照行业规定，实施自我监管，以维持市场公平、有效的组织，主要包括行业协会和交易所等。我国主要的自律性组织包括中国证券行业协会、上海证券交易所和深圳证券交易所	指按照证券法规和行业规定，对证券的发行、交易以及市场参与者行为进行监督和管理的机构，如中国证券监督管理委员会

图 2-2　股市中涉及的参与者

第32项　股市具体有哪些作用

股票市场的存在对国家的经济发展、股份制企业和投资者都有着巨大的作用。

（1）对国家经济发展的作用

从国家经济发展角度而言，股票市场对其作用有 5 方面，如图 2-3 所示。

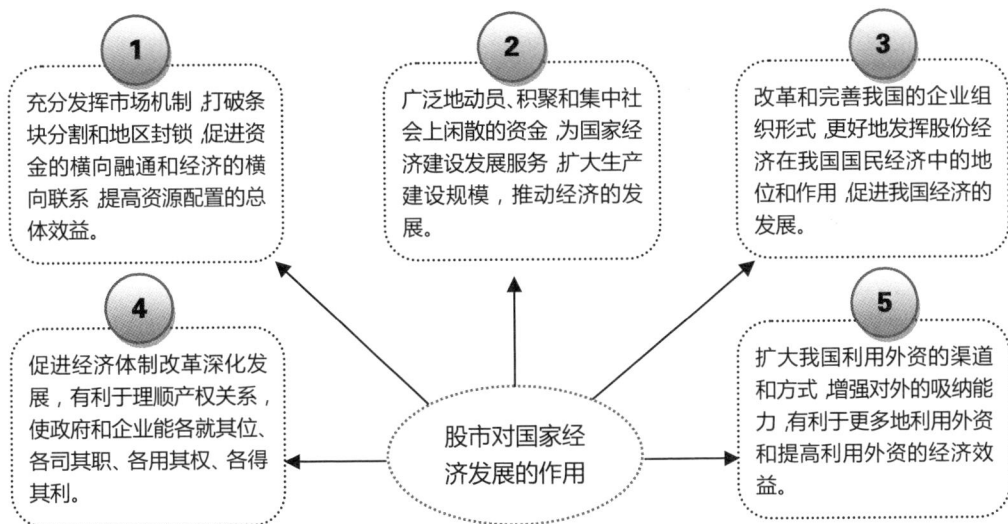

1 充分发挥市场机制，打破条块分割和地区封锁，促进资金的横向融通和经济的横向联系，提高资源配置的总体效益。

2 广泛地动员、积聚和集中社会上闲散的资金，为国家经济建设发展服务，扩大生产建设规模，推动经济的发展。

3 改革和完善我的企业组织形式，更好地发挥股份经济在我国国民经济中的地位和作用，促进我国经济的发展。

4 促进经济体制改革深化发展，有利于理顺产权关系，使政府和企业能各就其位、各司其职、各用其权、各得其利。

5 扩大我国利用外资的渠道和方式，增强对外的吸纳能力，有利于更多地利用外资和提高利用外资的经济效益。

股市对国家经济发展的作用

图 2-3　股票市场对国家经济发展的作用

（2）股票市场对股份制企业的作用

从股份制企业影响角度而言，股票市场对其作用有两方面，如图 2-4 所示。

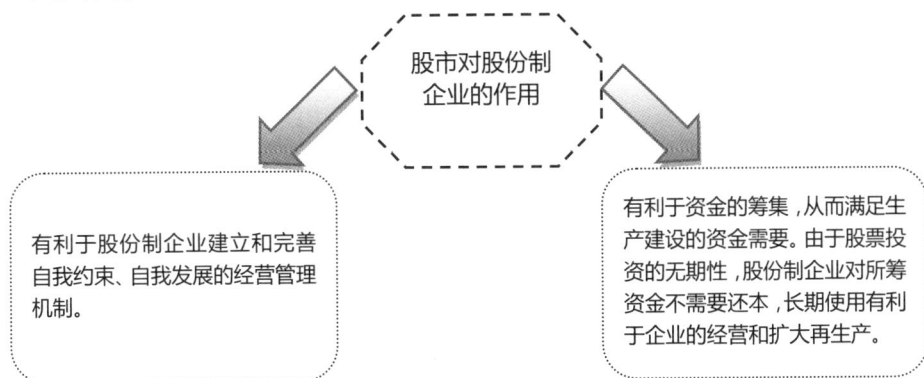

股市对股份制企业的作用

有利于股份制企业建立和完善自我约束、自我发展的经营管理机制。

有利于资金的筹集，从而满足生产建设的资金需要。由于股票投资的无期性，股份制企业对所筹资金不需要还本，长期使用有利于企业的经营和扩大再生产。

图 2-4　股票市场对股份制企业的作用

（3）股票市场对股票投资者的作用

从股票投资者利益角度而言，股票市场对其作用有两方面，如图 2-5 所示。

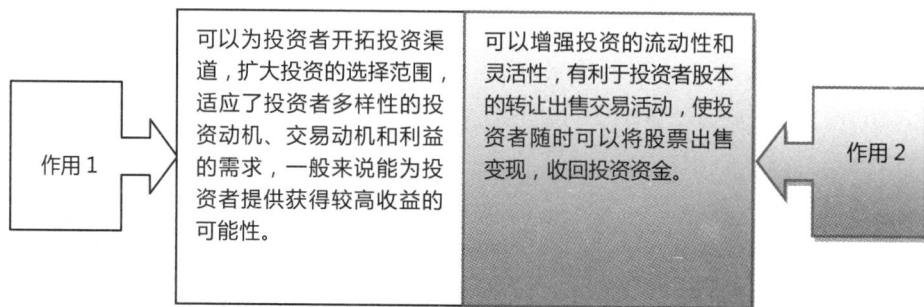

| 作用1 | 可以为投资者开拓投资渠道，扩大投资的选择范围，适应了投资者多样性的投资动机、交易动机和利益的需求，一般来说能为投资者提供获得较高收益的可能性。 | 可以增强投资的流动性和灵活性，有利于投资者股本的转让出售交易活动，使投资者随时可以将股票出售变现，收回投资资金。 | 作用2 |

图 2-5　股票市场对股票投资者的作用

股票市场和股票价格的相互作用

股票价格的形成机制是颇为复杂的，它既受政治、经济和市场因素的影响，也受技术和投资者行为因素的影响，因此，股票价格经常变动，从而扩大了股票市场的投机性，使股票市场的风险性增大。

第33项　股市的职能是什么

股市不仅为股票的流通转让提供了基本的场所，在一定程度上也可以刺激人们购买股票的欲望，从而为一级市场股票的发行提供了保证。股票市场的职能反映了股票市场的性质。在市场经济社会中，股市有积聚资本、转让资本、转化资本以及给股票赋予价格共 4 个职能。

（1）积聚资本

上市公司积聚股票投资者的资金主要是通过证券承销商来完成的，其具体的积聚过程如图 2-6 所示。

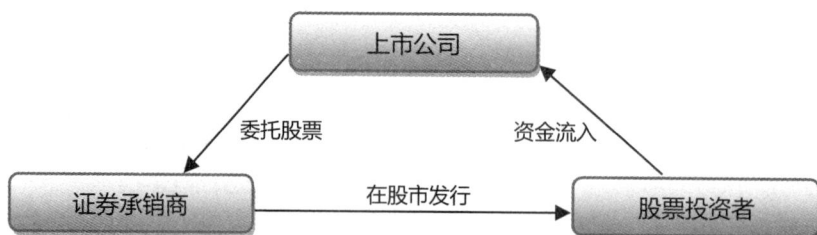

图 2-6　股市积聚资金的流程

（2）转让资本

股市为股票的流通转让提供了场所，使股票的发行得以延续。因为投资者购买了企业的股票，就成为企业的股东。此后，投资者是不能退股或者让企业赎回股票的。此时，投资者只能通过股市将持有的股票转让给其他投资者，从而将股票兑换为现金。

银行储蓄与购买债券投资方式

对于选择银行储蓄或购买债券进行投资的投资者，他不需要担心资金的流动性，因为无论怎样，只要到了约定期限，他都可以按照约定的利率收回利息并取回本金。特别是银行存款，即使提前支取，除本金外也能得到利息，所以将投资撤回或变为现金都不存在任何问题。

（3）转化资本

股市使非资本的货币资金转化为生产资本，它在股票买卖者之间架起了一座桥梁，为非资本的货币向资本的转化提供了必要的条件。股市的这一职能对资本追加、促进企业的经济发展有着极为重要的意义。

（4）给股票赋予价格

股票本身并无价值，它只能像商品那样在市场上流通，其价格的大小与其所代表的资本的价值无关。

股票市场具有赋予股票价格的职能主要体现在：当股票进入股市后，在股票的预期收益、市场利息率以及供求关系等多种因素共同作用的情况下，股票价格可能高于或低于其票面金额，如图 2-7 所示。

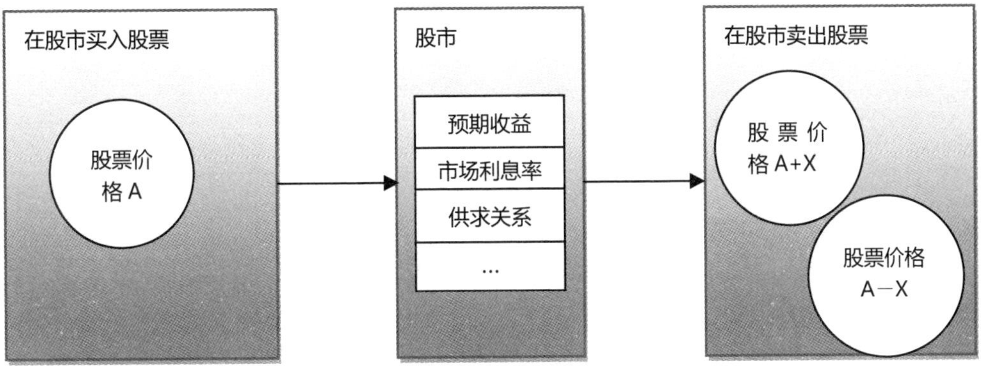

图 2-7　股市赋予股票价格的职能

第34项　股票的发行价格是什么

股票的发行价格主要是指股份公司发行股票时所确定的股票发售价格，影响该价格的因素主要包括本体因素和环境因素两方面，如图2-8所示。

本体因素

• 本体因素就是发行人内部的经营管理对发行价格制定的影响因素，主要包括公司现在的盈利水平及未来的盈利前景、财务状况、生产技术水平、成本控制、员工素质、管理水平等，其中最为关键的是盈利水平。

环境因素

• 环境因素主要包括3方面：第一是股票流通市场的状况及变化趋势；第二是发行人所处行业的发展状况、经济区位状况；第三是各种经济政策因素。

图2-8　影响股票发行价格的因素

第35项　股票的交易时间是什么

深沪证交所市场交易时间相同，都是每周一至周五，而周六、周日、五一、十一、春节、元旦等国家法定节假日为休市日，每天具体的交易时间如表2-1所示。

表2-1　股票交易时间

具体时间	前市	后市
9:15～9:25	集合竞价时间	
9:30～11:30	连续竞价时间	
13:00～15:00		连续竞价时间

第36项　什么是股票发行市场

股票发行市场指股票从规划到销售的全过程。对某些新公司的成立，或是老公司的增资、举债，都可以通过发行市场，借助于发行、销售股票来筹集资金。

股票发行市场主要是将广大投资者的资金流入股票发行人手中，从而创造新的实际资产和金融资产，增加社会总资本和生产能力，以促进社会经济的发展。

第37项 股票发行市场有哪些特征

股票发行市场作为企业直接获得资金的市场，具有如下特征。

◆ **无固定场所**：可以在投资银行、信托投资公司和证券公司等处发行，也可以在市场上公开出售新股票。

◆ **无统一发行时间**：股票发行者可以根据自己的需要和股市行情走向来自行决定何时发行股票。

第38项 股票发行市场的构成是什么

股票发行市场主要由 3 个主体因素相互连接而构成，分别是股票发行者、股票承销商和股票投资者。

在股市发行市场中，决定股票容量和发达程度的是发行者的股票发行规模和投资者的实际投资能力。为了确保发行事务的顺利进行，使发行者和投资者都能顺畅地达到自己的目的，股票承销商会代发行者将股票发行到投资者手中，承销商只是向股票发行者收取一定的手续费用。这样，整个发行市场就以承销商为中心，将发行者和投资者联系起来，从而积极展开股票发行活动，如图 2-9 所示。

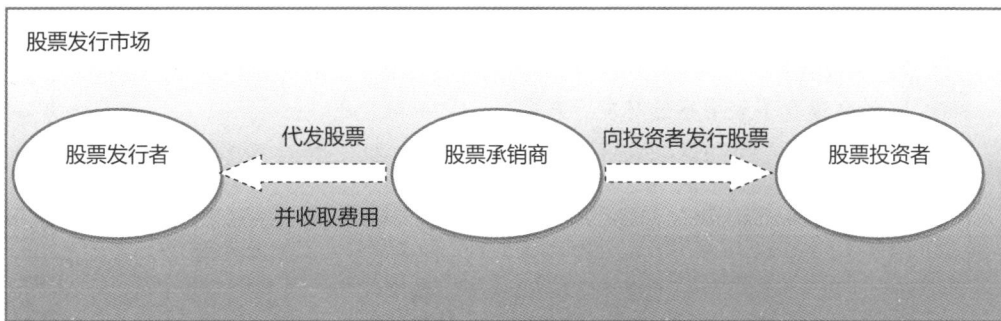

图 2-9 股票发行市场的构成

第39项 股票在股市中的发行方式有哪几种

由于各国政治、经济、社会条件不同，尤其是金融体制和金融市场管理的差异，导致股票的发行方式也多种多样，可根据发行对象、发行者推销出售股票的方式、投资者认购股票时是否交纳股金等来划分。

(1) 根据发行对象划分

根据发行对象的不同可以将股票发行方式分为公开发行和不公开发行，如图 2-10 所示。公开发行又称公募，是指发行者面向社会广大投资者公开推销股票；不公开发行又叫私募，是指发行者只向特定的投资者推销股票。

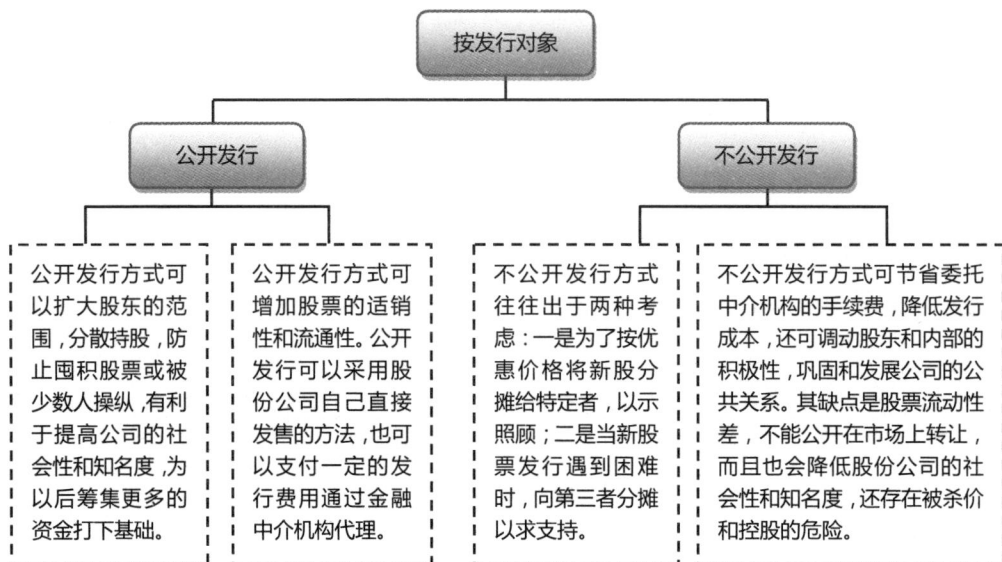

图 2-10　公开发行方式与不公开发行方式

什么情况下采用不公开发行方式

不公开发行方式通常在两种情况下采用：一是股东配股（股东分摊），即公司按股票面值向原有股东分配该公司的新股认购权，动员股东认购。这种新股发行价格低于市场价格。如果股东不愿认购，可放弃新股认购权，也可将认购权转让他人；二是私人配股，又称第三者分摊，即公司将新股票分售给股东以外的与公司有特殊关系的第三者，如本公司职工、往来客户等。

(2) 按发行者推销出售股票的方式划分

根据发行者推销出售股票的方式不同，可以将股票发行方式分为直接发行和间接发行，如图 2-11 所示。

直接发行又叫直接招股，是指发行者自己承担股票发行的一切事务和存在的发行风险，直接向投资者推销出售股票；间接发行又称间接招股，是指发行者委托证券发行中介机构（也称代销商）向投资者出售股票，这些中介机构作为股票的推销者，需要办理股票发行的一切事务，并承担一定的发行风险。间接发行方式有代销、承销和包销 3 种。

按推销出售股票方式

直接发行

间接发行

要求发行者熟悉招股手续，精通招股技术。如果当认购额小于计划招股额时，新建股份公司发起人或现有股份公司董事会必须自己认购所出售的股票。	该方式应用于以下情况：1.不公开发行的股票；2.因信誉低导致市场竞争力差、承担不了大额发行费用等因素造成公开发行有困难的股票；3.实力雄厚，有把握实现巨额私募的大股份公司股票。	代销指推销者只负责按照发行者的条件代理招股业务，不承担任何发行风险，故代销费低。在约定期限内仍销不出去的股票则退还给发行者。	承销是指发行者与推销者签订推销合同，明确规定若在约定期限内推销的股票未能达到合同规定的发行数额，其差额部分由推销者自己承购，故承销费高。	包销指推销者一次性将公开发行的股票全部买下，再根据市场行情逐渐卖出，从中赚取差价。若有滞销股票，推销者减价出售或自己持有。由于发行者可以快速获得全部资金，不承担任何发行风险，故包销费最高。

图 2-11　直接发行方式与间接发行方式

如何选用间接发行方式

间接发行方式有3种，发行者和推销者考虑的角度是不同的，需要双方协商确定。一般说来，发行者主要考虑自己在市场上的信誉、用款时间、发行成本以及对推销者的信任程度；推销者则主要考虑所承担的风险和所能获得的利益。

（3）按投资者认购股票时是否交纳股金划分

按照投资者认购股票时是否交纳股金，可以将股票发行方式划分为有偿增资、无偿增资和搭配增资，如图 2-12 所示。

有偿增资就是指认购者必须按股票的某种发行价格支付现款才能获得股票；无偿增资是指认购者不必向股份公司缴纳现金就可获得股票，这种发行方式的发行对象限于原股东；搭配增资是指股份公司在向原股东分摊新股时，仅让股东支付发行价格的一部分就可获得一定数额的股票。

股票发行方式的选择

不同的股票发行方式各有利弊及条件约束，股份公司在发行股票时，应从自己的实际情况出发，择优选用其中的某种方式，或者几种方式混合使用。当前，世界各国采用最多、最普遍的方式是公开发行方式和间接发行方式。

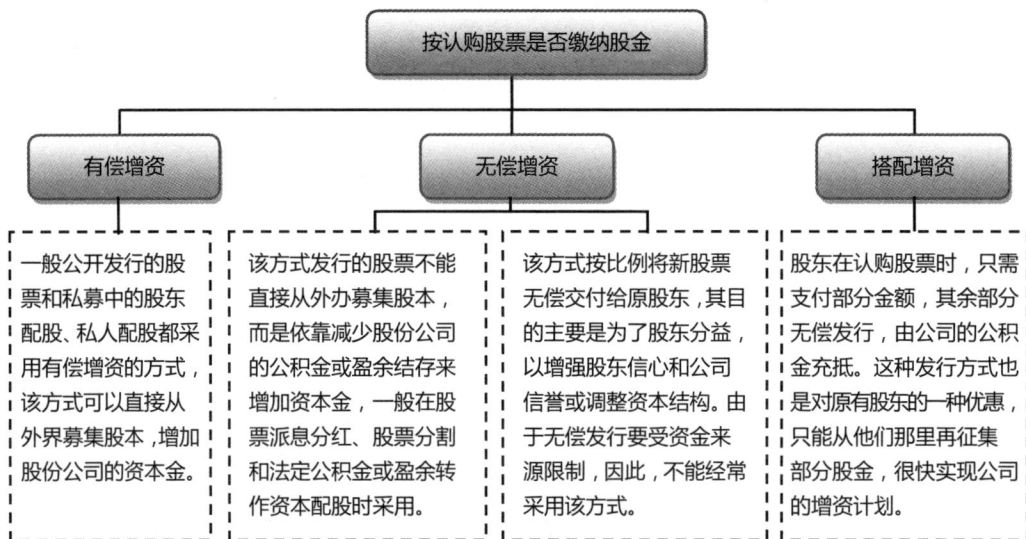

图 2-12　有偿增资、无偿增资和搭配增资

第40项　什么是首次公开发行

首次公开发行是指在募集设立股份有限公司时公开募集股份，或者已成立的公司首次公开发行股票。对于不同的公司，首次公开发行股票的目的是不同的：

◆　对股份有限公司而言，首次发行股票是为成立新公司而募集资金。

◆　对非股份有限公司而言，发行股票主要是为转换经营机制，将非股份有限公司改制成股份有限公司。

第41项　什么是增发股票

增发股票是指上市公司为了再融资而以原股本为基础，再次发行股票的行为，其增发对象一般为老股东、机构投资者、社会公众等。

第42项　什么是定向增发股票

定向增发股票为非公开发行股票方式的股票术语，指发行者向特定群体发售股票从而募集资金的行为，也就是国外常说的私募发行。

第43项　什么是股票交易市场

股票交易市场是指已经发行的股票按时价进行转让、买卖和流通的市场，它包括交易所市场和场外交易市场两部分，如图 2-13 所示。由于股票交易市场是建立在股票发行市场基础上的，因此股票交易市场又被称做二级市场。相比而言，股票流通市场的结构和交易活动比发行市场更为复杂，其作用和影响也更大。

股票交易市场					
交易所市场			场外交易市场		
交易所市场是交易所会员、证券自营商或证券经纪人在证券市场内集中买卖上市股票的场所，是二级市场的主体。它有固定的交易所和固定的交易时间。	接受和办理符合有关法律规定的股票上市买卖，使原股票持有人和投资者有机会在市场上通过经纪人进行自由买卖、成交、结算和交割。	证券公司是二级市场上的重要金融中介机构之一，其职能是为投资者买卖股票等证券，并提供为客户保存证券、为客户融资融券、提供证券投资信息等业务服务。	场外交易市场又称店头市场或柜台市场。它与交易所共同构成一个完整的证券交易市场体系。场外交易市场实际上是由千万家证券商行组成的抽象的证券买卖市场。	在场外交易市场内，每个证券商行大都同时具有经纪人和自营商的双重身份，随时与买卖证券的投资者通过直接接触或电话、电报等方式迅速达成交易。	作为自营商，证券商具有创造市场的功能，它根据自身特点选择交易对象。作为经纪证券商，证券商替顾客与交易商行进行交易，它是顾客的代理人，不承担任何风险。

图 2-13　交易所市场和场外交易市场

第44项　股票交易市场的构成是什么

股票交易市场主要由 3 个主体因素构成，分别是股票持有人（买方）、投资者（卖方）和为股票交易提供流通、转让条件的中介机构（证券交易所）。

第45项　股票交易市场的功能是什么

股票交易市场包含了股票交易的一切活动，它对股票发行者和投资者都有积极的作用，如图 2-14 所示。

对企业的作用	对投资者的作用
股票交易市场的存在和发展不仅为股票发行者创造了有利的筹资环境，还可通过股权转移和股票涨落来判断企业经营状况，为企业及时提供大量信息，有助于经营决策和改善经营管理。	投资者可根据投资计划和市场变动情况在股市随时买卖股票。此外，通过股票交易市场的活动，可使长期投资短期化，实现股票和现金之间随时转换，增强股票流动性和安全性。股市价格反映的资金供求、市场供求、行业前景和政治形势的变化，是经济预测和分析的重要指标。

图 2-14　股票交易市场的作用

第46项　股票上市的基本条件是什么

所谓股票上市是指股票在证券交易所挂牌交易，按照《公司法》的有关规定，股份有限公司在满足如图 2-15 所示中的条件后才能申请股票上市。

1　股票经国务院证券管理部门批准已向社会公开发行

2　公司股本总额不少于人民币 5000 万元；开业时间在 3 年以上，最近 3 年连续盈利

3　原国有企业依法改建而设立的，或者本法实施后新组建成立，其主要发起人为国有大中型企业的，可连续计算

4　持有股票值达人民币 1000 元以上的股东人数不少于 1000 人，向社会公开发行的股份达公司股份总数的 25% 以上

5　公司股本总额超过人民币 4 亿元的，其向社会公开发行股份的比例为 15% 以上

6　公司在最近 3 年内无重大违法行为，财务报告无虚假记载

7　国务院规定的其他条件

图 2-15　股票上市需要满足的条件

第47项　股票上市的基本原则是什么

在股票交易中，为了有效保护投资者的利益，不损害公共利益，股票在上市过程中一般要遵循相应的原则，如图 2-16 所示。

公开性原则	公正性原则	公平性原则	自愿性原则
• 公开性原则是股票上市时应遵循的基本原则。它要求股票必须公开发行，而且公司需连续及时地公开公司的经营状况及其他相关的资料与信息，使投资者能够获得足够的信息进行分析和选择，以维护其利益。	• 公正性原则是指参与证券交易活动的每一个人、每一个机构或部门，均需站在公正、客观的立场上反映情况，不得有隐瞒、欺诈或弄虚作假等致他人于误境的行为。	• 公平性原则是指股票上市交易中的各方，包括各证券商、经纪人和投资者，在买卖交易活动中的条件和机会应该是均等的。	• 自愿性原则是指在股票交易的各种形式中，必须以自愿为前提，不能硬性摊派、横加阻拦，也不能附加任何条件。

图 2-16　股票上市需要遵循的原则

什么情况下上市公司被终止上市资格

证券交易所报经有关证券主管机关核准后,可对有如下问题的公司作出终止其上市资格的决定:(1)上市公司被暂停上市的所列情况已造成严重后果;(2)上市公司在被暂停上市期间未能有效地消除被暂停上市的因素;(3)上市公司将被解散和进行破产清算;(4)上市公司因其他原因而必须终止上市。

第48项 股票上市的基本过程是什么

公司的股票要在股市中挂牌交易,必须经过图 2-17 所示的流程。

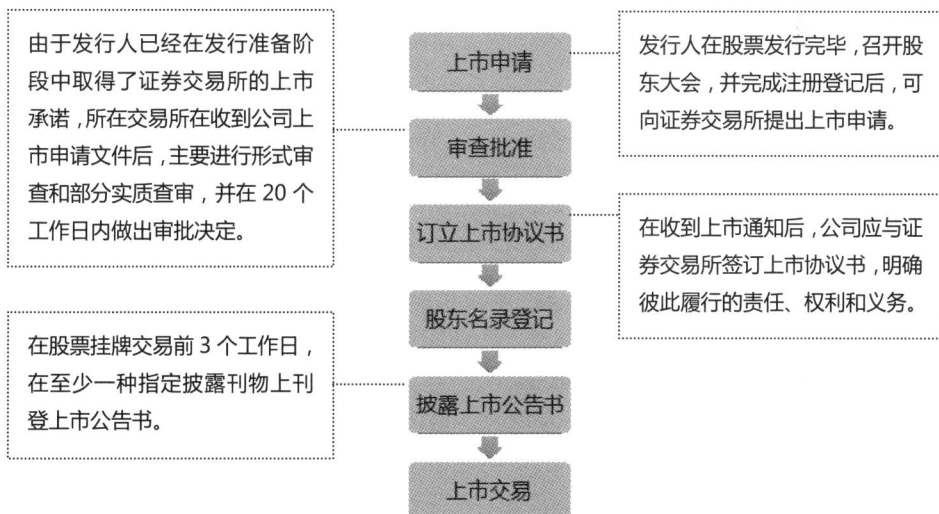

由于发行人已经在发行准备阶段中取得了证券交易所的上市承诺,所在交易所在收到公司上市申请文件后,主要进行形式审查和部分实质查审,并在 20 个工作日内做出审批决定。

上市申请

审查批准

订立上市协议书

股东名录登记

披露上市公告书

上市交易

发行人在股票发行完毕,召开股东大会,并完成注册登记后,可向证券交易所提出上市申请。

在收到上市通知后,公司应与证券交易所签订上市协议书,明确彼此履行的责任、权利和义务。

在股票挂牌交易前 3 个工作日,在至少一种指定披露刊物上刊登上市公告书。

图 2-17 股票上市的基本流程

二、并非人人都适合炒股

股市有赚钱的一面,所以很多人都喜欢炒股,然而并不是人人都具备投资股票的条件。

第49项 什么样的人可以炒股

股票投资是金钱与心理的双重投资,所有投资决策的作出都与决策人精确的分析和全面的研究是分不开的。我们必须把炒股投资作为一门学科、一门艺术去认真对待。因此，要炒股，首先需要具备图 2-18 所示的条件。

什么样的人可以炒股

（1）投资者应有充分的银行存款足以维持一年半载的生活以及临时急用，然后才可以将多余的钱来投资。

（2）投资者不应在负债的情况下投资。应先将债务还清，或者在按计划偿债的能力绰绰有余时再投资。因为投资的收益没有保障，所以投资者应避免借债投资。

（3）投资之前，投资者要有适当的保险，如人寿保险、健康保险、住宅保险等。其目的只是在心理上多一层安慰。因为心理上的承担能力对投资者来说是十分重要的。

（4）具有一定的法律知识，要学习和了解国家的经济和证券政策，了解《证券法》及其他法规，要知法、懂法、守法，并关注国内外形势。

（5）具有一定的股票知识，能从基本面和技术面来分析股票的走势，从而能够进行正确的投资操作。

（6）具有不断学习和实践的能力，只有不断反复摸索和实践，付出长时间艰苦的努力，通过不断的学习和经验的积累，才可能成为一个成功的股民。

图 2-18　炒股需要具备的条件

第50项　什么样的人不适宜炒股

股票市场是利益与风险并存的市场，其风险变化有时候是不可预测的，因此，并非所有的人都适合进入股票市场。一般来讲，如图 2-19 所示的几种人不宜炒股。

什么样的人不适宜炒股

（1）资金余额不足的人不宜炒股。有些人由于缺乏资金，向别人借钱炒股票，这类股民往往以投机的心态进入股市，一旦在股市中被深度套牢，他们将难以承受巨大的精神压力，甚至精神崩溃，从而造成家庭问题和社会问题。

（2）心理素质不好的人不宜炒股。炒股是在风险中获取利益，一旦出现突发的风险，则可能损失惨重。因此需要有良好的心理素质，在股市大幅上涨时保持冷静，仔细分析，在股市连续下跌时保持理智，避免因焦躁不安的心理失去判断力。

（3）身体素质很差的人不宜炒股。股市风云变幻莫测，暴涨暴跌是正常的现象，但这种现象常常对股民的心理造成一定的冲击，身体素质较差，尤其是患有心脏病、脑血管病、高血压的人最好不要介入股市。

（4）缺乏股票基本知识的人不宜炒股。这类人对股票知识仅仅一知半解，进入股市也是盲目跟风，最后造成追涨杀跌、屡战屡败的后果。

图 2-19　不适宜炒股的人

第51项　股票投资的三大忌讳

炒股是一种风险投资，各种不理智的投资事例在新股民中屡见不鲜，归纳总结如图 2-20 所示的 3 点是最常见的。

一忌挪用生活资金

• 应在保证基本开销充足的前提下将余闲资金作为股本进行炒股，如果将所有积蓄投入股市，在突发风险下有可能造成身无分文的悲惨结局。

二忌盲目买卖股票

• 在炒股过程中也要有克俭精神，忌讳盲目买卖股票，具体体现在：买股时需要再三考虑，择低购买；卖股时也要耐心有加，择高出售。

三忌满仓持股

• 股票只是投机赚钱的工具，它不像银行储蓄那样少投资一天就少一天的利润，它要求抓住股票的买卖时机，通常在股票上涨期间以持股为主，在股票下跌期间以持币为主。

图 2-20　股票投资三大忌讳

三、股票市场中的交易监管机构

在股票市场中，股票的所有交易活动的监督和管理工作都是由交易监管机构完成。

第52项　证券公司在股市中的功能是什么

证券公司是专门经营证券业务的机构，它是依照《公司法》和《证券法》的规定设立的并经国务院证券监督管理机构审查批准而成立的，具有独立法人地位的有限责任公司或者股份有限公司。从功能的角度可以将证券公司划分为证券经纪商、证券自营商和证券承销商。其具体的描述如图 2-21 所示。

狭义的证券公司

狭义的证券公司是指证券经营公司，是经主管机关批准并到有关工商行政管理局领取营业执照后专门经营证券业务的机构。它具有证券交易所的会员资格，可以承销发行、自营买卖或自营兼代理买卖证券。普通投资人的证券投资都要通过证券商来进行。

证券公司

证券经纪商	证券自营商	证券承销商
即证券经纪公司。指以接受客户委托，代客户买卖证券并以此收取佣金的中间人。证券经纪商以代理人的身份从事证券交易，与客户是委托代理关系。	即综合型证券公司，除了证券经纪公司的权限外，还可自行买卖证券的证券机构，它们资金雄厚，可直接进入交易所为自己买卖股票。	是指与发行人签订证券承销协议，协助公开发行证券，借此获取相应承销费用的证券经营机构。

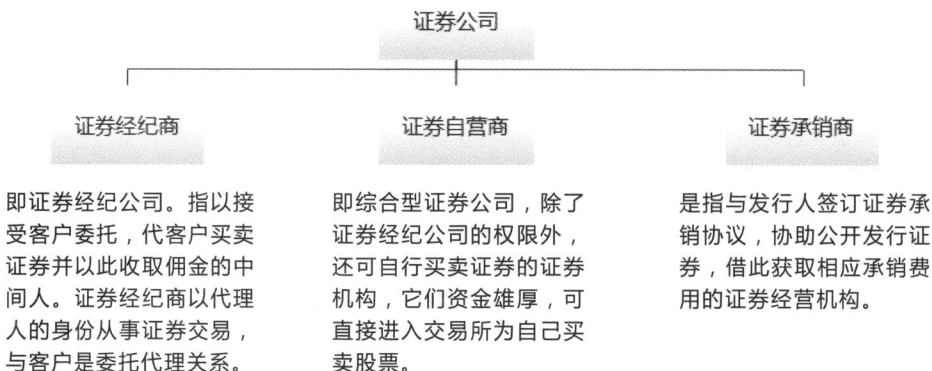

图 2-21　证券公司的分类

证券公司的特点

证券公司有两大特点：一是大都为国有控股企业，资产的赠与必须满足国有资产管理部门的相关规定；二是大都为非上市公司，股份流通受限制，没有市场价格，但又有上市的规划，能够满足上市公司的有关规定。

第53项　我国两大证券交易所简介

证券交易所是依据国家有关法律，经政府证券主管机关批准设立的集中进行证券交易的有形场所。

目前，我国主要的证券交易所有两个，分别是上海证券交易所和深圳证券交易所，也就是常说的沪深证券交易所，其基本简介分别如图 2-22 和图 2-23 所示。

上海证券交易所

- **成立时间**：1990年11月26日，同年12月19日开业，注册资本人民币1 000万元，是我国目前最大的证券交易中心。
- **主要职能**：提供证券交易的场所和设施；制定证券交易所的业务规则；接受上市申请，安排证券上市；组织、监督证券交易；对会员、上市公司进行监管；管理和公布市场信息。
- **交易模式**：上海证券交易所采用无形席位为主、有形席位为辅的交易模式，拥有亚太地区最大的交易大厅，设有1 608个交易席位，交易网络连接交易终端5 700个。覆盖全国、连通海外的卫星通信网每天为3 000个卫星接收站传达即时行情和相关信息。

图 2-22　上海证券交易所（上证所）简介

深圳证券交易所

- **成立时间**：1989年11月15日筹建，1990年12月1日开始集中交易（试营业），1991年4月11日由中国人民银行总行批准成立，并于同年7月3日正式成立，是我国第二家证券交易所
- **主要职能**：提供证券交易的场所和设施；制定本所业务规则；接受上市申请、安排证券上市；组织、监督证券交易；对会员和上市公司进行监管；管理和公布市场信息；中国证监会许可的其他职能
- **交易模式**：深圳证券市场采用无形化市场模式，不设交易大堂，市场实时行情通过现代化的通信设备准确无误地传递给遍布全国各省的会员，来自会员的指令通过他们与深交所的电子联网进入撮合主机，按照价格优先和时间优先的原则由电脑进行连续撮合配对

图 2-23 深圳证券交易所（深交所）简介

第54项 证券交易所在股市中的作用是什么

无论是上海证券交易所，还是深圳证券交易所，在股市中它们都会产生积极作用和消极作用。

（1）积极作用

从股票交易实践可以看出，证券交易所有助于保证股票市场运行的连续性，实现资金的有效配置，形成合理的价格，从而减少证券投资的风险，联结市场的长期与短期利率。

（2）消极作用

证券交易所可能产生的五方面的消极作用，如图 2-24 所示，各作用的具体表现如图 2-25 所示。

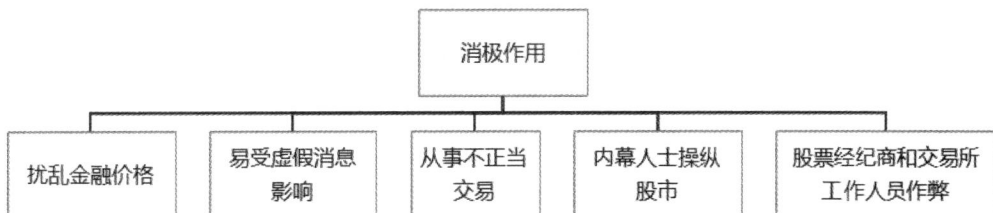

```
                        消极作用
    ┌──────────┬──────────┬──────────┬──────────┐
  扰乱金融价格  易受虚假消息  从事不正当  内幕人士操纵  股票经纪商和交易所
              影响        交易      股市      工作人员作弊
```

图 2-24 交易所产生的五个消极作用

扰乱金融价格	由于证券交易所中很大一部分交易仅是转卖和买回，表面上看起来证券买卖周转量大，但实际交割并不大。而且，由于这类交易其实并非代表真实金融资产的买卖，其供求形式在很大程度上不能反映实际情况，有可能在一定程度上扰乱金融价格
易受虚假消息影响	证券交易所对各类消息都特别敏感。因此，只要有人故意传播不实消息、谎报企业财务状况、散布虚有的政治动向等，都可能造成交易所价格变动剧烈，导致部分投机者蒙受重大损失，而另一些人则可能大获其利
从事不正当交易	从事不正当交易主要包括从事相配交易、虚抛交易和搭伙交易。相配交易是指交易者委托两个经纪人按其限定价格分别买进和卖出同种数量的证券，以抬高或压低该证券的正常价格；虚抛交易是指交易者故意以高价将证券抛出，同时预嘱另一经纪人进行收购，并约定一切损失仍归卖者负担，结果是可能造成该证券的虚假繁荣。搭伙交易是指由两人以上结伙以操纵价格，一旦目的达成后，搭伙者即告解散
内幕人士操纵股市	由于各公司的管理大权均掌握在大股东手中，所以他们有可能通过散布公司的盈利、发放红利及扩展计划、收购、合并等消息操纵公司股票价格，或者直接利用内幕消息牟利
股票经纪商和交易所工作人员作弊	股票经纪商的作弊方式：倒腾、侵占交易佣金，虚报市价，擅自进行买卖，从而以客户的资金为自己谋利，或者虚报客户违约情况从而赚取交易赔偿金。 交易所工作人员的作弊方式：自身在暗中非法进行股票买卖，同时股票经纪商串通作弊或同股票经纪商秘密地共同从事股票交易

图 2-25　交易所产生消极作用的具体表现

搭伙交易的类型

搭伙交易包括交易搭伙和期权搭伙两种类型，其中交易搭伙是指搭伙者在公开市场暗中买进其所感兴趣的证券以免这些证券的价格抬高，或通过散布对公司不利的消息压低其欲购进的股票价格；期权搭伙是指投资者按有利的价格购买证券，这通常是通过打通公司董事会而获得，一般是从获利中的一部分私下返回给董事。

第55项　证券交易所的组织形式

证券交易所分为公司制证券交易所和会员制证券交易所两种，如图 2-26 所示。

我国的上海证券交易所和深圳证券交易所都采用会员制组织形式。

公司制证券交易所

- 是按照股份制原则设立、由股东出资组成、以盈利为目的的法人团体。
- 股东的构成一般有银行、证券公司、投资信托机构等。这种交易所规定，任何证券公司的股东、高级职员或雇员都不能担任证券交易所的高级职员。
- 最高决策管理机构是董事会，董事和监事由股东大会选举产生。

会员制证券交易所

- 由许多会员自愿组成、不以盈利为目的的法人团体。
- 交易所的会员必须是出资的证券经纪人或自营商，只有会员才能参加证券交易，会员对交易所的责任，仅以其交纳会费为限，与交易所的关系是自治自律的非合同关系。
- 最高决策管理机构是理事会，理事会由会员选举产生。

图 2-26　证券交易所的组织形式

第56项　证券交易所有哪些业务规则

证券交易所的业务规则主要有上市规则、交易规则及其他与股票交易活动有关的各项规则。具体而言，应当包括如下事项。

◆　股票上市的条件、申请程序以及上市协议的内容及格式。

◆　上市公告书的内容及格式。

◆　交易股票的种类和期限。

◆　股票的交易方式和操作程序。

◆　交易纠纷的解决。

◆　交易保证金的交存。

◆　上市股票的暂停、恢复和取消交易。

◆　证券交易所的休市及关闭。

◆　上市费用、交易手续费的收取。

◆　该证券交易所股票市场信息的提供和管理。

◆　对违反证券交易所业务规则行为的处理。

第57项　证券交易所如何对股票交易进行监管

证券交易所对股票交易活动的监管内容如图 2-27 所示。

1. 即时公布行情，并按日制作股票行情表，记载并以适当方式公布上市股票的名称，开市、最高、最低以及收市价格，与前一交易日收市价比较后的涨跌情况，成交量、值的分计及合计，股票指数及其涨跌情况等事项

2. 将市场内的成交情况编制成相应的日报表、周报表、月报表和年报表，并及时向社会公布

3. 监督上市公司按照规定披露信息

4. 与上市公司订立上市协议，以确定相互间的权利义务关系

5. 建立上市推荐人制度，以保证上市公司符合上市要求

6. 依照股票法规和证券交易所的上市规则、上市协议的规定，或者根据中国证券监督管理委员会的要求，对上市股票做出暂停、恢复或者取消其交易的决定

7. 设立上市公司的档案资料，并对上市公司的董事、监事及高级管理人员持有上市股票的情况进行统计，并监督其变动情况

8. 会员应当遵守证券交易所的章程、业务规则，依照章程、业务规则的有关规定向证券交易所缴纳席位费、手续费等，并缴存交易保证金

9. 会员应当向证券交易所和中国证券监督管理委员会提供季度、中期及年度报告，并主动报告有关情况；证券交易所有权要求会员提供有关报表、账册、交易记录及其他文件

图 2-27　交易所对股票交易的监管

第58项　投资者在股票交易中需要缴纳哪些费用

不管是投资者还是发行者，股票的交易一般都是委托经纪商代办，因此所有的交易活动都需要交付相应的费用。对于投资者而言，在股票交易中需要缴纳的费用包括印花税、过户费、佣金等手续费。不同的证券交易所、不同的证券，其收取的费用不同，上证所和深交所具体的收费标准分别如表 2-2 和表 2-3 所示。

表 2-2 上证所收费标准

证券项目	开户费	佣金	过户费	印花税
A 股	40 元/户	不超过成交金额的 0.3%，起点 5 元	按成交数量双向收取 0.03% 的过户费，即按照成交股数的 0.06% 收取过户费	成交金额的 0.1%（出让方单边缴纳）
B 股	19 美元/户	不超过成交金额的 0.3%，起点 1 美元		成交金额的 0.1%（出让方单边缴纳）
基金	5 元/户	不超过成交金额的 0.3%		
债券		不超过成交金额的 0.02%，起点 1 元		

应用示例——计算股票买卖的手续费

在 2017 年 1 月 3 日以 15.18 元买入 10000 股东风科技（600081），在 2017 年 1 月 10 日以 16.5 元卖出，其买入和卖出手续费计算如下：

① 买入手续费计算：

买入成交金额：$15.18 \times 10000 = 151800$

佣金：$151800 \times 0.3\% = 455.4$

过户费：$10000 \times 0.06\% = 6$

印花税：买入股票时为受让方，不收取印花税

买入手续费：$455.4 + 6 = 461.4$

② 卖出手续费计算：

卖出成交金额：$16.5 \times 10000 = 165000$

佣金：$165000 \times 0.3\% = 495$

过户费：$10000 \times 0.06\% = 6$

印花税：$165000 \times 0.1\% = 165$

卖出手续费：$495 + 6 + 165 = 666$

表 2-3　深交所收费标准

证券项目	开户费	佣金	印花税
A 股	50 元/户	不超过成交金额的 0.3%，起点 5 元	成交金额的 0.1%（出让方单边缴纳）
B 股	120 港币/户	不超过成交金额的 0.3%，起点 5 港元	成交金额的 0.1%（出让方单边缴纳）
基金	5 元/户	不超过成交金额的 0.3%	
债券		不超过成交金额的 0.02%	

第59项　什么是证券管理机构

1992 年 10 月，国务院证券管理委员会（简称证卷委）和中国证券监督管理委员会（简称中国证监会）（见图 2-28）宣告成立，这标志着我国已建立了专门的证券管理机构和全国统一的、跨部门的、自律性的证券行业组织相结合的证券市场管理体制。

国务院证券管理委员会

•国家对证券市场进行统一宏观管理的主管机构。

中国证券监督管理委员会

•国务院证券委的监管执行机构，依照法律法规对证券市场进行监管。

图 2-28　证券管理机构

什么是中国证券业协会

中国证券业协会是我国另外设立的自律性的证券管理组织，它是 1990 年经中国人民银行批准并在民政部注册登记成立的社团法人，是由证券经营机构主体会员自愿组成的全国证券行业自律组织。

第60项 什么是证券经营机构

证券经营机构也称证券商或证券经纪人，它是证券市场的中介人，是专门经营证券业务并从中获利的企业法人。

（1）证券经营机构的作用

证券经营机构的作用主要有 3 方面，具体如图 2-29 所示。

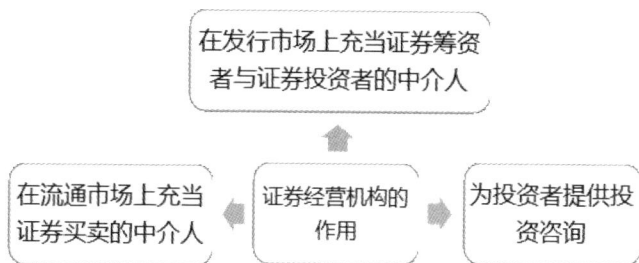

图 2-29 证券经营机构的作用

（2）证券经营机构的类型

我国的证券经营机构主要有两种类型，一种是证券公司，另一种是信托投资公司，如图 2-30 所示。

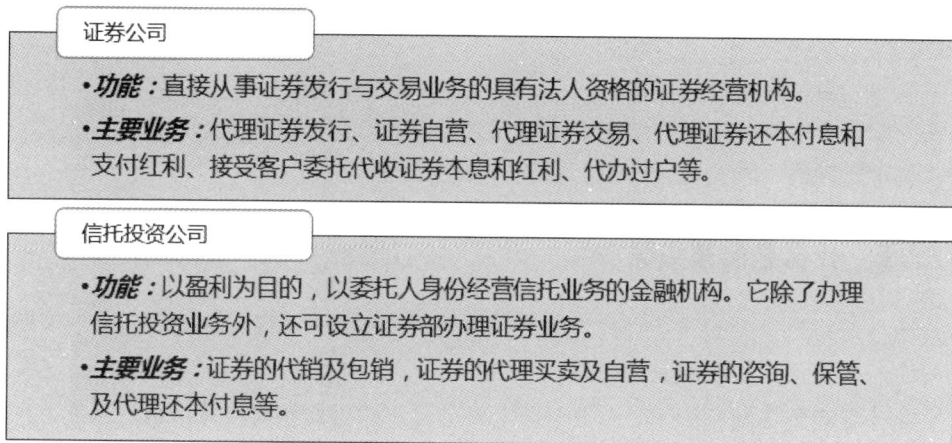

证券公司

- **功能**：直接从事证券发行与交易业务的具有法人资格的证券经营机构。
- **主要业务**：代理证券发行、证券自营、代理证券交易、代理证券还本付息和支付红利、接受客户委托代收证券本息和红利、代办过户等。

信托投资公司

- **功能**：以盈利为目的，以委托人身份经营信托业务的金融机构。它除了办理信托投资业务外，还可设立证券部办理证券业务。
- **主要业务**：证券的代销及包销，证券的代理买卖及自营，证券的咨询、保管、及代理还本付息等。

图 2-30 证券经营机构的类型

第61项　什么是证券服务机构

证券服务机构是指依法设立的从事证券服务业务的法人机构，我国的证券服务机构主要包括证券登记结算公司、证券投资咨询公司、信用评级机构、会计师事务所、资产评估机构、证券信息公司等，如图 2-31 所示。

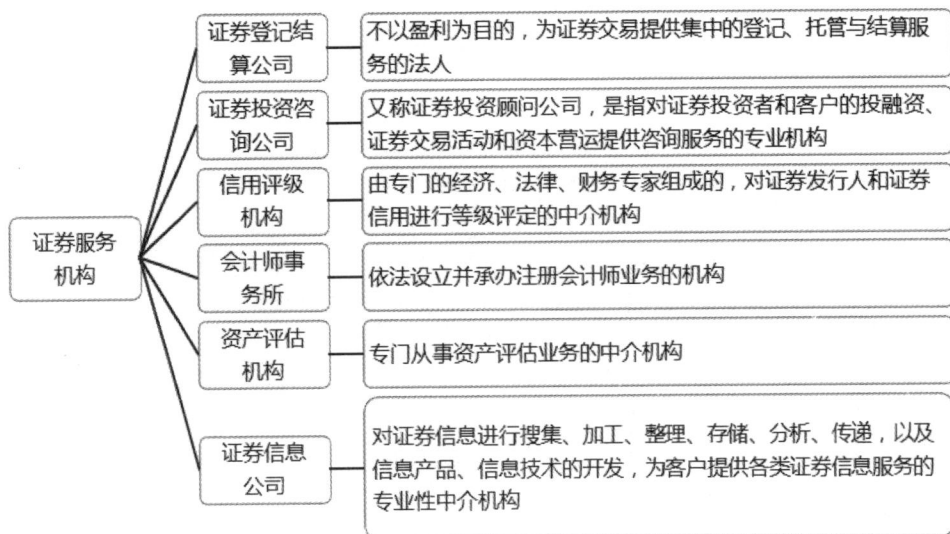

图 2-31　我国的证券服务机构

四、了解股票指数的相关概念

股票指数是股票价格指数的简称，是由证券交易所或金融服务机构根据众多上市公司的股票价格编制的一种动态反映不同时点上股价变动情况的相对指标。根据该指标，也可以观察、预测社会政治、经济的发展形势。

第62项　什么是股票指数

通常是将报告期的股票价格与所定的基期价格相比，并将两者的比值乘以基期的指数值，即为该报告期的股票指数。

在计算股票指数的时候，通常会指定一个固定的日期作为计算指数的基期，并指定一个基本指数，通常为 100 或 1000。股票的实时指数可用以下公式计算：

$$\text{实时指数} = \text{上一交易日收市指数} \times \frac{\Sigma\,(\text{样本股实时成交价} \times \text{样本股权数})}{\Sigma\,(\text{样本股上一交易日收市价} \times \text{样本股权数})}$$

股票实时指数计算公式

在股票实时指数公式中，子项和母项同一样本股的权数相同，为该样本股的最新自由流通股数。子项和母项中的 Σ 分别表示对样本股实时流通市值和前一交易日收市市值进行汇总。

第63项　股票指数如何计算

股票指数的计算方法有 3 种：一是相对法，二是综合法，三是加权法，如图 2-32 所示。

相对法

• 相对法又称平均法，就是先计算各样本股票指数，再相加后求其平均数。其计算公式为：股票指数 = n 个样本股票指数之和 $/n$。

综合法

• 先将样本股票的基期和报告期价格分别相加，然后相比求出股票指数。其计算公式为：股票指数 = 报告期股价之和/基期股价之和。

加权法

• 根据各期样本股票的相对重要性予以加权，其权数可以是成交股数、股票发行量等。

图 2-32　股票指数的计算方法

第64项　什么是上证综合指数

上证综合指数是由上海证券交易所编制的股票指数，该股票指数的样本为在上海证券交易所挂牌上市的全部股票，以发行量为权数进行加权综合，它反映了沪市的总体走势。图 2-33 所示为 2017 年 1 月 18 日沪市总体走势情况图。

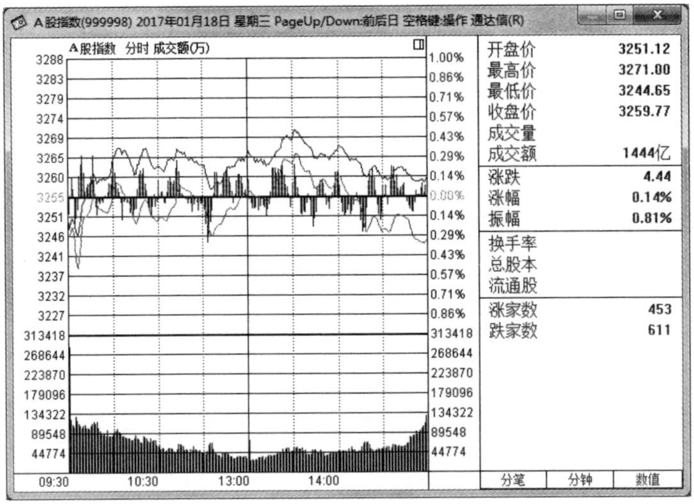

图 2-33　上证综合指数

第65项　什么是深证综合指数

深证综合指数是由深圳证券交易所编制的股票指数，该股票指数的样本为在深圳证券交易所挂牌上市的全部股票，以发行量为权数进行加权综合，它反映了深股票的总体走势。图 2-34 所示为 2017 年 1 月 18 日深市总体走势情况图。

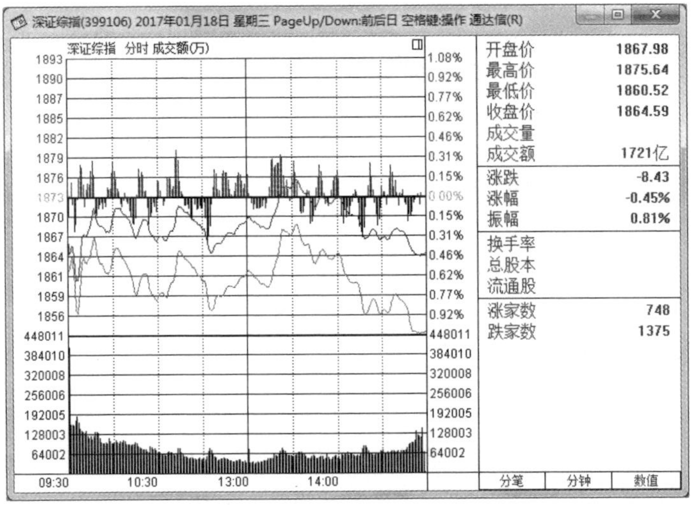

图 2-34　深证综合指数

第66项 什么是沪深300指数

沪深300指数是由上海证券交易所和深圳证券交易所联合编制的，以上证和深证市场中选取的300只A股作为样本，该样本覆盖了沪深市场约六成的市值，直接反映了A股市场整体的走势，有利于投资者全面把握市场运行状况，为指数投资产品的创新和发展提供了基础条件。图2-35所示为2017年1月18沪深股市中A股市场的整体走势。

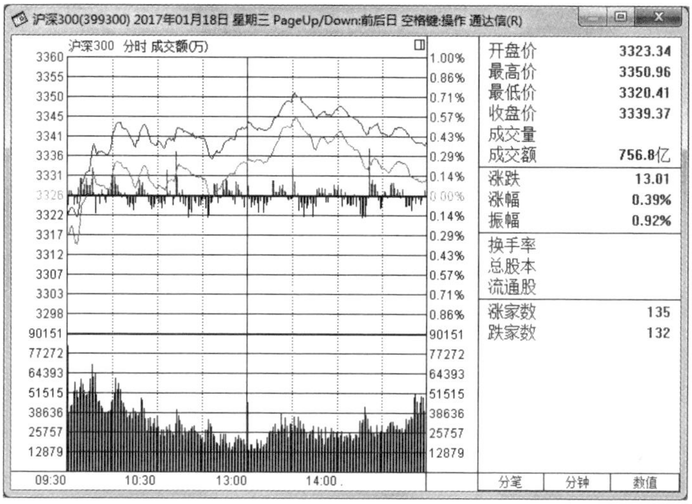

图2-35 沪深300指数

上证A股指数和深证A股指数

上证A股指数是根据沪市中A股股票得出的指数，它可以单独反映沪市中A股股票的整体走势；深证A股指数是根据深市中A股股票得出的指数，它可以单独反映深市中A股股票的整体走势。

第67项 什么是恒生指数

恒生指数，由香港恒生银行全资附属的恒生指数服务有限公司编制，是以香港股票市场中的多家上市股票为成分股样本，以其发行量为权数的加权平均股价指数，是反映香港股市价幅趋势最有影响的一种股价指数。图2-36所示为2017年1月18日港股市场中股价的变化趋势。

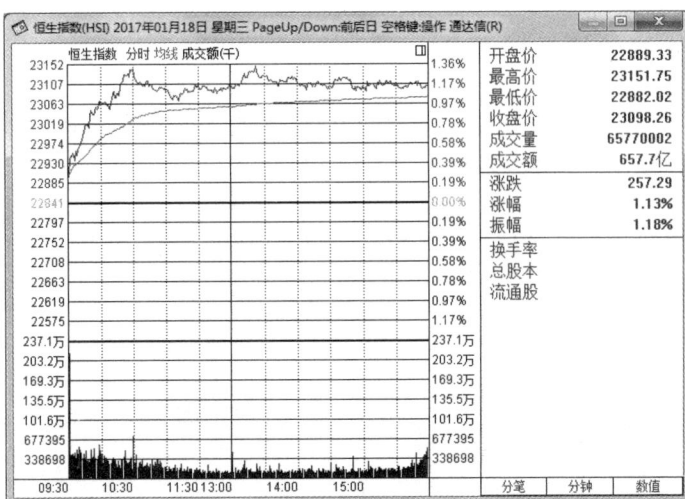

图 2-36　恒生指数

第68项　什么是道琼斯指数

道琼斯指数全称为道琼斯股票价格平均指数，是目前世界上影响最大、最有权威性的股票价格指数。它以在纽约证券交易所挂牌上市的一部分有代表性的公司股票作为编制对象，由道琼斯工业股价平均指数、道琼斯运输业股价平均指数、道琼斯公用事业股价平均指数和道琼斯股价综合平均指数 4 组股价平均指数构成。因能比较充分地反映整个股票市场的动态，常被用作观察世界市场变化的晴雨表。图 2-37 所示为2017 年 1 月 17 日道琼斯工业指数的变化趋势。

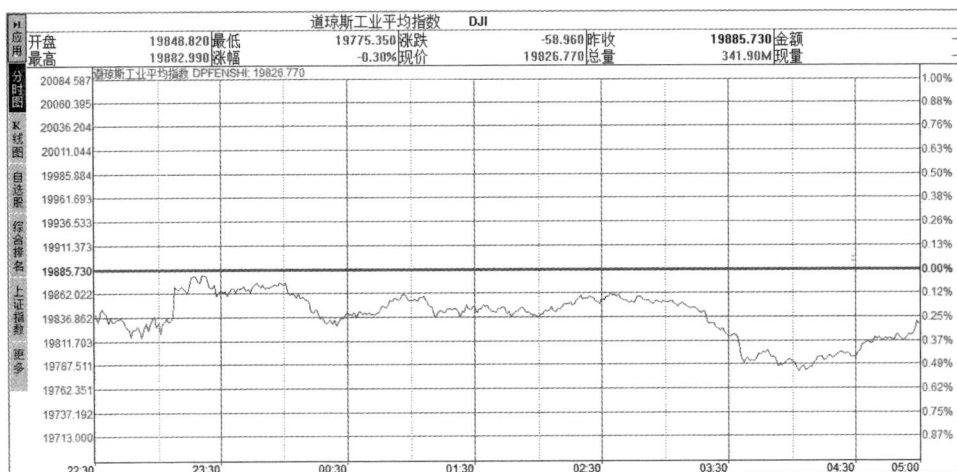

图 2-37　道琼斯指数

第3章
股票发行的源头——股份公司

股票的发行对发行者和投资者都有一定的好处。本章将具体介绍具有股票发行资格的股份公司的相关知识，以及股民如何获取股利、股份公司公开披露信息的主要内容等。

- ◇ 什么是股份公司
- ◇ 股份公司的组织结构
- ◇ 公司为什么要实行股份制
- ◇ 股份公司重整的内容是什么
- ◇ 股东如何从公司获取利益
- ◇ 哪些股民才能获得公司的股利

- ◇ 股份公司可以分为哪几类
- ◇ 设立股份公司的程序是什么
- ◇ 上市公司的收购指的是什么
- ◇ 股份公司合并的目的是什么
- ◇ 股份公司利润的分配原则
- ◇ 股份公司公开披露的信息有哪些

一、什么样的公司才能发行股票

股份公司产生于 18 世纪的欧洲，19 世纪后半期广泛流行于世界资本主义各国。到目前，股份公司在资本主义国家的经济中占据统治地位，是现代经济中最主要的企业组织形式。

第69项　什么是股份公司

股份公司就是通过发行股票及其他证券，把分散的资本集中起来经营的一种企业组织形式，属于一种合资公司，它是由许多人共同出资认股组成的，其公司所有权属于所有出资认购公司股份的人。

第70项　股份公司可以分为哪几类

由于股份公司有其不同的特征，因而可以将股份公司划分为无限公司、有限公司、两合公司、股份有限公司和股份两合公司 5 种类型，如图 3-1 所示。

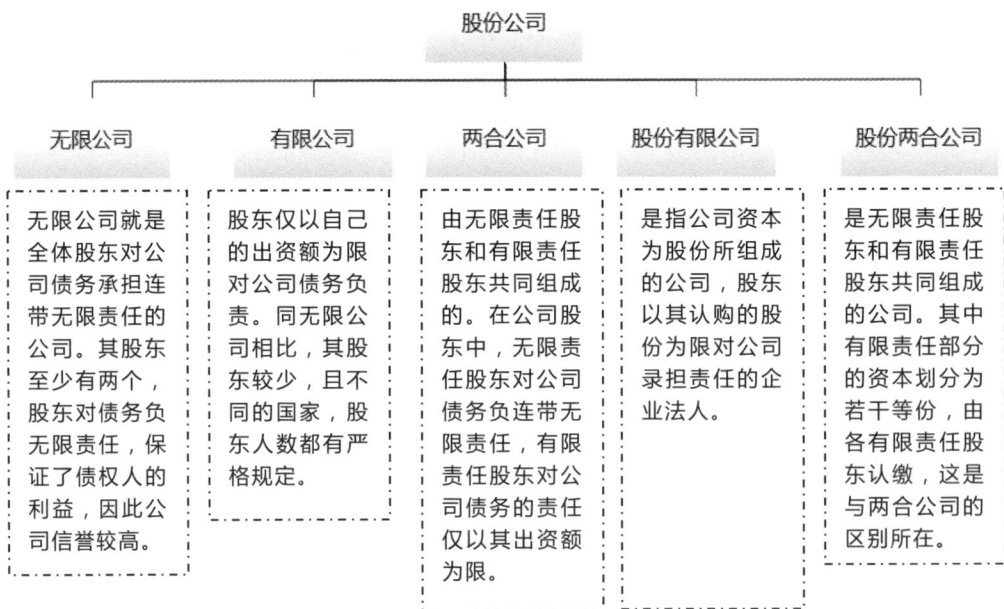

```
                        股份公司
   ┌──────────┬──────────┼──────────┬──────────┐
 无限公司    有限公司    两合公司  股份有限公司  股份两合公司
```

无限公司	有限公司	两合公司	股份有限公司	股份两合公司
无限公司就是全体股东对公司债务承担连带无限责任的公司。其股东至少有两个，股东对债务负无限责任，保证了债权人的利益，因此公司信誉较高。	股东仅以自己的出资额为限对公司债务负责。同无限公司相比，其股东较少，且不同的国家，股东人数都有严格规定。	由无限责任股东和有限责任股东共同组成的。在公司股东中，无限责任股东对公司债务负连带无限责任，有限责任股东对公司债务的责任仅以其出资额为限。	是指公司资本为股份所组成的公司，股东以其认购的股份为限对公司录担责任的企业法人。	是无限责任股东和有限责任股东共同组成的公司。其中有限责任部分的资本划分为若干等份，由各有限责任股东认缴，这是与两合公司的区别所在。

图 3-1　股份公司的类型

股份公司的优势

　　股份公司的优势主要有两点：(1)股份公司可以迅速实现资本集中；(2)股份公司能够满足现代化社会大生产对企业组织形式的要求。

第71项　股份公司有什么特点

　　股份公司的类型有很多，而只有其中的股份有限公司才有发行股票的资格。狭义地讲，股份公司指的就是股份有限公司，该类型具有图 3-2 所示的特点。

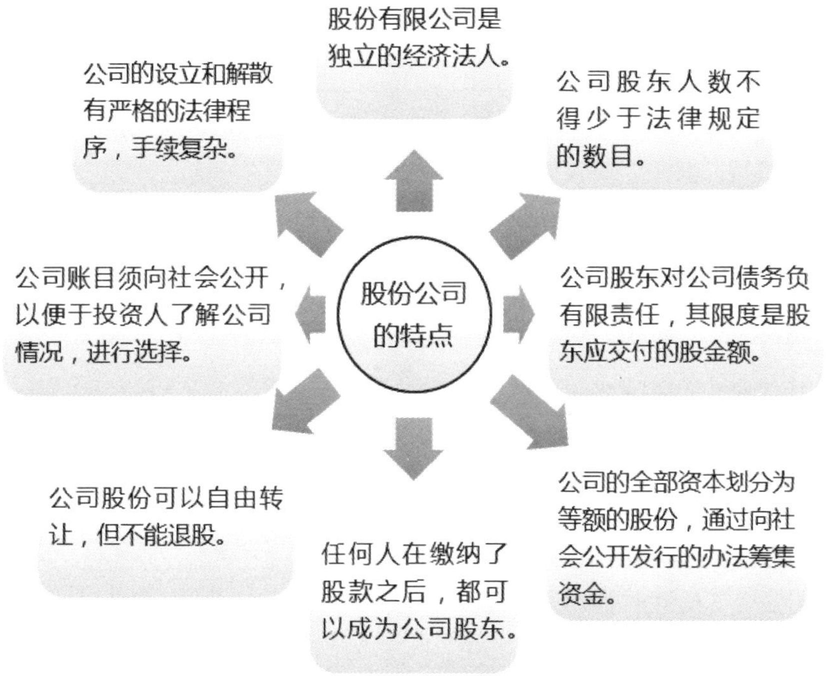

公司的设立和解散有严格的法律程序，手续复杂。

股份有限公司是独立的经济法人。

公司股东人数不得少于法律规定的数目。

公司账目须向社会公开，以便于投资人了解公司情况，进行选择。

股份公司的特点

公司股东对公司债务负有限责任，其限度是股东应交付的股金额。

公司股份可以自由转让，但不能退股。

任何人在缴纳了股款之后，都可以成为公司股东。

公司的全部资本划分为等额的股份，通过向社会公开发行的办法筹集资金。

图 3-2　股份公司的特点

第72项　股份公司的组织结构

　　股份有限公司的组织结构主要由股东大会、董事会和监事会组成，在董事会下设立经理组织，协助董事会工作，这种组织管理结构的设置借鉴了资产阶级政治理论中三权分立的学说，如图 3-3 所示，采取三权分立的体制，以实现公司内部的权力制衡和公司内部自治。

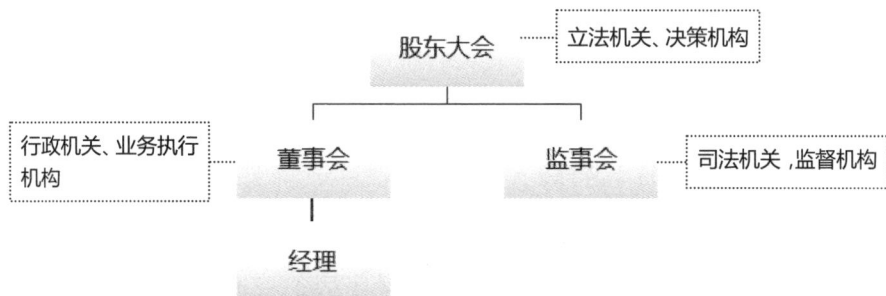

图 3-3 股份公司的组织结构

第73项 什么是股东大会

股东大会，也称股东全会或股东会，是股份公司法定必备的，并由全体股东组成的最高权力机构，其主要职权如下所示：

◆ 听取并审议董事会、监事会的工作报告。

◆ 选举和罢免董事。

◆ 选举和罢免监事会成员。

◆ 修改公司章程。

◆ 审查董事会提出的公司财务预算和决算报告。

◆ 审查董事会所造具的会计表册。

◆ 对公司增加或减少股本、合并、解散、清算等重大事项作出决议。

◆ 对公司其他重要事项作出决议。

股东大会的提案表决方式

股东大会提案的表决方式分为现场和非现场两种。现场表决是指参加股东大会的股东直接在现场投票；非现场表决是指不能到现场的股东可以委托他人投票，或者通过网络进行投票，需要注意的是，委托时应出具委托书，一个股东只能委托一个代理人。

第74项　什么是董事会

股份公司董事会是由股东大会选举产生,在股东大会闭会期间行使股东大会职权的常设机构,负责处理公司各种重大经营管理事项。

作为公司董事会,其形成在资格上、人员数量上和分工上都有具体要求,并且具有对应的职权。

(1) 什么样的人才能进入董事会

董事是股东在股东大会上选举产生的。所有董事组成一个集体领导班子,成为董事会。法定的董事资格必须满足如图 3-4 所示的条件。

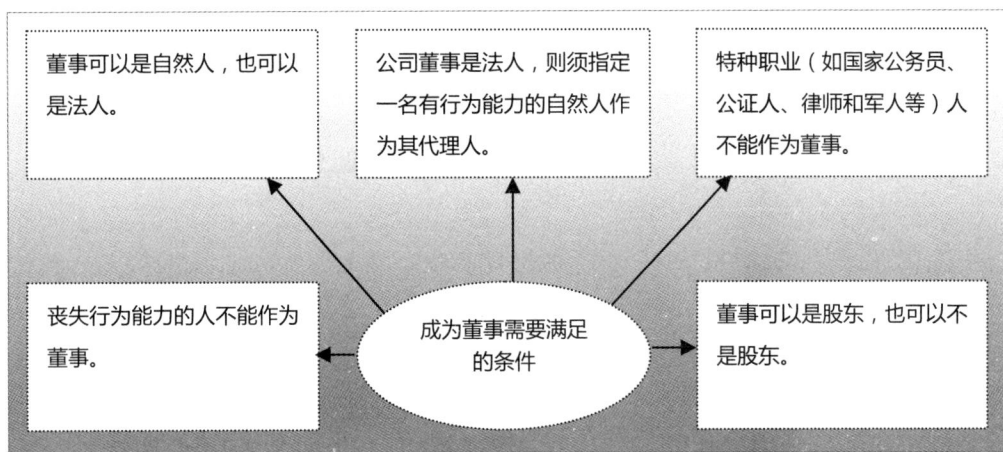

董事可以是自然人,也可以是法人。

公司董事是法人,则须指定一名有行为能力的自然人作为其代理人。

特种职业(如国家公务员、公证人、律师和军人等)人不能作为董事。

丧失行为能力的人不能作为董事。

成为董事需要满足的条件

董事可以是股东,也可以不是股东。

图 3-4　成为董事需要满足的条件

(2) 董事会人员要求

根据业务需要和公司章程在法定人数范围内确定董事的人数。人数太少不利于集思广益和充分集中股东意见;人数过多会造成机构臃肿,降低办事效率。

(3) 董事会的人员分工

董事会一般设有董事长、副董事长、常务董事。人数较多的公司还可设立常务董事会。董事长和副董事长的产生和罢免是由董事会成员过半数决定。

在董事会中,董事长具有最大权限,是董事会的主席。其主要行使的职权有如下几个:

◆ 召集和主持董事会会议。

◆ 董事会休会期行使董事会职权,对业务执行中的重大问题进行监督和指导。

◆ 对外代表公司,具有代表公司参与司法诉讼、签署重大协议等职权。

(4) 董事会对应的职权

董事会行使的职权如图 3-5 所示。

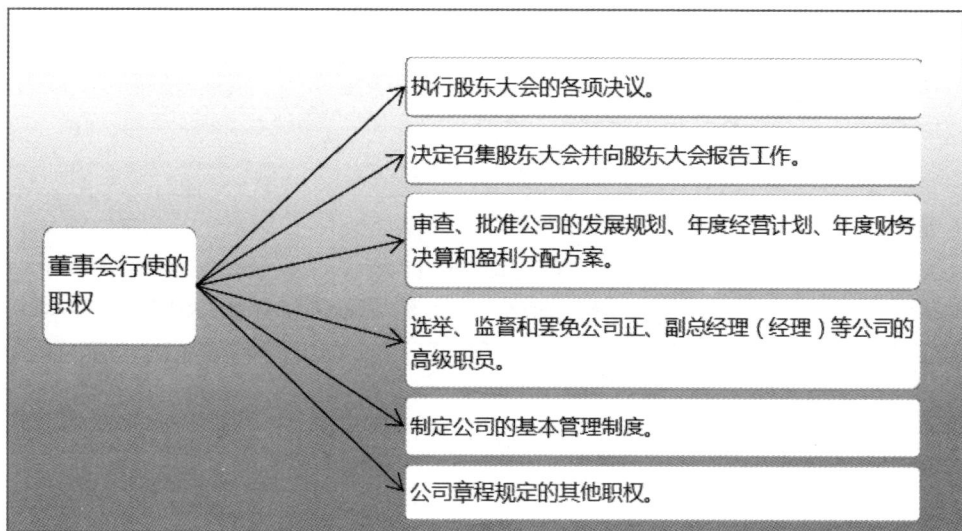

图 3-5　董事会行使的职权

董事会和股东大会在职权上的关系

二者都行使公司章程规定的全部职权。董事会所作的决议必须符合股东大会决议,如有冲突,要以股东大会决议为准;股东大会可以否决董事会决议,甚至改组、解散董事会。

第75项　什么是监事会

监事会,也称公司监察委员会,是股份公司法定的必备监督机关,是在股东大会领导下,与董事会并列设置,对董事会和总经理行政管理系统行使监督的内部组织。它由全体监事组成,主要对公司业务活动及会计事务等进行监督,其具体行使的职权如下:

◆ 检查公司的财务，在必要时可以公司名义另行委托会计师事务所独立审查公司财务。

◆ 对公司董事、总裁、副总裁、财务总监和董事会秘书履行公司职务时违反法律、法规或《公司章程》的行为进行监督。

◆ 当公司董事、总裁、副总裁、财务总监、董事会秘书的行为损害公司的利益时，要求前述人员予以纠正。

◆ 核对董事会拟提交股东大会的财务报告、营业报告和利润分配方案等财务资料，发现有疑问的可以公司名义委托注册会计师、执业审计师帮助复审。

◆ 对公司聘用会计师事务所发表建议。

◆ 提议召开临时股东大会，也可以在股东年会上提出临时提案。

◆ 提议召开临时董事会。

◆ 代表公司与董事交涉或对董事起诉。

第76项　什么是经理

经理是公司中对内有业务管理权限、对外有商业代理权限的人，主要辅助董事会等法定业务执行机关执行公司具体业务，也就是具体实施董事会的决议。

(1) 总经理与副总经理

根据业务需要和公司章程，可确定 1 名总经理，2～3 名副总经理，如图 3-6 所示。

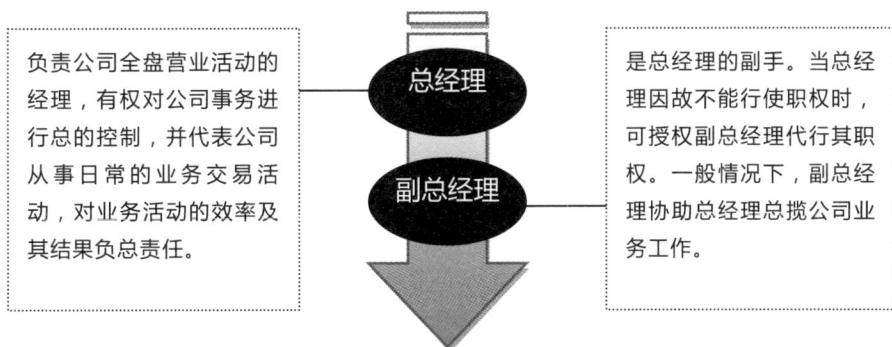

负责公司全盘营业活动的经理，有权对公司事务进行总的控制，并代表公司从事日常的业务交易活动，对业务活动的效率及其结果负总责任。

总经理

副总经理

是总经理的副手。当总经理因故不能行使职权时，可授权副总经理代行其职权。一般情况下，副总经理协助总经理总揽公司业务工作。

图 3-6　总经理与副总经理

(2) 总经理的职权

总经理具体行使的职权如下：

- ◆ 执行董事会的决议，并依照决议确定公司大政方针，研究制定具体措施。
- ◆ 确定内部组织机构，安排各个职能部门的人员。
- ◆ 经董事会授权，代表公司对外签订合同和处理业务。
- ◆ 定期向董事会报告业务情况，向董事会提交年度报告。
- ◆ 招聘或解雇公司职工。
- ◆ 主持公司的日常业务活动。

第77项　设立股份公司的程序是什么

股份公司的设立需要经过一定的立法程序，其具体的流程如图 3-7 所示。

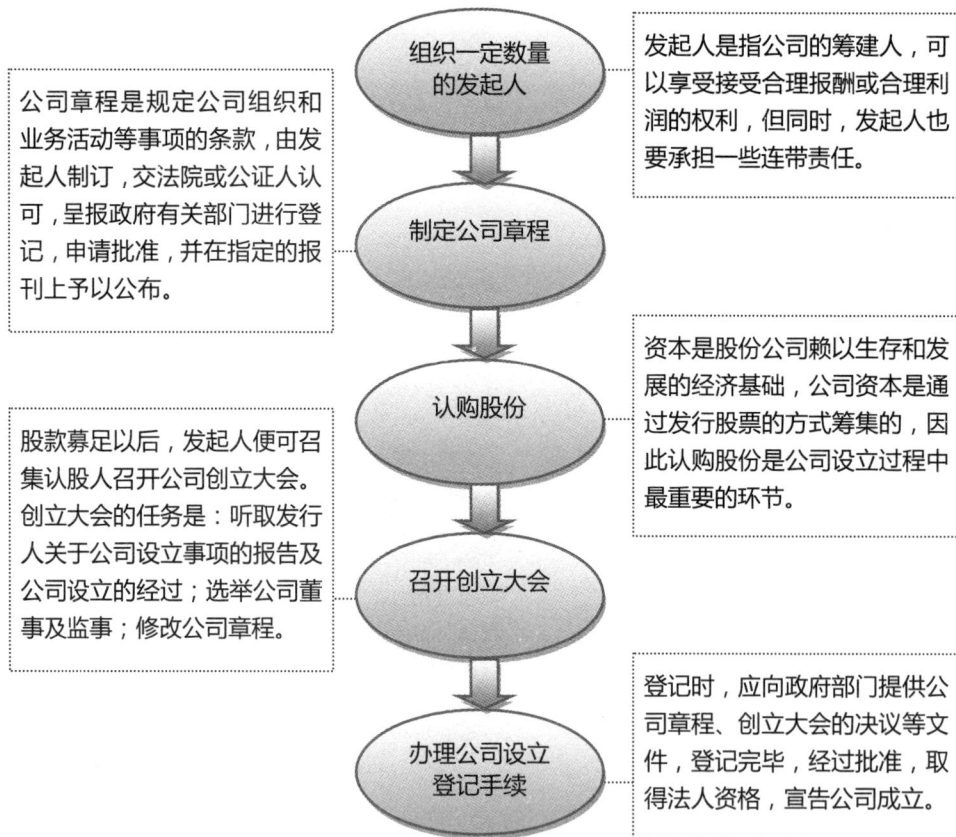

公司章程是规定公司组织和业务活动等事项的条款，由发起人制订，交法院或公证人认可，呈报政府有关部门进行登记，申请批准，并在指定的报刊上予以公布。

发起人是指公司的筹建人，可以享受接受合理报酬或合理利润的权利，但同时，发起人也要承担一些连带责任。

组织一定数量的发起人

制定公司章程

资本是股份公司赖以生存和发展的经济基础，公司资本是通过发行股票的方式筹集的，因此认购股份是公司设立过程中最重要的环节。

认购股份

股款募足以后，发起人便可召集认股人召开公司创立大会。创立大会的任务是：听取发行人关于公司设立事项的报告及公司设立的经过；选举公司董事及监事；修改公司章程。

召开创立大会

登记时，应向政府部门提供公司章程、创立大会的决议等文件，登记完毕，经过批准，取得法人资格，宣告公司成立。

办理公司设立登记手续

图 3-7　设立股份公司的流程

第78项 公司为什么要实行股份制

马克思主义经典理论认为股份制是对资本主义的一种扬弃，是资本主义向社会主义的一个过渡点，它本身并不是资本主义性质的，既可以为资本主义所利用，也同样可以为社会主义所利用。

我国处在社会主义初级阶段，发展股份公司，对于完善社会主义生产关系，进一步发展社会生产力，具有十分重要的意义，其具体表现如图 3-8 所示。

扩大企业自主权
- 股份制分离了企业所有权与经营权。国家和其他投资者都可以成为企业的部分所有者。
- 股份制通过把所有权分散化，使国家和企业之间由原来的行政关系变成经济制约关系。企业的自主权扩大了，企业的活力也就必然增强。

有效筹集社会资金
- 通过股份向社会筹集资金，改变过去单一的银行间接融资的状况，对于缓解资金短缺具有重要意义。

促进生产活动
- 投资者的目的是为了获取更多的股息、红利收益，因此资金会大量涌进先进企业，起到鼓励先进的作用。股票的买卖顺利，其股票价格在证券市场呈上升趋势，持有该企业股票的股东资产增加，这又会使企业的地位和信誉提高，产品的竞争能力得到加强。

确保企业经营
- 股东大会、董事会的组织形式，是一种民主管理企业的好形式，股东参与企业的经营决策，决定领导人选。他们可以挑选精通业务、富有才干的人担任企业领导，保证企业的经营方式对路、经营效果突出。

促进人才横向流动
- 股份制实行以后，技术的横向交流得以发展。新技术、新发明愿意在先进企业推广，先进企业也有条件、有能力购买新技术专利，从而使企业获得新技术的支持。

有利于调动积极性
- 职工的收入与公司经营成果直接挂钩，从而可以充分调动企业职工的积极性。
- 企业财产是入股者的共同财产，入股各方从各自的利益出发，都会关心公司经营的好坏。
- 企业管理人员具有经营决策自主权，经理人员实行聘任制，使其责任感和积极性大为加强。

图 3-8 实行股份制的意义

第79项　什么是上市公司

上市公司是指所发行的股票经过国务院或者国务院授权的证券管理部门批准在证券交易所上市交易的股份有限公司。股份有限公司可为上市公司，也可为非上市公司，但上市公司必须是股份有限公司。

什么是非上市公司

所谓非上市公司是股票没有上市，或没有在证券交易所挂牌交易的股份有限公司。

第80项　上市公司的收购指的是什么

上市公司的收购是指投资者依法制定程序，公开收购股份有限公司已经上市的股份，以达到对该公司控股或兼并目的的行为，其收购方式分为要约收购和协议收购，如图3-9所示。

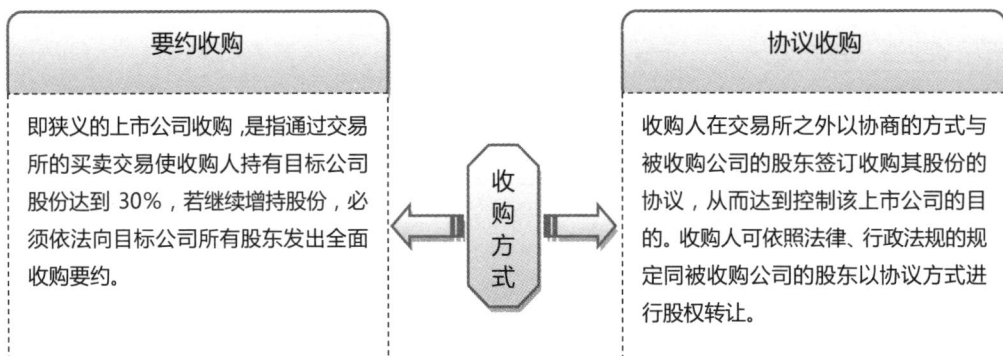

要约收购		协议收购
即狭义的上市公司收购，是指通过交易所的买卖交易使收购人持有目标公司股份达到30%，若继续增持股份，必须依法向目标公司所有股东发出全面收购要约。	收购方式	收购人在交易所之外以协商的方式与被收购公司的股东签订收购其股份的协议，从而达到控制该上市公司的目的。收购人可依照法律、行政法规的规定同被收购公司的股东以协议方式进行股权转让。

图3-9　上市公司的收购方式

收购股票的转让时间

在上市公司的收购过程中，如果收购人持有被收购的上市公司的股票，在收购行为完成后的一年以内不得转让。

第81项　什么是暂停上市

当上市公司出现图3-10所示的情况之一时，该公司的股票将被证券交易所暂停上市。

上市公司股本总额、股权分布等发生变化不再具备上市条件。	上市公司不按规定公开其财务状况，或者对财务会计报告作虚假记载。	未在法定期限内披露年度报告或中期报告，且股票已停牌两个月仍未披露。
上市公司最近3年连续亏损。	上市公司有重大违法行为。	交易所规定的其他情形。

图 3-10　股票暂停上市的情况

第82项　什么是恢复上市

恢复上市是指根据《证券法》《公司法》等法律法规要求，股票暂停上市的上市公司在达到重新上市交易的条件后可重新向证券交易所提出股票上市申请，其具体的恢复上市条件如图 3-11 所示。

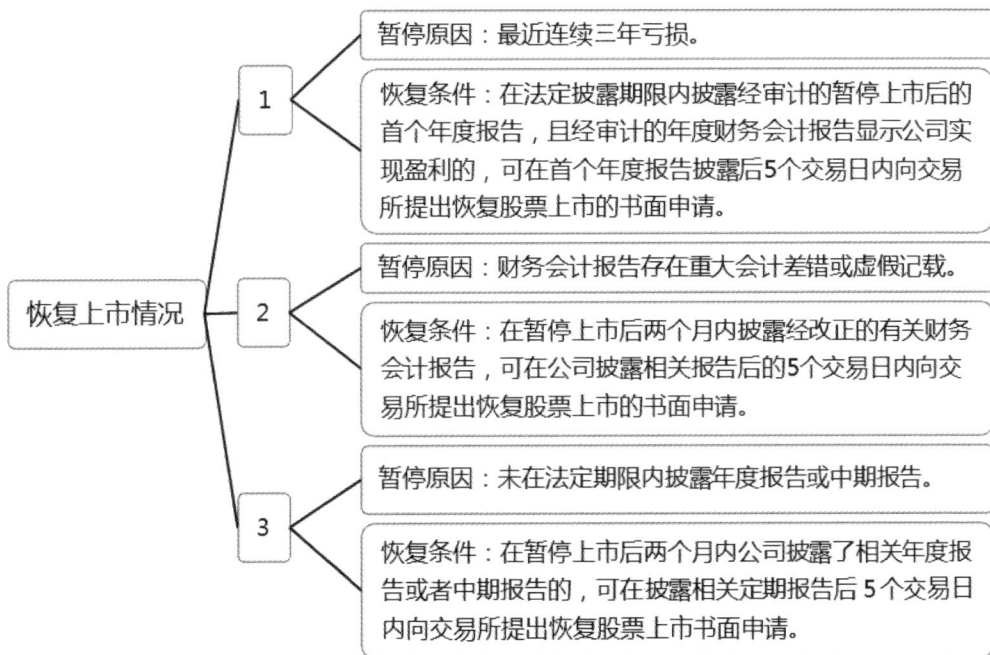

图 3-11　股票恢复上市的条件

恢复上市的时间

上市公司在提出恢复上市申请后，交易所应该在公司提出申请之日起的 5 个工作日内作出是否受理恢复上市申请的决定。如果交易所核准其股票恢复上市，上市公司应该在 2 个工作日内刊登《股票恢复上市公告》，在公告刊登 5 个交易日后该上市公司的股票即可在证券交易所内正式恢复交易。

第83项　什么是终止上市

终止上市也称"退市"，是指证券交易所根据法律和证券交易所规定的事由，取消或者终止上市公司已上市的股票的上市资格，其具体的退市情况如下：

◆ 公司在法定期限结束后仍未披露暂停上市后第一个半年度报告的。

◆ 公司在法定期限内披露了暂停上市后的第一个半年度报告，但未在披露后的 5 个工作日内提出恢复上市申请。

◆ 提出恢复上市申请后，证券交易所未予以受理。

◆ 证券交易所受理恢复上市申请，经审核认为不符合恢复上市条件。

◆ 暂停上市后，股东大会作出终止上市决议的。

◆ 公司因故解散或法院宣告公司破产后裁定终结破产程序的。

◆ 交易所规定的其他情形。

二、股份公司的重整与合并

在公司出现危机时，如果想要维持公司的生存，可以通过股份公司重整与合并的手段来实现。

第84项　股份公司在什么情况下才可以申请重整

当公司的财务遭受严重困难或有破产危险时，为维持公司的生存和使之振兴复苏，并保护股东、公司债权人的利益，公司可以向法院申请重整（停业整顿）。

第85项　股份公司重整的内容是什么

公司要重整，须向法院发出重整申请书，其内容应包括以下几点：

- 公司的基本情况，申请重整的原因及根据。
- 公司的经营范围与业务状况。
- 公司的资产负债、损益及其他财务状况。
- 关于重整的意见。
- 申请人的姓名、住址及申请资格。

第86项　股份公司重整的流程是什么

股份公司要进行重整，需要根据相应的法律法规，按照一定的流程进行，其具体流程如图 3-12 所示。

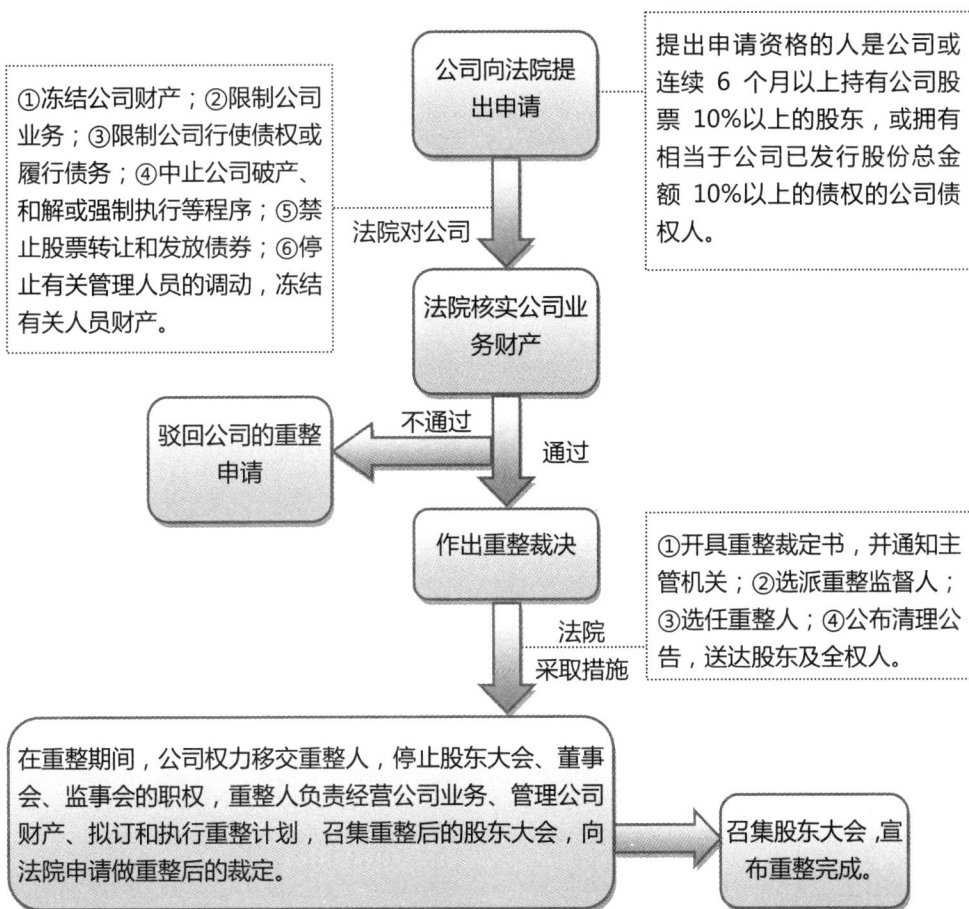

图 3-12　公司重整的流程

第87项　股份公司进行重整有什么深远意义

股份公司重整完成后就会产生相应的法律效力，具体如下：

◆ 未受到清偿的债权部分，除依据重整计划转移给重整后的公司承接外，其余部分自动消除。

◆ 股东股权经重整而变更或减除的部分失去权利。

◆ 重整裁定前，公司的破产、和解、强制执行及因财产关系所产生的诉讼等失效。

第88项　什么是公司的合并

公司的合并，是指两个或两个以上的公司依照法律规定或合同约定而合并为一个公司。公司的合并一般采取两种方式：一是吸收合并；二是新设合并。

◆ **吸收合并**：指在两个或两个以上的公司合并过程中，其中一个公司继续存在，而其他公司则在消灭原有法人资格后归入前一公司，如图 3-13 所示。

◆ **新设合并**：指在合并过程中，参加合并的所有公司都消灭掉原有法人资格，而形成一个新的法人实体，如图 3-14 所示。

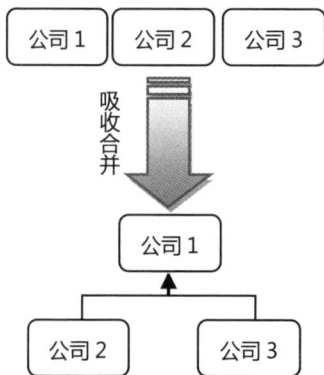

图 3-13　吸收合并　　　　　图 3-14　新设合并

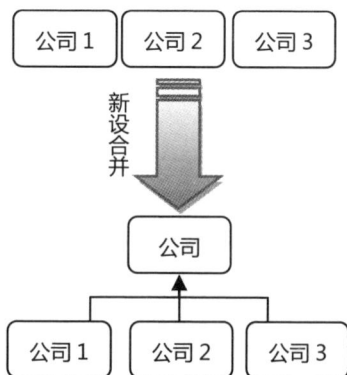

第89项　股份公司合并的目的是什么

股份公司实行合并，对参与合并的各公司及他们的股东和债权人直接产生影响。在合并时，对于实力强和实力弱的公司都是有很大好处的，如图 3-15 所示。

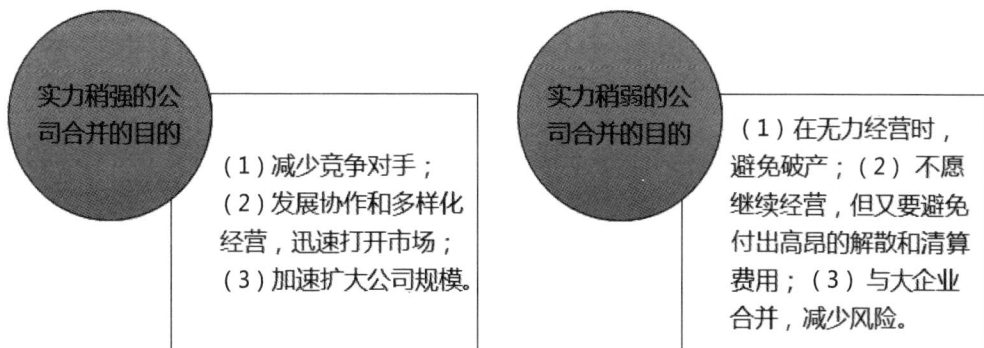

图 3-15　公司合并的目的

三、股份公司的解散和清算

如果公司因为各种原因而无法再继续经营，必须通过解散和清算过程才标志公司正式消失。

第90项　什么情况下股份公司宣布解散

股份公司的解散是履行公司法人资格被取消的法律程序和宣告公司业务经营活动终止的法律事实，其解散的原因主要有以下几点：

◆ 公司所经营的事业已经完成或不能完成，公司所定的章程中关于解散的事由发生，股东大会决议解散。

◆ 公司被合并，即在新设合并或吸收合并中被吸收。

◆ 公司宣布破产时，公司应马上解散。

◆ 政府主管机关命令解散。

◆ 法院裁定解散。

第91项　股份公司解散的两种方式

股份公司的解散方式有两种，一种是自愿解散，另一种是强制解散。

◆ **自愿解散：** 主要是基于公司自己的要求而自愿进行的解散，如公司财政出现危机，无法再继续经营。

◆ **强制解散：** 是公司基于法律或主管机关命令而被迫进行的解散，如公司的经营违法了相应的法律法规。

第92项　什么是股份公司清算

股份公司在解散过程中，为了终结公司现存的各种法律关系和了结公司债务，从而对公司的资产、债权和债务关系等进行清理、处分，这种行为就是股份公司的清算。

什么情况下公司不用清算

根据有关法规规定，对于因合并和破产而宣告解散的公司是不用清算的。理由是：一是合并的公司的权利义务已转移到存续的公司或新设的公司，故原公司解散不必清算；二是公司破产后，其全部财产不足以抵偿债务，因此不会有剩余财产，公司在解散后，只能满足债权人的利益，而不能满足股东的利益。

第93项　股份公司清算的方式

股份公司的清算方式有两种，一种是普通清算，另一种是法定清算，如图 3-16 所示。

普通清算

• 是指公司自愿解散后，由公司股东或股东大会确定的人员组成清算组织，依法定程序自行进行清算。

法定清算

• 是指公司解散后，为最终了结现存的财产和其他法律关系，依照法定程序，对公司的财产和债权债务关系进行清算，从而消灭公司法人资格的法律行为。

图 3-16　股份公司的清算方式

无论是哪种清算方式，其最终目的和根本任务都是为了了结公司的现有业务，收取债权、偿还债务、分派剩余的财产，其整个过程都是在法院的监督下进行的，但是法定清算方式受法院监督更为严格。

第94项　股份公司解散的流程是什么

公司不是哪一个人说解散就解散的，根据相应的法律法规，公司的解散需要按照一定的流程来进行，如图 3-17 所示。

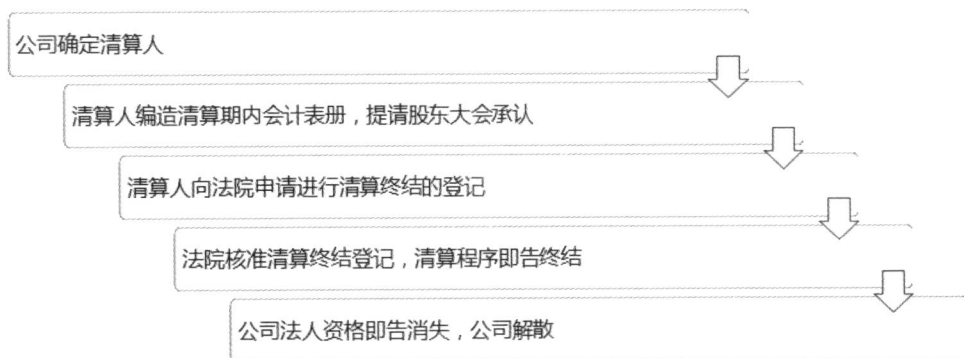

图 3-17　股份公司解散的流程

清算人的职责

清算人可以是公司的董事，也可以是由股东大会选举产生或是法院指派。其主要职权有 4 点：①保管和控制公司的所有财产；②决定负连带责任者的名单和对应予催缴的股款进行催缴；③查明并按正确的次序偿还债务；④将股本还给股东，如有财产，要在应得者之间进行分配。

四、股份公司的利润是如何分配的

股份公司对外发行股票主要是为了通过筹集社会资金来发展自己的事业，如果公司盈利了，则需要通过发放股息和红利的方式将利润分配给股东，从而保证股东的基本利益。

什么是股息与红利

股东定期按一定的比率从上市公司分取的盈利称之为股息；在上市公司分派股息之后股东按持股比例从公司处分配到的剩余利润就是红利。

第95项　股东如何从公司获取利益

　　获取股息和红利是股民投资于上市公司的基本目的，也是股民的基本经济权利。一般来讲，上市公司在财会年度结算以后，会根据股东的持股数将一部分利润作为股息分配给股东，其具体进行分红派息工作的过程如图 3-18 所示。

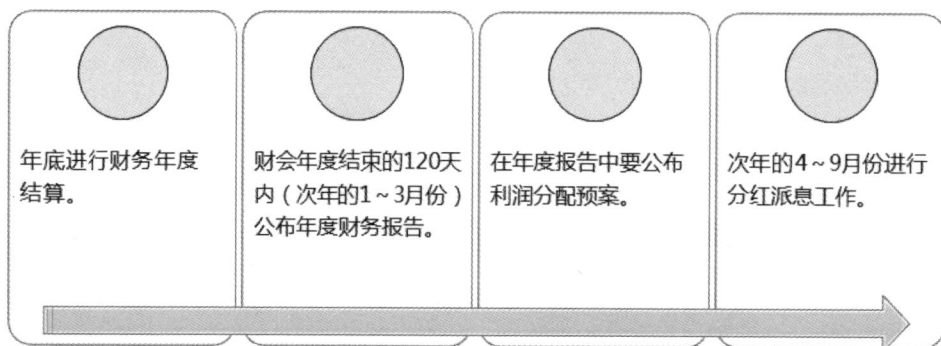

年底进行财务年度结算。	财会年度结束的120天内（次年的1～3月份）公布年度财务报告。	在年度报告中要公布利润分配预案。	次年的4～9月份进行分红派息工作。

图 3-18　公司进行分红派息工作的过程

第96项　股息与红利的来源

　　股东每年的股息和红利并不是固定的，它主要取决于上市公司当年的经营业绩，公司在盈利并缴纳相关税务后所剩的利润即形成股息和红利，它是股息和红利的唯一来源，又是上市公司分红派息的最高限额。

为什么股息和红利的总额少于税后利润

　　在上市公司盈利以后，其税后利润主要有两大用途，一是派息与分红，二是补充资本金以扩大再生产。如果公司的股息政策倾向于公司的长远发展，则就有可能少分红派息，或不分红而直接将税后利润转为资本公积金。反之，派息分红的量就会大一些。因此，上市公司分红派息的总额一般都不会高于每股税后利润（除非有前一年度结转下来的利润）。

第97项　股东分红也要缴税

　　不论上市公司的股东是自然人还是法人，根据国家的税收政策，都要依法承担纳税义务。我国法律明确规定，持股人必须缴纳股票收益（股息红利）所得税，其比例是根据股票的面额，超过一年期定期储蓄存款利率的部分要缴纳 20% 的所得税。

第98项 股份公司利润的分配原则

上市公司在实施分红派息时，必须符合法律规定，且不得违反公司的章程，其具体的分配原则如图 3-19 所示。

税后利润的具体分配顺序：①弥补以前年度的亏损；②提取法定盈余公积金；③提取公益金；④提取任意公积金；⑤支付优先股股息；⑥支付普通股股息。

上市公司一般都要将公司的长远发展需要与股东们追求短期投资收益的诉求有机地结合起来，制定相应的股息政策，作为分配股息、红利的根据。

1）依法进行必要扣除后才将税后利润用于分红派息。

2）分红派息须执行上市公司既定的股息政策。

4）在依上述原则分红派息时还必须注意有关的法律限制。

3）分红派息必须执行同股同利的原则。

①保证分红派息前后有能力偿付到期债务；②不得违反公司所签订的有关约束分红派息的合同；③依法不得影响公司资产结构及正常运转；④公司董事会的自行限制。

持有同一种类股票的股东在分红派息的数额、形式、时间等内容上不得存在差别，但公司章程另有规定的可例外。

图 3-19 股份公司利润分配原则

第99项 公司分红派息的方式有哪几种

股息红利作为股东的投资收益，是以股份为单位计算的货币金额，如每股多少元。但在上市公司实施具体分派时，其形式可以有 4 种，分别是股票股利、负债股利、现金股利和财产股利，如图 3-20 所示。

股票股利	是公司以增发股票的方式支付给股东的股息红利，也就是通常所说的送红股。
负债股利	是公司通过建立一种负债，用债券或应付票据作为股利分派给股东。它还可以确定股东对公司享有的独立债权。
现金股利	是公司以货币形式支付给股东的股息红利，也是最普通最常见的股利形式，如每股派息多少元，就是现金股利。
财产股利	是公司用现金以外的其他资产向股东分派的股息红利。它可以是公司持有的其他公司的有价证券，也可以是实物。

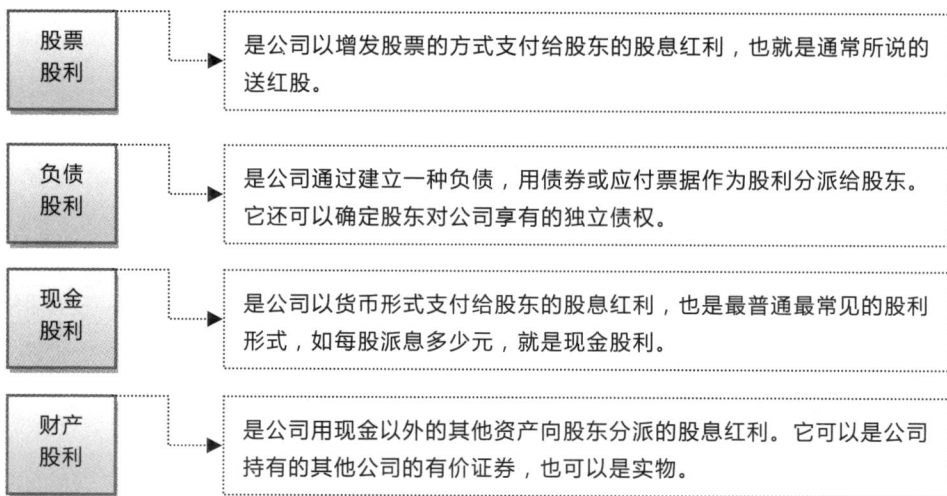

图 3-20 分红派息的方式

第100项 股份公司送红股的利弊

公司以送红股的方式来派发股息和红利的时候，对公司和投资者而言都存在利弊，如图 3-21 所示。

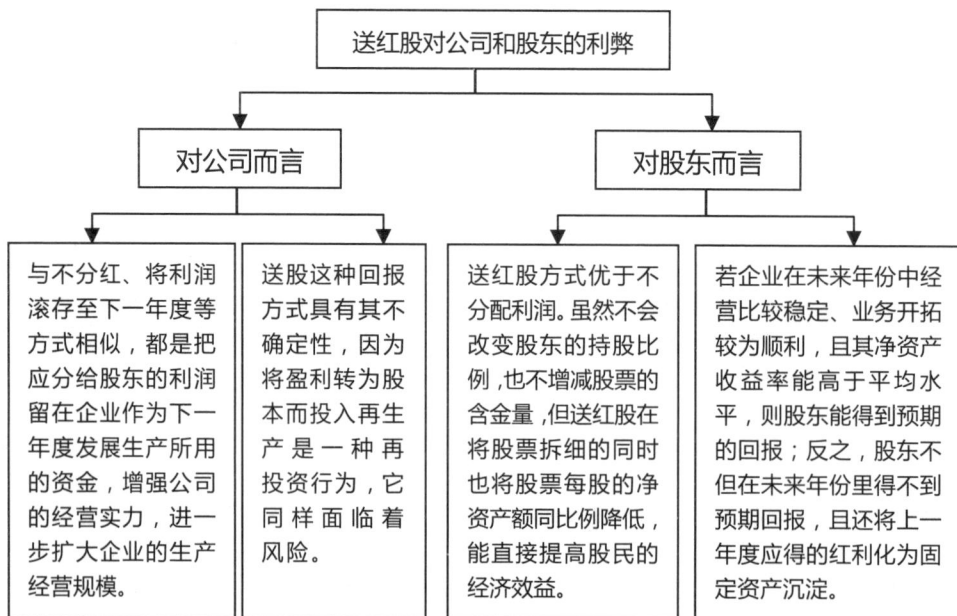

图 3-21 股份公司送红股的利弊

第101项 什么是配股

配股与红利不同，它不是建立在公司盈利的基础上，只要股东情愿，即使公司的经营发生亏损也可以配股。在配股过程中，公司是索取者，股东是付出者。

一般情况下，配股是股份有限公司在扩大生产经营规模、需要资金时，通过配售新股票向原有股东募集资金的一种办法。配股后虽然股东持有的股票增多了，但它不是公司给股民投资的回报，而是追加投资后的一种凭证。

第102项 哪些股民才能获得公司的股利

由于股票的买卖属于自由买卖，因此公司的股东也在经常变换，公司为了确定哪些人有资格领取股息和红利，必须在发放股利之前确定股利宣布日、股权登记日和股利发放日。

◆ **股利宣布日**：即公司宣布分派股利的当天，同时也要决定股权登记日和股利发放日。

◆ **股权登记日**：股权登记日也称除息日或者过户截止日，这个日期是在股利宣布日之后的一定期限内确定的。凡是在股权登记日之前购买并办理完过户手续的股东（即在册股东）都可以获得公司最近一次的股利；凡在股权登记日之后或者购买了股票但未办妥过户手续的股东（即非在册股东）都无权获得公司最近一次的股利。

◆ **股利发放日**：股利发放日也称付息日，即公司实际支付股利的日期。

第103项 什么是除权与除息

上市公司发放股息红利的形式虽有 4 种，但沪深股市的上市公司分配利润的方式只有股票股利和现金股利两种，即通常所说的送红股和派现金。当上市公司向股东分派股息时，就要对股票进行除息；当上市公司向股东送红股时，就要对股票进行除权。

什么是含权股

当一家上市公司宣布上一年度有利润可供分配并准予以实施时，则该只股票就称为含权股，投资者只有持有该只股票才能享有分红派息的权利。在这一阶段，上市公司一般要宣布一个时间称为"股权登记日"，即在该日收市时持有该股票的股东就享有分红派息的权利。

在除权除息前交易的股票是含权的，而在除权除息后交易的股票不能参与利润分配。因此，除权除息实际上就是将股权登记日的收盘价予以更改，由证券交易所在除权除息日收盘后计算出除权除息价，作为次日开盘的参考价，其具体的计算公式如下：

除息价=除息日的上个交易日的收盘价-每股现金股息额

$$送股除权价=\frac{原股数×（原价-股息）}{原股数+送股数}$$

$$配股除权价=\frac{原股数×（原价-股息）+配股数×配股价}{原股数+配股数}$$

$$送股配股除权除息价=\frac{原股数×（原价-股息）+配股数×配股价}{原股数+送股数+配股数}$$

应用示例——计算除权除息日的开盘参考价

2016 年 6 月 6 日，永鼎股份（600105）的收盘价为 17.52 元，次日（2016 年 6 月 7 日）该公司进行权息变动，此次变动的派息和送股方案是：每 10 股派息 0.4 元，每 10 股送红股 10 股。

$$除权除息日开盘参考价=\frac{10×（17.52-0.4÷10）}{10+10}$$

$$≈8.74 元$$

除权除息日的涨跌停价

除权除息价是计算该股票在除权除息日涨跌停价的基础价，如上例所示，涨停价：8.74×（1+10%）=9.614 元；跌停价为：8.74×（1-10%）=7.866 元。

第104项　如何处理零碎股

所谓零碎股即不足 1 股的股票，在公司分红派息过程中经常会出现零碎股。根据深交所的规定：公众股以及内部职工股分红产生的零碎股不派发给投资者，记入深圳证券登记结算公司的风险账户；国有股、法人股以及高级管理人员股份分红产生的零碎股数，也记入结算公司的风险账户。

如果出现零碎股，不同的交易所，其处理的方法不同，沪市是四舍五入，深市是舍去。沪市对每一个股东应得的零碎股按大小顺序依次派送，送完为止，对零碎股大小相同的股东，则由计算机随机抽签决定零碎股的分配。

⚡ 应用示例——处理零碎股

2016 年 5 月 16 日，上海建工（600170）进行权息变动，此次变动送股方案是：每 10 股送红股 2 股，假设甲有 3363 股，乙有 4899 股，丙有 3697 股，丁有 1875 股，其实际应送的股数如表 3-1 所示。

表 3-1　处理零碎股

股东	持股	送股	送整股	零碎股	零碎股总和	实际送股
甲	3363	672.6	672	0.6		672
乙	4899	979.8	979	0.8	0.6+0.8+0.4+0=1.8	979+1=980
丙	3697	739.4	739	0.4		739
丁	1875	375	375	0		375

五、股份公司公开披露的信息有哪些

为了保障投资者的利益和接受社会公众的监督，股份公司依法公开和公布其有关的信息和资料，使投资者能在充分了解情况的基础上做好决策。

股份有限公司要在证券交易所挂牌上市，必须公开披露信息。其范围主要包括 9 个方面：招股说明书、上市公告书、定期报告、临时报告、重要会议公告、利润分配公告、配股公告、重要事件公告以及收购、兼并、控股公告等，如图 3-22 所示。

投资者通过披露的信息可以了解公司的哪些内容

投资者通过上市公司披露的信息，可以了解上市公司的经营状况、财务状况及其发展趋势，有利于依据所获信息及时采取措施，作出正确的投资选择，也有利于广大股东对上市公司进行监督，因此信息披露制度是我国证券市场良好运行的重要一环。

公开披露信息的内容								
招股说明书	上市公告书	定期报告	临时报告	重要会议公告	利润分配公告	配股公告	重要事件公告	收购与合并公告

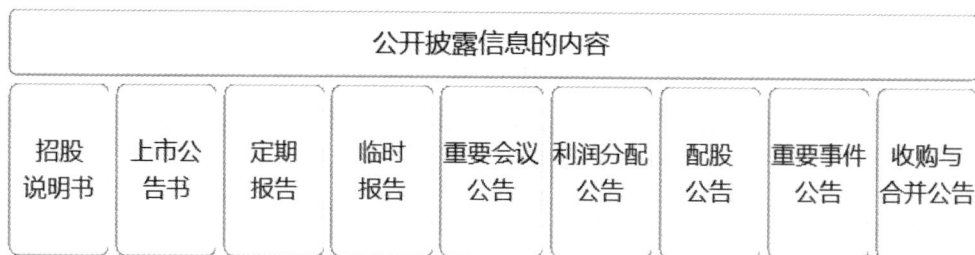

图 3-22 股份公司公开披露信息的内容

第105项 招股说明书

招股说明书是股票发行者向投资者发出购买或销售其股票的书面意思表达。招股说明书经政府有关部门批准后，即具有法律效力，此时标志股票发行工作的开始。对于招股说明书，它必须包含图 3-23 所示的内容。

一 新股发售的发行人、主承销商、会计师事务所、资产评估机构等的基本情况。

二 股票的发行情况，如股票类型、发行日期、发行地区、发行对象、发行方式、承销起止日、预计上市日、上市场所、每股发行价、每股面值、发行量、发行总市值等。

三 风险因素与对策，包括公司预计存在的经营风险、行业风险、市场风险、政策风险。募集资金运用，包括计划用途、项目简介、投资收益预测。

四 股利分配政策，包括利润分配顺序、股利分配政策、含权股股利派发信息。

五 发行人及主要成员的情况，包括历史沿革、生产经营状况、股本形成过程。

六 经营业绩及效益，包括介绍过去 3 年的经营业绩及效益。

七 资产评估及确认情况。

八 主要会计政策，包括财务报表、财务状况、经营成果及会计政策。

九 盈利预测，预测期间的每股盈利、税后利润及注册会计师对盈利预测的审计意见。

十 重要合同及重大法律诉讼事项以及公司发展计划。

图 3-23 招股说明书内容

第106项　上市公告书

我国法规规定，上市公司须在股票挂牌交易日之前的3天内，在中国证监会指定的报刊上刊登上市公告书，并将公告书备置于公司所在地、挂牌交易的交易所、有关证券经营机构及其网点，方便向社会公众宣传和说明公司及股票上市的相关事项。

上市公告书是公司股票上市前的重要信息披露资料，该信息的披露标志着股票发行工作已结束，即将上市交易。对于上市公告书，它必须包含如下内容：

◆　股票获准上市交易日期和发行情况。

◆　股权结构和前10名股东的名单及持股数量。

◆　自招股说明书披露至上市公司公告书刊登期间，股份公司所发生的重大事故和重大变化等。

上市公告书的编制要求

如果公司股票自发行结束日到挂牌交易的首日不超过90天，或者招股说明书尚未失效的，发行人可以只编制简要上市公告书。若公司股票自发行结束日到挂牌交易的首日超过90天，或者招股说明书已经失效的，发行人必须编制内容完整的上市公告书。

第107项　定期报告

按《公司法》及其他有关法规规定，上市公司应当在每个会计年度中分两次向公众披露公司的信息，即定期报告，定期报告分为中期报告和年度报告。

(1) 中期报告和年度报告的内容

中期报告与年度报告的内容相差无几，主要包括以下几方面：

◆　公司简介。

◆　会计数据及业务数据摘要。

◆　财务报告，包括资产负债表、损益表、利润分配表及现金流量表。

◆　经营状况回顾与展望。

◆　股权结构及变化情况。

◆　重大事件披露。

（2）中期报告和年度报告的区别

中期报告与年度报告主要区别如表 3-2 所示。

表 3-2　中期报告与年度报告的区别

区别项	中期报告	年度报告
报告期	前半个会计年度（6月）	上一会计年度（12月）
公布时间	7月1日~8月31日	1月1日~4月30日
财务审计	除中期分红和申请配股外，无须审计	须经审计
格式准则	内容与格式准则第三号	内容与格式准则第二号

第108项　临时报告

临时报告是公司股票发行上市后，除按规定披露的中期报告、年度报告等定期报告外的公司信息披露的方式。需要注意的是，临时报告的披露必须经过证券交易所的审查后方可在指定报刊上发布。

第109项　重要会议公告

重要会议公告是指董事会会议公告、监事会会议公告和股东大会会议公告，如图 3-24 所示，它们属于临时报告的常规性组成部分。

董事会	监事会	股东大会
• *召开时间*：董事会每年至少召开两次，每次会议应于召开 10 日前通知全体董事，会议应有半数以上董事出席方可举行。 • *会议公告时间*：董事会通过的决议在会议结束后，如决议涉及信息披露义务的，应在第一时间（不超过两个工作日）拟就公告在指定报刊刊登。	• 监事会会议公告的披露，参照董事会会议公告要求。	• *召开时间*：股东大会应每年召开一次年会。 • *会议公告时间*：召开年度股东大会或临时股东大会审议公司重要事项，公司挂牌股票应停牌一天，股东大会决议公告应在会议结束后第一时间在指定报刊刊登；其股票交易停牌半天，如遇非交易日则延至下一交易日停牌半天。

图 3-24　重要会议公告

第110项　利润分配公告

中期进行分红派息的公司，其分配方案必须在中期财务报告经过具有从事证券业务资格的会计师事务所审计后制定，然后在指定的媒体上披露。

第111项　配股公告

证券交易所在公司确定的股权登记日前至少 10 个工作日公布配股说明书，此后，公司对其还应至少再刊登一次提示性公告，以保证信息的准确、广泛传达。

通常公司在自签署配股说明书的日期起，到配股缴款结束日止，6 个月内完成配股的全部工作。配股缴款结束后，公司在 20 个工作日内完成新增股份登记和验资，交易所在收到有关报告后，择时安排配股的上市交易。

> **所持股票将配股的两种处理方法**
>
> 如果投资者当前持有的股票将配股，一定要记住两个日期，即配股股权登记日和配股缴款截止日。如果投资者要放弃配股，则要在股权登记日之前将手中股票卖出。否则一定要在配股缴款截止日之前缴纳足额配股款办理配股的认购手续，因为配股缴款正常时间结束后，就不再受理投资者补缴款。

第112项　重要事件公告

公司发生无法事先预测的重要事件（指可能对公司经营、投资行为、资产安全性、股票价格产生重大影响的事件）后一个工作日内，应向中国证监会及证券交易所报告，并将其公告。重要事件的公告分为澄清公告和警告性公告，如图 3-25 所示。

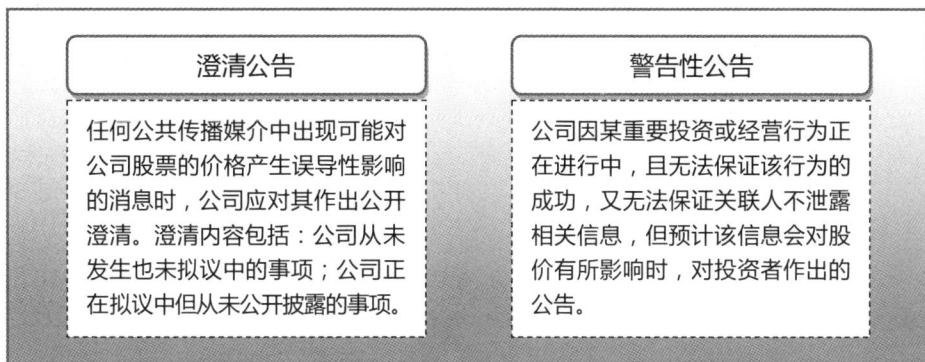

澄清公告	警告性公告
任何公共传播媒介中出现可能对公司股票的价格产生误导性影响的消息时，公司应对其作出公开澄清。澄清内容包括：公司从未发生也未拟议中的事项；公司正在拟议中但从未公开披露的事项。	公司因某重要投资或经营行为正在进行中，且无法保证该行为的成功，又无法保证关联人不泄露相关信息，但预计该信息会对股价有所影响时，对投资者作出的公告。

图 3-25　重要事件公告

根据相关法律法规规定，重要事件主要包括如下几点：

◆ 公司章程的变更，注册资金、注册地址、聘请的会计师事务所的变更。

◆ 公司发生重大的投资行为或者购置金额较大的长期资产的行为。

◆ 公司公开发行的债务担保或抵押物的变更或增减。

◆ 发起人或董事的行为可能依法负有重大损害赔偿责任。

◆ 股东大会或监事会议的决定被法院依法撤销。

◆ 法院作出裁定禁止对公司有控股权的大股东转让其股份。

◆ 公司合并或分立、订立重要合同、经营政策或经营项目发生重大变化。

◆ 国务院证券监督管理机构规定的其他事项。

第113项　公司收购、兼并、控股公告

公司收购、兼并、控股行为属重大的公司经营投资行为，关系公司的健康、稳定、持续发展，对社会及投资者也有重要影响。当出现如图 3-26 所示的情况之一时，上市公司及相关的行为人应履行信息披露义务。

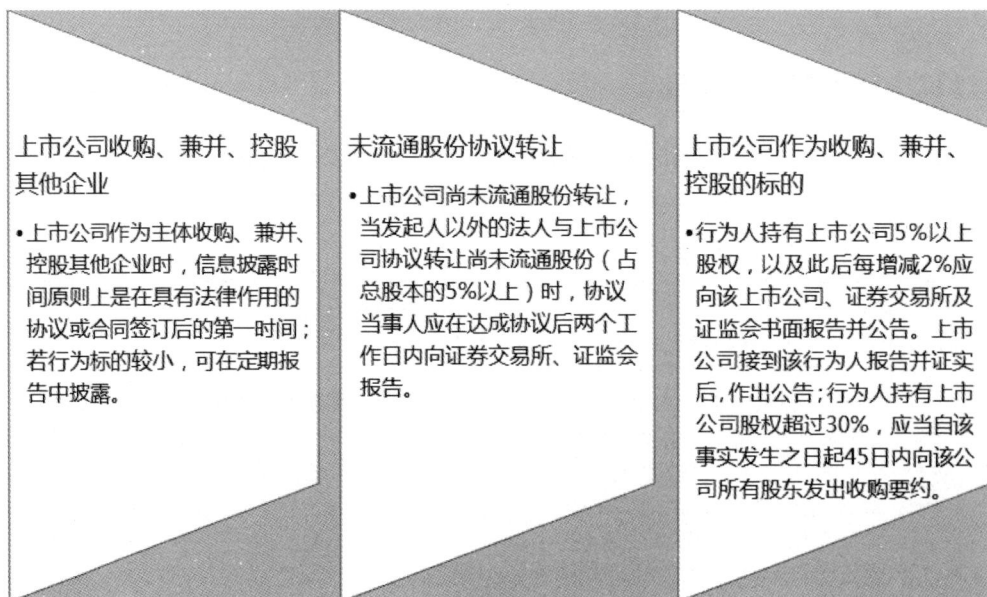

图 3-26　公司收购、兼并、控股公告

第4章

股市淘金第一步——股民如何进入股市

对于投资者来说，进入股市的最终目的都是为了赚钱，那么一个普通人应该如何进入股市呢？需要经过哪些步骤呢？本章将具体介绍股民入市的操作过程以及进行交易的相关知识。

- ✧ 了解股票买卖的整个流程
- ✧ 证券账户与资金账户在股市中的作用
- ✧ 什么是保证金第三方托管
- ✧ 股票在股市中的交易方式有哪几种
- ✧ 什么是连续竞价
- ✧ 股民在网上交易有哪些便利
- ✧ 上市公司首次公开募股流程

- ✧ 什么是证券账户
- ✧ 开设账户的前期准备
- ✧ 委托的内容有哪些
- ✧ 什么是集合竞价
- ✧ 股票清算交割有哪两种情况
- ✧ 股票交易需要遵循哪些原则和规定
- ✧ 股民如何申购新股

一、新股民如何开户

任何一个股民，如果想要进入股市，首先需要开户，只有拥有账户的投资者，才能在股票市场中进行交易。

第114项 了解股票买卖的整个流程

新股民进入股市，一定要知道先做什么、后做什么、怎么做以及具体操作时应该把握的分寸，只有了解了股票买卖的具体流程，才能顺利地进入股市并进行股票交易。如今，股票的交易都是电子化交易，其整个流程主要包括开户、委托、成交、清算交割和过户等几个步骤，如图4-1所示。

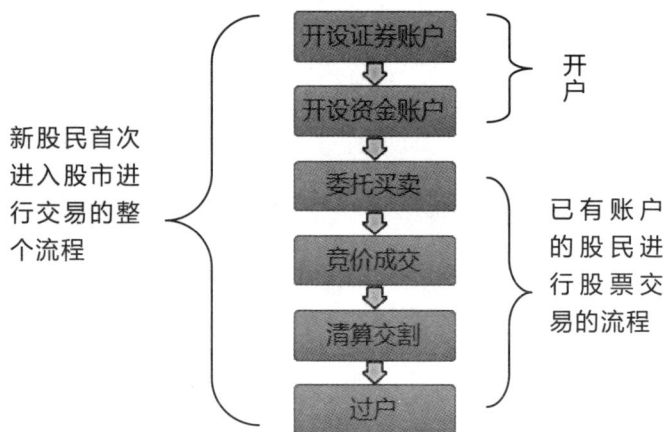

图 4-1   股票买卖的整个流程

第115项 什么是证券账户

证券账户是用于准确记载投资者所持的证券种类、名称、数量及相应权益和变动情况的账户，也就是俗称的股东卡，它是由证券登记结算机构设立的。每一个证券账户配发一个股东代码（即证券账户号码），股东代码是唯一的，并且只对应一个股东。

证券账户按交易市场可以分为上海证券账户和深圳证券账户，不同证券交易所中按股票的类别还可以分为A股账户、B股账户、基金账户和其他账户，如图4-2所示。虽然投资者可以开设不同类别和用途的证券账户，但是，对于同一类别和用途的证券账户，一个投资者只能开设一个。

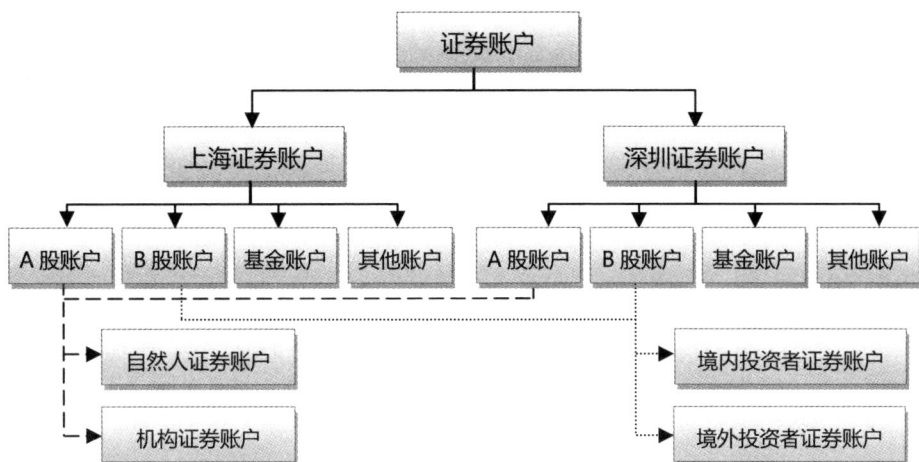

图 4-2 证券账户类型

一般情况下，建议投资者开立 A 股账户；如果投资者持有港币要进行证券投资的，则开立深圳 B 股账户；如果投资者持有美元要进行证券投资的，则开立上海 B 股账户；已经开立 A 股账户的投资者，中证登公司已允许其对基金进行投资，不必再开立基金账户。

第116项　什么样的人不可以办理证券账户

根据我国的相关法律法规，下列人员是不能办理证券账户的：

- ◆ 证券主管机关中管理证券事务的有关人员。
- ◆ 证券交易所管理人员。证券经营机构中与股票发行或交易有直接关系的人员。
- ◆ 与发行人有直接行政隶属或管理关系的机关工作人员。
- ◆ 其他与股票发行或交易有关的知情人。
- ◆ 未成年人或无行为能力的人以及没有公安机关颁发的身份证的人员。
- ◆ 违反证券法规，主管机关决定停止其证券交易，期限未满者。
- ◆ 其他法规规定不得拥有或参加证券交易的人员。

第117项　什么是资金账户

资金账户是指由企业缴费、员工个人缴费、企业从其公共账户转入相应资金、投资账户卖出投资单位变现后形成的短期账户。资金账户只存储货币金额。

第118项 证券账户与资金账户在股市中的作用

证券账户和资金账户相当于投资者手中的两个器皿，证券账户器皿用于盛装股票，资金账户器皿用于盛装买卖股票的货币金额。当投资者需要购买股票的时候，首先从资金账户提取资金，然后将购买的股票的相关数量和信息记入证券账户；当投资者需要卖出股票时，首先将证券账户中的股票卖出，然后将转换的资金存入资金账户，如图4-3所示。

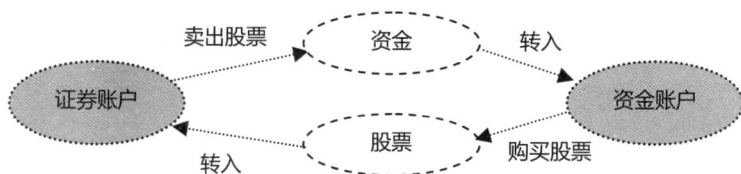

图4-3 证券账户与资金账户在股市中的作用

第119项 开设账户的前期准备

在开设账户前，投资者还需做好各种前期准备，确保各种账户设立的顺利进行。

(1) 准备各项资料

对于个人开户和法人开户，其具体需要准备的资料如图4-4所示。

个人开户
- 公安机关颁发的居民身份证原件以及复印件，涂改、伪造及剪角的身份证视为无效。
- 如委托人代办，须同时出示受托人的身份证原件。

法人开户
- 准备机构的营业执照原件及复印件（盖公章）和法人代表证明书。
- 法人授权委托书和经办人身份证及身份证复印件。
- 外地金融机构还须准备交易所批准的入市文件及其复印件（外国及港、澳、台在中国的独资企业不可开立A股账户）。

图4-4 开户的资料准备

(2) 选择证券公司

开设账户只是说明你有资格进行股票交易，股票的真正交易是在证券交易所中进行的，所以为了方便进行股票买卖交易，投资者还需要选择一家证券营业部作为股票交易的经纪商，让其代理个人办理交割、清算、过户等手续。投资者选择证券公司一般要考虑如图4-5所示的几方面问题。

证券公司必须信誉可靠

· 投资者本人不能进入证券交易所从事股票的买卖。同时，他也不能全面了解有关股票交易的有关信息。在变化无常的证券市场上从事股票交易，选择一个信誉可靠的证券公司作为经纪人，毫无疑问将是保证其资产安全进而能够盈利的重要前提。

证券公司应取得证券交易所的席位

· 只有取得了证券交易所席位的证券公司才能派员工进入证券交易所从事股票的买卖。否则，证券公司只能再委托其他获得席位的经纪人代理买卖，这样将会增加委托买卖的中间环节，从而增加投资者买卖股票的费用。

证券交易所的硬件

· 投资者在证券公司看盘、交易，全都依赖于证券商提供的行情显示、行情分析和委托交易设备，若设备差，可能造成委托不及时等情况，从而给投资者造成巨大损失。

图4-5　选择证券公司需要注意的问题

第120项　全程图解开设账户的两种方式

当所有准备工作做完后，就可以开设账户了，开设账户主要分为业务员协助办理、个人到营业部自己办理和网上开户3种。

（1）业务员协助办理

业务员协助办理是指整个开户流程中的每个环节由证券营业部的业务员协助办理，客户只负责签字即可，其他的细节问题都由业务员完成，如图4-6所示。

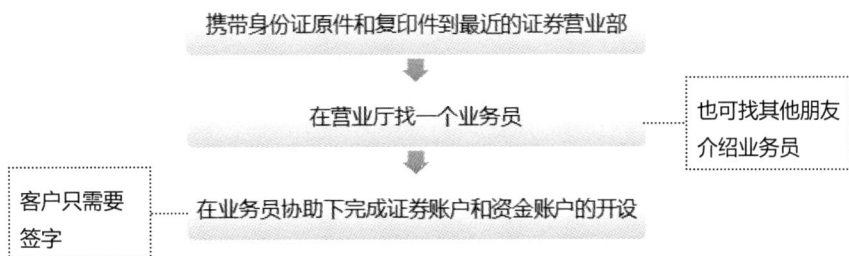

携带身份证原件和复印件到最近的证券营业部

在营业厅找一个业务员

也可找其他朋友介绍业务员

客户只需要签字

在业务员协助下完成证券账户和资金账户的开设

图4-6　业务员协助办理账户开设的流程

(2) 个人到营业部自己办理

个人办理是指整个开户流程中的每个环节完全由个人自己去处理，其具体的办理流程如图 4-7 所示。

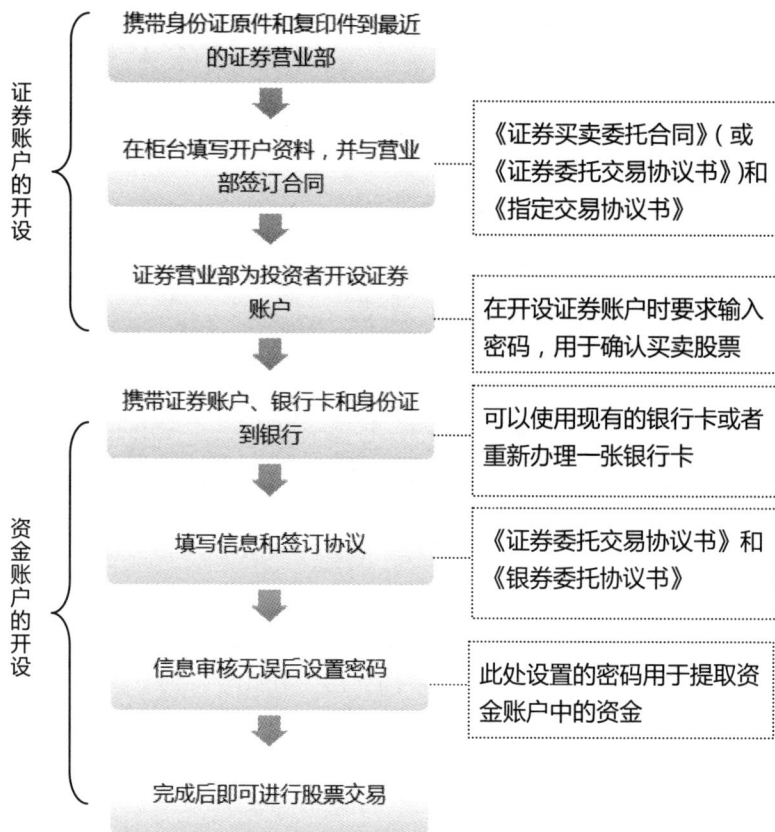

证券账户的开设
- 携带身份证原件和复印件到最近的证券营业部
- 在柜台填写开户资料，并与营业部签订合同 —— 《证券买卖委托合同》(或《证券委托交易协议书》)和《指定交易协议书》
- 证券营业部为投资者开设证券账户 —— 在开设证券账户时要求输入密码，用于确认买卖股票

资金账户的开设
- 携带证券账户、银行卡和身份证到银行 —— 可以使用现有的银行卡或者重新办理一张银行卡
- 填写信息和签订协议 —— 《证券委托交易协议书》和《银券委托协议书》
- 信息审核无误后设置密码 —— 此处设置的密码用于提取资金账户中的资金
- 完成后即可进行股票交易

图 4-7 个人办理账户开设的流程

(3) 网上开户

现在很多投资者因为时间原因都会选择网上直接开户。

以华西证券公司为例，投资者进入其官网，单击首页上的"网上开户"超链接，在打开的页面下方会显示目前该公司支持的第三方存管银行和网上自助开户需要准备的设备，如图 4-8 所示。

图 4-8　支持第三方存管的银行和自助开户需要准备的设备

将设备准备好之后，在自助开户页面填入手机号码，正确填写接收到的验证码，单击"下一步"按钮即可进入网上开户步骤，如图 4-9 所示。

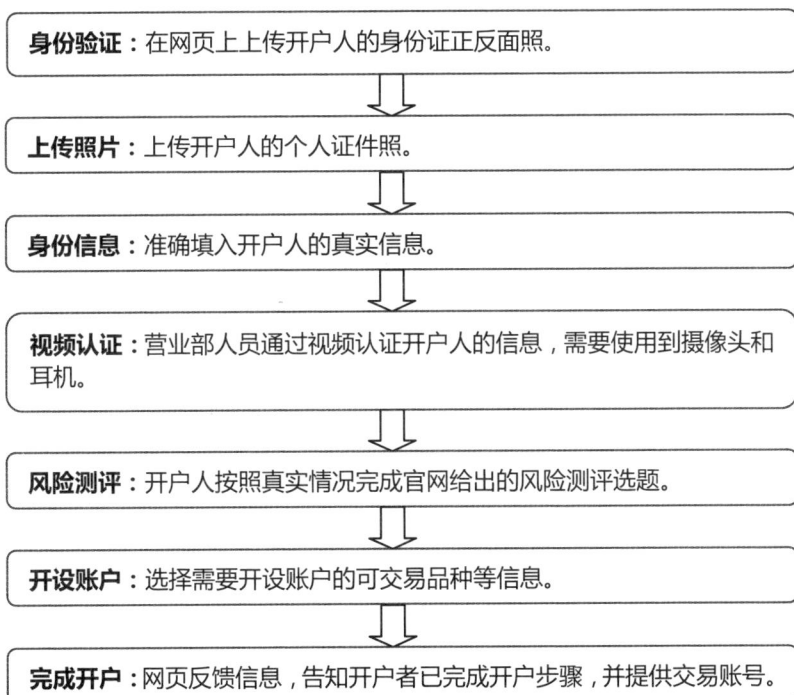

身份验证：在网页上上传开户人的身份证正反面照。

上传照片：上传开户人的个人证件照。

身份信息：准确填入开户人的真实信息。

视频认证：营业部人员通过视频认证开户人的信息，需要使用到摄像头和耳机。

风险测评：开户人按照真实情况完成官网给出的风险测评选题。

开设账户：选择需要开设账户的可交易品种等信息。

完成开户：网页反馈信息，告知开户者已完成开户步骤，并提供交易账号。

图 4-9　自助开户基本步骤

完成以上步骤后，投资者仅是开立了账户，要进行实际的买卖操作，还需要到银行完成绑定并确认账户的步骤，注意该步骤需要在交易时间段内进行。

第121项 什么是保证金第三方托管

为了防止券商挪用投资者的保证金（资金账户中的资金），证监会要求券商将投资者的保证金交由银行等第三方保管，券商不再直接接触投资者的保证金，而银行负责投资者的股票交易清算与资金的收缴，即券商管股票，银行管资金。

当投资者买股票时，需将银行账户中的资金转入资金账户，然后再进行买股票操作；当投资者要卖出股票的时候，其卖出的资金将被转入资金账户供投资者下次买入股票。如果用户需要使用资金账户中的资金，则首先需要将资金账户中的资金转入银行卡中，再从银行卡中取出使用，其具体如图4-10所示。

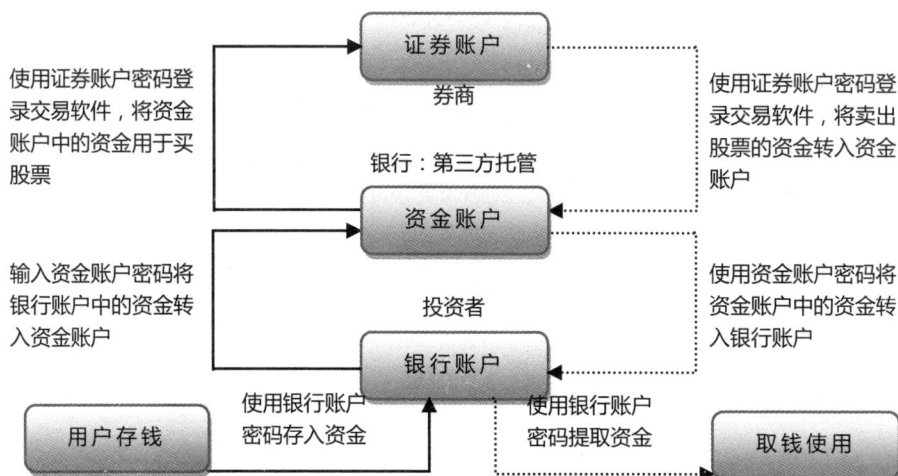

图4-10 股票交易中资金的流向

二、怎样办理委托

当办理好证券账户和资金账户后，投资者就可以进行股票交易了。在股票交易市场上，投资人不能直接进入证券交易所进行股票买卖，只能通过向证券经营机构（即券商）下达买卖股票的指令进行股票交易，这就是委托。

第122项 委托的内容有哪些

当委托人（即投资者）向证券机构办理委托时，必须详细说明以下内容：

◆ 买卖股票的名称。

◆　对股票进行买进操作还是卖出操作。

◆　指定股票的买卖价格。

◆　指定股票的买卖数量。

第123项　委托的 4 种方式

委托买卖是指券商接受投资者的委托，帮其代理股票买卖，从中抽取相应的佣金的行为，其具体的委托方式主要有 4 种，如图 4-11 所示。

柜台委托	•投资者带上自己的身份证和账户卡到证券营业部，与券商以面对面的形式当面委托，确定具体的委托内容与要求，由券商受理股票的买卖。
电脑委托	•指投资者在证券营业部的大厅的电脑上亲自输入买进或卖出的股票代码、数量和价格等信息，然后由电脑来自动执行委托。
电话委托	•委托人以电话形式委托证券商，确定具体的委托内容和要求，由证券商、经纪人受理股票的买卖交易。
终端委托	•投资者通过与证券柜台计算机系统联网的远程终端或互联网下达买进或卖出命令。

图 4-11　委托的 4 种方式

三、股票交易是怎么完成的

无论在沪市还是深市，股票交易必须经过竞价、清算、交割和过户 4 个过程才能够完成交易。

第124项　股票在股市中的交易方式有哪几种

股票的交易方式主要是指转让股票进行买卖的方法和形式，它是股票交易的基本环节。现代股票交易市场的买卖交易方式种类繁多，从不同的角度可以分为以下 3 类。

(1) 按买卖双方决定的价格划分

根据股票买卖双方决定价格的不同，可以将股票交易方式分为议价买卖和竞价买卖，如图 4-12 所示。其中，议价买卖就是买方和卖方一对一地面谈，通过讨价还价达成买卖交易；竞价买卖是指买卖双方都是由若干人组成的群体，双方公开进行双向竞争的交易。

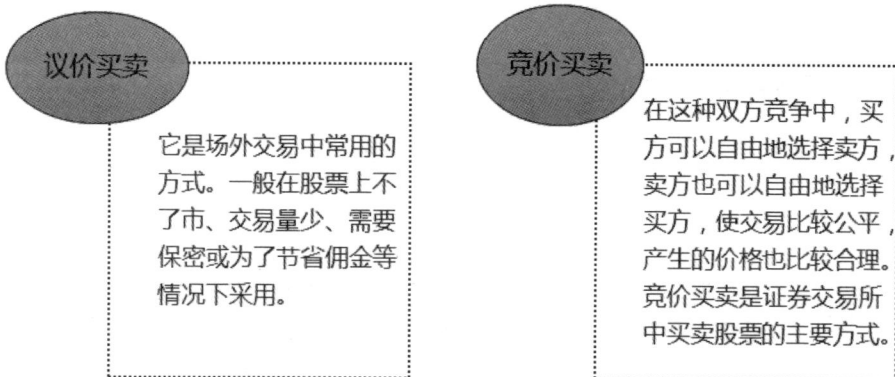

议价买卖

它是场外交易中常用的方式。一般在股票上不了市、交易量少、需要保密或为了节省佣金等情况下采用。

竞价买卖

在这种双方竞争中，买方可以自由地选择卖方，卖方也可以自由地选择买方，使交易比较公平，产生的价格也比较合理。竞价买卖是证券交易所中买卖股票的主要方式。

图 4-12　议价买卖和竞价买卖

如何理解竞价买卖

交易不仅在买卖双方之间有出价和要价的竞争，而且在买者群体和卖者群体内部也存在着激烈的竞争，最后在买方出价最高者和卖方要价最低者之间成交。

（2）按达成交易的方式划分

按达成交易的方式不同，可以将股票的交易方式分为直接交易和间接交易。

◆　**直接交易：**该交易方式是指买卖双方直接洽谈，股票也由买卖双方自行清算交割，在整个交易过程中不涉及任何中介。直接交易方式常用于场外交易。

◆　**间接交易：**该交易方式是指买卖双方不直接见面和联系，而是委托中介人进行股票买卖的交易方式。例如证券交易所中的经纪人制度就是典型的间接交易。

（3）按交割期限划分

按交割期限不同，分为现货交易和期货交易。

◆　**现货交易：**该交易方式是指股票买卖成交以后，马上办理交割清算手续，当场钱货两清。

◆　**期货交易：**该交易方式是指股票成交后按合同中规定的价格、数量，过若干时期再进行交割清算的交易方式。

第125项　什么是集合竞价

集合竞价是将数笔委托报价或某个时段内的全部委托报价集中在一起，根据不高于申买价和不低于申卖价的原则产生一个成交价格。在竞价过程中，通过一次次对委托买入价格和委托卖出价格进行配对，并将最后一次配对的成交价格确定为当日开盘价。若最后一次的委托买入价格和委托卖出价格不相等，其成交价就为两者的平均值。

目前，世界各国股市均采用集合竞价的方式来确定开盘价，因为这样可以在一定程度上防止人为操纵现象。对于我国而言，集合竞价的具体竞价时间为每天沪深股市早上开盘前 15 分钟，即 9:15～9:30，之后为正常交易时间。

应用示例——通过集合竞价确定开盘价

假设某只 A 股股票在开盘前分别有 5 笔买入委托和 4 笔卖出委托，根据价格优先原则，买入价格和卖出价格的具体的排列顺序如表 4-1 所示。

表 4-1　委托买入、卖出价

序号	委托买入价	数量（手）	序号	委托卖出价	数量（手）
1	5.60	3	1	5.54	5
2	5.55	7	2	5.53	3
3	5.48	5	3	5.50	2
4	5.34	1	4	5.48	7
5	5.32	4			

根据不高于申买价和不低于申卖价的原则，序号 1 的委托买入价为 5.60 元，数量为 3 手，序号 1 的委托卖出价为 5.54 元，数量为 5 手，因此可以成交，其成交价格范围为 5.54～5.60 之间，其具体成交价格由最后一次集合竞价成交的价格决定。第一次交易成交后的委托顺序如表 4-2 所示。

表 4-2　第一次成交后的委托顺序表

序号	委托买入价	数量（手）	序号	委托卖出价	数量（手）
			1	5.54	2
2	5.55	7	2	5.53	3
3	5.48	5	3	5.50	2
4	5.34	1	4	5.48	7
5	5.32	4			

第一次交易后，由于委托卖出价的数量多于委托买入价的数量，因此委托卖出价剩余数量可以继续与其他委托买入价进行配对。序号 2 的委托买入价为 5.55 元，数量为 7 手，序号 1、2 和 3 的委托卖出数量总和为 7，而价格也符合交易原则，因此可以成交，其成交价格范围为 5.50～5.55 之间，其具体成交价格由最后一笔集合竞价成交的价格决定。第二次交易成交后的委托顺序如表 4-3 所示。

表 4-3　第二次成交后的委托顺序表

序号	委托买入价	数量（手）	序号	委托卖出价	数量（手）
3	5.48	5			
4	5.34	1	4	5.48	7
5	5.32	4			

序号 3 的委托买入价为 5.48 元，数量为 5 手，序号 4 的委托卖出价为 5.48，数量为 7 手，因此可以成交，其具体成交价格为 5.48。第三次交易成交后的委托顺序如表 4-4 所示。

表 4-4　第三次成交后的委托顺序表

序号	委托买入价	数量（手）	序号	委托卖出价	数量（手）
4	5.34	1	4	5.48	2
5	5.32	4			

序号 4 的委托买入价为 5.34 元，数量为 1 手，而最低委托卖出价为 5.48 元，高于委托买入价，所以不能成交，至此集合竞价完成。最后一次（即第三次）成交价 5.48 元为当天集合竞价时间中股票交易成交的最终成交价（股票买入价和卖出价）。

集合竞价的申报、撤销

　　沪深股市在 9:15～9:20 时间段，投资者可以申请委托报单，也可以撤销委托报单。但是在 9:20～9:25 时间段，投资者可以申请委托报单，但不可以撤销委托报单。因为 9:25～9:30 时间段为开盘集合竞价阶段，此时在证券公司的大盘上就可以查看各只股票的成交价格和数量。

第126项　什么情况下集合竞价阶段成交价为空

有时某种股票因买入人给出的价格低于卖出人给出的价格而不能成交，或者公司因为要发布消息或召开股东大会而停止交易一段时间，在这两种情况下，集合竞价阶段，证券公司大盘上该只股票的成交价一栏就是空的，如图 4-11 所示的全新好（000007）在 2017 年 2 月 24 日的集合竞价阶段中，成交价（即现价）为空。

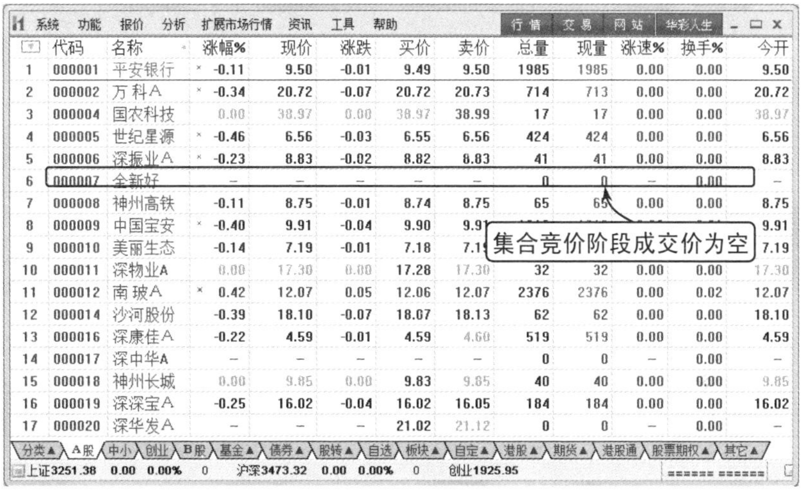

图 4-11　集合竞价期间股票成交价为空

第127项　什么是连续竞价

对于在集合竞价中没有完成交易的股票，将保持申报的委托买入价和委托卖出价直接进入到连续竞价阶段。

所谓连续竞价是指对申报的每一笔买卖委托，由电脑交易系统按照如表 4-5 所示的情况产生成交价。如果某只股票当天在集合竞价阶段中没有产生成交价，而直接进入连续竞价阶段，则当天的开盘价即为上一个交易日的收盘价，也是当日连续竞价第一笔交易的成交价。

表 4-5　连续竞价的成交价

委托买入价与委托卖出价的关系	成交价
委托买入价大于即时揭示最低委托卖出价	即时揭示最低委托卖出价
委托买入价等于委托卖出价	委托卖出价
委托卖出价低于即时揭示最高委托买入价	即时揭示最高委托买入价

应用示例——股票买卖的具体过程

假设某只 A 股股票在开盘前分别有 3 笔买入委托和 3 笔卖出委托，根据价格优先原则，买入价格和卖出价格的具体的排列顺序如表 4-6 所示。

表 4-6 委托买入、卖出价

序号	委托买入价	数量（手）	序号	委托卖出价	数量（手）
1	5.60	3	1	5.56	5
2	5.56	4	2	5.53	3
3	5.48	5	3	5.50	2

序号 1 的委托买入价为 5.60 元，数量为 3 手，此时即时揭示的最低委托卖出价为序号 1 的 5.56 元，数量为 5 手，因此可以成交，其成交价为 5.56 元，成交 3 手。第一次交易成交后的委托顺序如表 4-7 所示。

表 4-7 第一次成交后的委托顺序表

序号	委托买入价	数量（手）	序号	委托卖出价	数量（手）
			1	5.56	2
2	5.56	4	2	5.53	3
3	5.48	5	3	5.50	2

序号 2 的委托买入价为 5.56 元，数量为 4 手，此时即时揭示最低委托卖出价为序号 1 的 5.56 元，数量为 2 手，因此可以成交，其成交价为 5.56 元，成交 2 手。第二次交易成交后的委托顺序如表 4-8 所示。

表 4-8 第二次成交后的委托顺序表

序号	委托买入价	数量（手）	序号	委托卖出价	数量（手）
2	5.56	2	2	5.53	3
3	5.48	5	3	5.50	2

第二次交易后，序号 2 还剩有 2 手股票，其委托买入价为 5.56 元，此时即时揭示的最低委托卖出价为序号 2 的 5.53 元，数量为 3 手，因此可以成交，其成交价为 5.53 元，成交 2 手。第三次交易成交后的委托顺序如表 4-9 所示。

表4-9 第三次成交后的委托顺序表

序号	委托买入价	数量（手）	序号	委托卖出价	数量（手）
			2	5.53	1
3	5.48	5	3	5.50	2

第三次交易后，序号 3 的委托买入价为 5.48 元，此时即时揭示的最低委托卖出价为序号 3 的 5.53 元，此时不能成交，只能等待。

第128项 竞价的 3 种结果

无论是集合竞价还是连续竞价，其竞价的结果包含 3 种情况，分别是全部成交、部分成交和不成交，如图 4-14 所示。

全部成交

• 委托买卖全部成交，如表4-1所示的集合竞价中的序号1的5.60元的委托买入价，数量为3手，结果以5.48元的成交价买入3手完成股票买入。

• 在全部成交的情况下，证券公司应及时通知委托人按相关规定的时间办理交割手续。

部分成交

• 委托买卖分多次成交完，如表4-7和4-8所示的连续竞价中的序号2的委托买入价为5.56元，数量为4手，结果在连续竞价中以5.56元和5.53元分别买入2手完成股票买入。

• 这种情况下，如果委托人的委托没有全部成交，证券公司在委托有效期内可以继续执行，直到有效期结束。

不成交

• 委托买卖不能成交，例如表4-4所示集合竞价中的序号4和序号5，表4-9所示的连续竞价的序号3，在竞价后都没有成交。

• 如果委托人的委托没有成交，证券公司在委托有效期内可继续执行，等待机会成交，直到有效期结束。

图 4-14 竞价的 3 种结果

委托有效期是多久

按照我国目前的有关规定，在无撤单的情况下，无论是买入股票还是卖出股票，其委托有效期是指从委托之时起，到当日交易所营业终了（停盘收市）前的时间内。若遇到股票停牌，停牌期间的委托无效。

第129项　什么是股票的清算与交割

股票买卖双方在股票买卖成交之后，证券交易所就会对证券公司买卖的股票的数量和金额进行计算，这个过程就是股票的清算。在股票进行清算后，就是股票交割过程（即办理交割手续）。所谓交割就是卖方向买方交付股票，而买方向卖方支付价款。

第130项　股票清算交割有哪两种情况

股票的清算交割主要有两种情况：一种是证券商与交易所之间的清算交割；另一种是证券商与委托人之间的清算交割，如图4-15所示。

证券公司与证券交易所之间的清算交割

- 根据相关的规定，证券公司都必须在证券交易所所属的清算公司或者其委托的银行处开设一个专门的清算账户，并在该账户中保持足够的余额，以便保证在即日清算交割时间划拨价款的需要。
- 我国限于目前条件，各交易所都要求证券公司必须在人民银行营业部开设清算账户。

证券公司与委托人之间的清算交割

- 即买方支付现金而获得股票，卖方交付股票而获得现金。
- 由于委托人在进入股市的时候已经在证券公司开设了证券账户和资金账户，因此证券公司与委托人之间的清算交割不必由当事人出面进行实物交割，直接由电脑通过交易程序即可完成。

图 4-15　股票清算交割的两种情况

第131项　股票的交割方式有哪几种

股票交易的交割方式一般有6种，分别是当日交割、次日交割、第二日交割、例行交割、例行递延交割和卖方选择交割，如图4-16和图4-17所示。

当日交割

- 指买卖双方在股票交易成交的当日就办理完交割事宜。
- 这种方式适用于买方急需股票或卖方急需现款的情况，现在，我国沪深股市都不采用这种方式。

图 4-16　股票交割方式（一）

次日交割
- 指买卖双方在交易成交后下一个营业日的正午前办理完交割事宜，如逢法定假日，则顺延。
- 例如在2010年4月16日（星期五）买卖双方完成股票交易，而股票交割在2010年4月19日（星期一）正午之前完成交割事宜。

第二日交割
- 指买卖双方自股票交易成交的次日起算，在第二个营业日正午前办理完成交割事宜。
- 这种交割方式很少被采用。

例行交割
- 指买卖双方自股票交易成交日起算，在第5个营业日内办完交割事宜，这是标准的交割方式。
- 通常情况，如果买卖双方在股票交易成交时未说明交割方式，一律视为例行交割方式。

例行递延交割
- 指买卖双方在股票交易成交后约定在例行交割后选择某日作为交割时间的交割。
- 买方约定在次日付款，卖方在次日将股票交给买方。

卖方选择交割
- 指卖方有权决定交割日期。其期限从成交后5～60天不等，买卖双方必须订立书面契约。
- 凡按同一价格买入并"卖方选择交割"时，期限最长者应具有优先选择权。凡按同一价格卖出并"卖方选择交割"时，期限最短者应具有优先成交权。我国目前未采用此交割方式。

图 4-17　股票交割方式（二）

第132项　股票过户后才标志交易结束

在股票交易过程中，当进行清算和交割后，股票只是从卖方转给（卖给）买方，即将股东的拥有权转让给现在持有股票的新股东，但是原股东的姓名以及持股情况的相关信息和记录仍然保存在股份公司的股东名册上，此时新股东的权利是不被股份公司所承认的。

只有将股东名册上的原股东的姓名和持股信息更换为新股东的姓名和持股信息，新股东才有实权，该过程就是常说的过户，此时才标志着股票交易的最终完成，如图 4-18 所示。

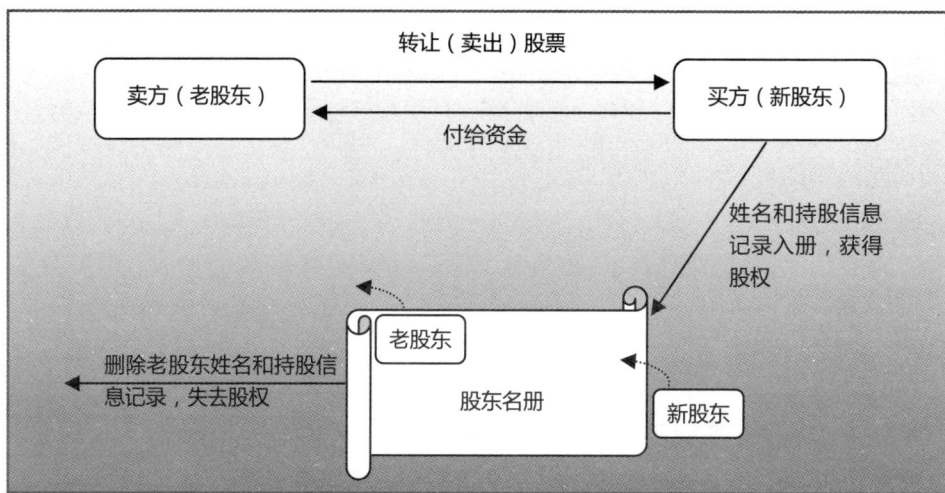

图 4-18　完成股票交易的整个过程

沪深股市是如何完成过户手续的

　　上海证券交易所的过户手续采用电脑自动过户，买卖双方一旦成交，过户手续就已经办完。深圳证券交易所也在采用先进的过户手续，买卖双方成交后，采用光缆把成交情况传到证券登记过户公司，将买卖记录在股东开设的账户上。

四、网上进行股票交易的利弊

　　随着网络技术的不断发展和电脑的普及，越来越多的投资者都使用网络来炒股，即通过网络资源获取及时报价、分析市场行情以及完成股票交易。

第133项　如何办理网上交易

　　网上交易也需要证券账户和资金账户，其具体的办理过程与其他交易方式的办理过程相同，它通过在电脑中安装对应的交易软件即可完成。在开设账户后，投资者可以在开设账户所在的证券公司的官方网站下载交易软件。

应用示例——在华西证券官方网站下载交易软件

Step01　启动浏览器，进入华西证券官方网站，在网页顶部的导航栏中单击"软件下

载"超链接。

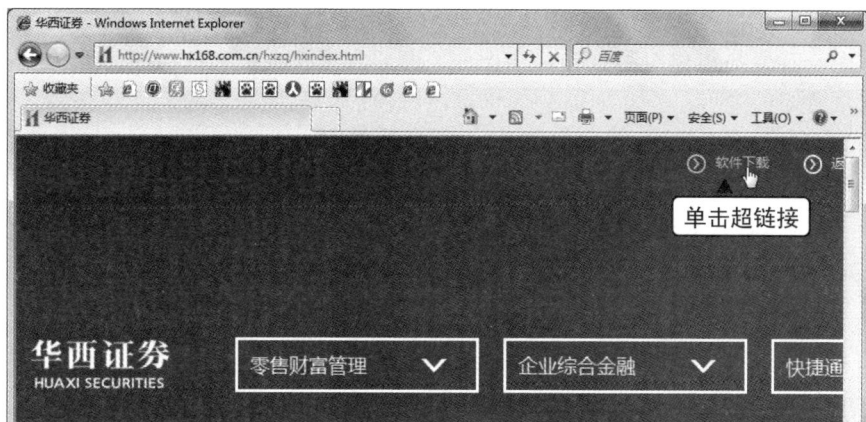

Step02　在打开的页面中单击下载交易软件对应的超链接，如这里单击"华彩人生1点通（PC版含融资融券）7.21版"软件版本对应的"点击下载"超链接。

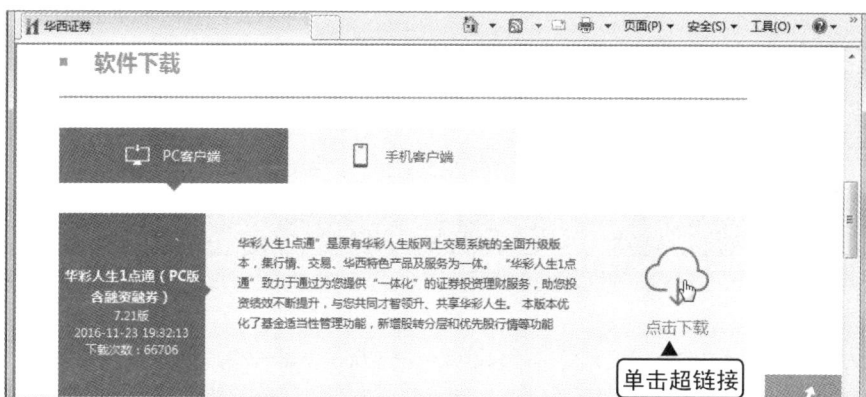

Step03　在打开的对话框中单击"保存"按钮，设置保存路径后，开始下载。

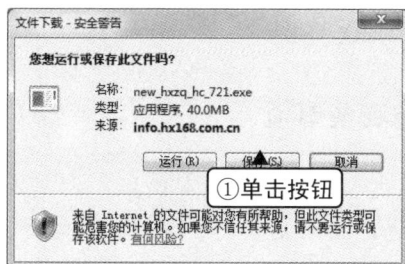

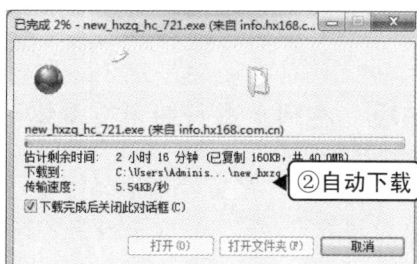

第134项　股民在网上交易有哪些便利

网上证券交易与传统的证券经营比较，有着很多优势。它打破了时空限制，降低了经营成本与经营风险，并能够提供快速而方便的信息服务。网上证券交易之所以有可能成为一种趋势和潮流，还在于网上证券交易与传统的证券交易相比，具有很多优点，具体表现在如图 4-19 所示的几个方面。

打破时空限制，无限扩大服务客户的区域

- 利用四通八达的通信网络，打破时空的界限，将各地的投资者聚集在这个无形的市场中。
- 异地（甚至是千里之外）的网民都将成为公司潜在的客户。

降低经营风险

- 避免由于硬件设施发生故障而带来的风险，克服气候恶劣造成的证券交易的不便。
- 避免天灾和其他人为因素造成证券交易营业部毁损使得证券交易被迫中断。
- 尽可能地避免职工工作差错以及败德行为造成的违规透支、越权自营带来的风险。

克服市场信息不充分的缺点，提高资源配置效率

- 网络提供快速方便的信息服务，可以大大提高证券市场信息流通速度，使投资者之间获得信息的时间差缩短，有效地提高证券市场的定价功能、资源配置功能。

证券交易安全性能大大提高

- 网上交易通常采取对称加密和不对称加密组合的方式对数据进行双重加密，以确保交易内容的保密性。
- 证券公司可以通过数字签名与身份证以确保投资者身份的唯一性。
- 券商和银行服务器与互联网隔离，足以保障数据库对业务流程的控制，从而使证券网上交易的安全性无懈可击。

图 4-19　网上交易的便利

第135项　在网上进行股票交易需要注意哪些事项

近年来，很多投资者都选择网上炒股，虽然该方式有很多优点，但是为了确保自己的利益或者资金安全，投资者在网上进行股票交易时还需要注意以下几点：

◆　投资者在选择证券公司时，如果需要在网上进行交易，应该确保该证券公司具有网上交易的资格，这样才能得到相关法律法规的保护。

◆ 在开设账户时，一定要注意账户密码的安全性，切忌使用生日、手机号码、身份证号码等特殊字符作为账户密码。

◆ 如果投资者不是使用个人电脑进行网上交易，如使用网吧、公司电脑等进行股票交易，一定要不定期地更换交易密码。

◆ 开通网上交易的同时将电话委托也开通，这样可以避免因网上交易系统故障而延误买卖时机。

◆ 在购买股票和卖出股票时，一定要谨慎操作，确认购买的股票、购买的数量以及买入和卖出价格无误后再确认委托。

◆ 完成委托后一定要记住退出交易系统，特别是在公共场合，这样可以避免盗卖或者盗买股票现象。如果要查看股票行情，对于华西证券提供的交易软件，投资者可以使用独立行情方式登录并查看。

五、股票交易需要遵循哪些原则和规定

为了规范证券市场交易行为，维护证券市场秩序，保护投资者合法权益，股市中的各个参与者都需要遵循相关的交易原则和规定。

第136项　股票竞价成交的原则是什么

无论是集合竞价阶段，还是连续竞价阶段，股票竞价成交都是按"价格优先、时间优先"的原则进行交易的，其具体的原则如图4-20所示。

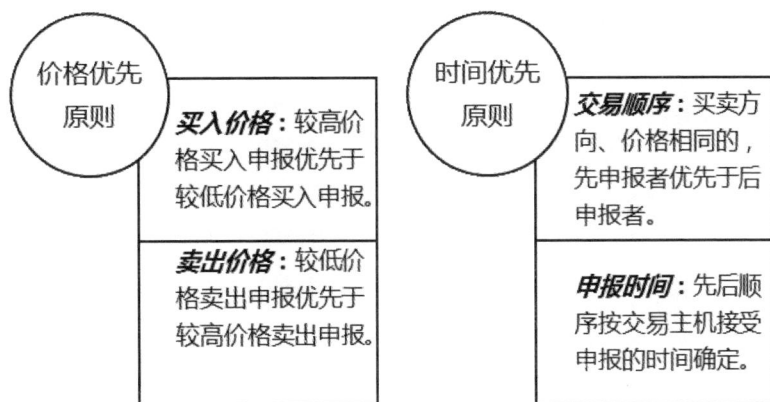

价格优先原则

买入价格：较高价格买入申报优先于较低价格买入申报。

卖出价格：较低价格卖出申报优先于较高价格卖出申报。

时间优先原则

交易顺序：买卖方向、价格相同的，先申报者优先于后申报者。

申报时间：先后顺序按交易主机接受申报的时间确定。

图4-20　股票竞价成交原则

第137项　股票买卖的委托原则是什么

股票买卖过程中，投资者向证券公司委托买卖时应该遵循如下的委托买卖规则。

- 买入委托必须为整百股（配股除外）。
- 卖出委托可以为零股，但如为零股必须一次性卖出。
- 股票停盘期间委托无效。
- 买入委托不是整百股（配股除外）的委托无效。
- 委托价格超出涨跌幅限制的委托无效。

什么是零股

在股票交易市场上，手和股之间的换算关系为：1 手＝100 股，所谓零股即为不足 1 手的股票，即 1～99 股都称之为零股。

第138项　证券清算交割有哪些原则

证券在清算交割过程中需要遵循"净额交收"原则和"钱货两清"原则，其具体的原则如图 4-21 所示。

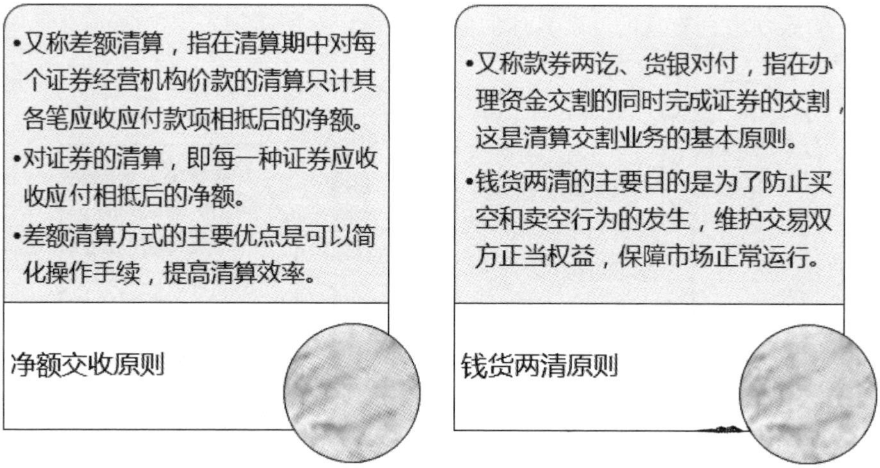

净额交收原则
- 又称差额清算，指在清算期中对每个证券经营机构价款的清算只计其各笔应收应付款项相抵后的净额。
- 对证券的清算，即每一种证券应收应付相抵后的净额。
- 差额清算方式的主要优点是可以简化操作手续，提高清算效率。

钱货两清原则
- 又称款券两讫、货银对付，指在办理资金交割的同时完成证券的交割，这是清算交割业务的基本原则。
- 钱货两清的主要目的是为了防止买空和卖空行为的发生，维护交易双方正当权益，保障市场正常运行。

图 4-21　证券清算交割原则

第139项　什么是"T+0"股票交易制度

"T+0"股票交易制度就是指在成交的当天就可以获得股票和现金（T 是"交易"英文单词 trade 的缩写）。这样，投资者买卖股票的操作可以在同一天进行。这种情况下，市场交易容易活跃起来，但是风险较大，一般需要有健全的管理制度加以规范。

"T+0"股票交易制度曾在我国证券市场实行过，因为它的投机性太大，为了保证股市的稳定，现在，我国沪深股市都实行"T+1"的交易方式。

第140项　什么是"T+1"股票交易制度

为了抑制股市的过度投机，协调股市的交易节奏，保持股市的正常运行，维护股市的稳定，从 1995 年 1 月 3 日开始，我国沪深股市中的 A 股、基金和证券的交割就实行"T+1"股票交易制。该制度对股票买卖和现金提取进行了规定，具体规定如图 4-22 所示。

股票买卖	现金提取
• 同一只A股股票，当天买入后不能卖出，需要等到下一个交易日才能卖出。 • 同一只A股股票，当天卖出后可当天买入。	• A股股票卖出当天，如果需要将资金提出来使用是不行的，需要等到下一个交易日才能提取出来。

图 4-22　"T+1"股票交易制度

第141项　什么是"T+3"股票交易制度

为了维护 B 股市场的稳定，我国沪深交易所实行了"T+3"股票交易制度，并对 B 股市场中的股票买卖和资金提取进行了规定，具体规定如图 4-23 所示。

股票买卖	现金提取
• 同一只B股股票，当天买入后不能卖出，需要等到第3个交易日才能卖出。	• B股股票卖出当天，如果需要将资金提出来使用是不行的，需要等到第3个交易日才能提取出来。

图 4-23　"T+3"股票交易制度

"T+3"股票交易制度的缺点

　　虽然"T+3"股票交易制度稳定了 B 股股市，但是其交割时间长，因此不利于较好地激活 B 股市场。

第142项　什么是涨跌停板制

　　涨跌停板制主要是为了防止交易价格的暴涨暴跌，抑制过度投机现象，对每只证券当天价格的涨跌幅度予以适当限制的一种交易制度。

　　经过中国证监会同意，自 1996 年 12 月 16 日起，沪深交易所对上市交易的 A 股、B 股、基金类证券的交易分别实行价格涨跌幅限制。即在一个交易日内，除首日上市证券外，上述证券的交易价格相对上一交易日收市价格的涨跌幅度不得超过 10%。超过涨跌限价的委托为无效委托，即涨停无卖盘、跌停无买盘。图 4-24 所示为 2017 年 1 月 19 日早盘同力水泥（000885）涨停的图示。

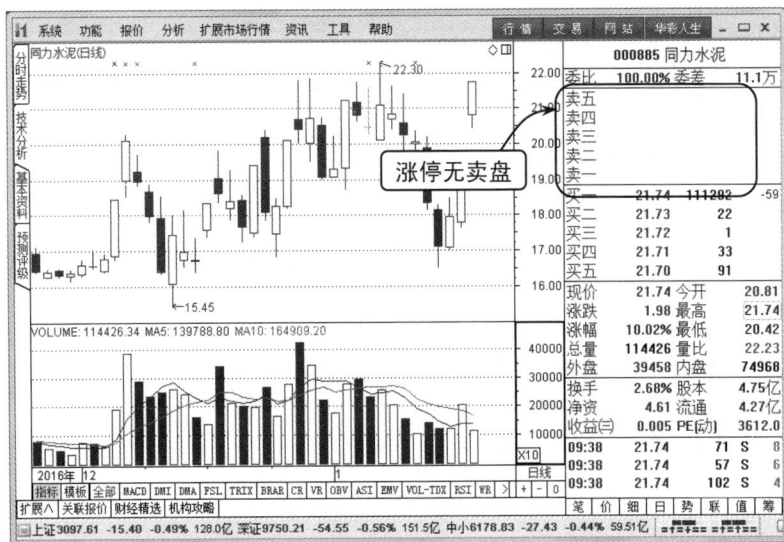

图 4-24　股票涨停

第143项　什么是熔断机制

　　熔断机制是在 2016 年 1 月 1 日正式实施熔的，它是指对某一股票在达到涨跌停板之前，设置一个熔断价格，使股票买卖报价在一段时间内只能在这一价格范围内交易。设置熔断机制的目的是让投资者在价格发生突然变化的时候有一个冷静期，防止作出过度反应。出现以下情况将启动熔断机制。

◆ 沪深 300 指数触及涨跌 5% 线启动熔断，沪深两市及股指期货中断交易 15 分钟。

◆ 沪深 300 指数触及涨跌 7% 线启动二次熔断，直接收市。

◆ 14:45 后的任何熔断，直接收市。

第144项　禁止内幕交易

内幕交易是指内幕人员和以不正当手段获取内幕信息的其他人员违反法律、法规的规定，泄露内幕信息，根据内幕信息买卖证券或者向他人提出买卖证券建议的行为。

内幕交易行为人为达到获利或避损的目的，利用其特殊地位或机会获取内幕信息进行证券交易，从而给股市带来严重的后果，其具体表现如图 4-25 所示。

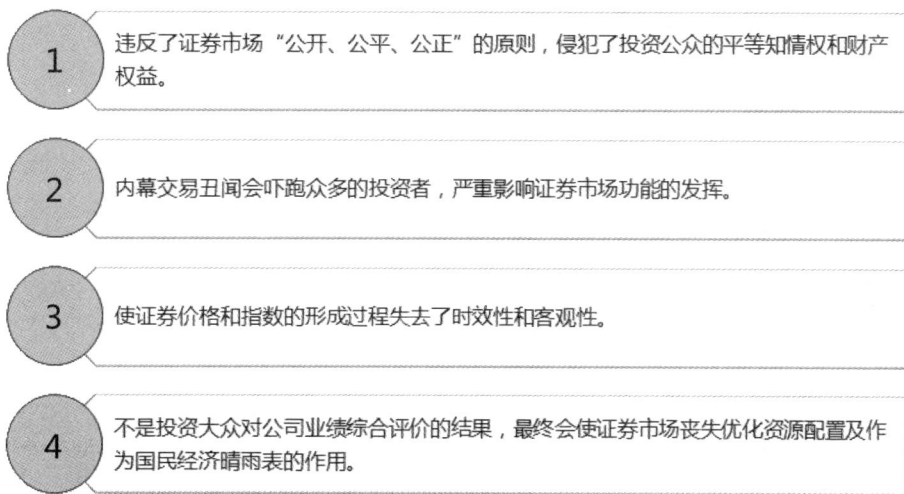

1 违反了证券市场"公开、公平、公正"的原则，侵犯了投资公众的平等知情权和财产权益。

2 内幕交易丑闻会吓跑众多的投资者，严重影响证券市场功能的发挥。

3 使证券价格和指数的形成过程失去了时效性和客观性。

4 不是投资大众对公司业绩综合评价的结果，最终会使证券市场丧失优化资源配置及作为国民经济晴雨表的作用。

图 4-25　内幕交易的后果

第145项　什么是关联交易

关联交易是指关联方直接转移资源、劳务或义务的行为，而不论是否收取价款。根据市场经济原则，一切企业之间的交易都应该在市场竞争的原则下进行，而关联交易中，交易双方为达到某种利益，不公开竞争，而在私下进行交易。

关联交易的交易方式与市场经济原则不相吻合，这会给股东或者部分股东造成利益的损失，也是侵犯了股东的利益权限，最终或多或少会给企业带来一定的影响。

六、如何购买新股

所谓新股是指公司刚发行上市的股票，其最大的好处在于投资者以低价买入股票，待股票上市后，股价会成倍的增长。

第146项　股民申购新股是否还需要开户

关于股民申购新股是否需要开户，有两种情况，一种是有账户的股民，一种是无账户的投资者，其具体的开户要求如下。

◆ **有账户的股民申购新股：** 对于有账户的股民而言，可以不用再开设账户，只要资金账户中持有一定市值的股票即可申购。对于每只新股发行，有多个证券账户的投资者只能使用一个有市值的账户申购一次，如多次申购，仅第一笔申购有效。

◆ **无账户的投资者申购新股：** 这类投资者需要申购新股，首先需要分别开设资金账户和证券账户，其具体的开户流程和一般的股票开户流程相同。

第147项　股民如何申购新股

新政实施后，股民在申购新股时的申购方法也变得更简单，直接通过账户登录到交易软件后，在下方选择"新股申购"目录下的"一键申购"选项，程序会自动切换到新股申购的页面，在其中列举了当前可以申购的所有新股，选中需要申购的新股名称右侧的复选框，设置对应的申购数量后（至少申购一签，沪市一签为1000股，深市一签为500股），单击"申购"按钮即可完成申购，如图4-27所示。

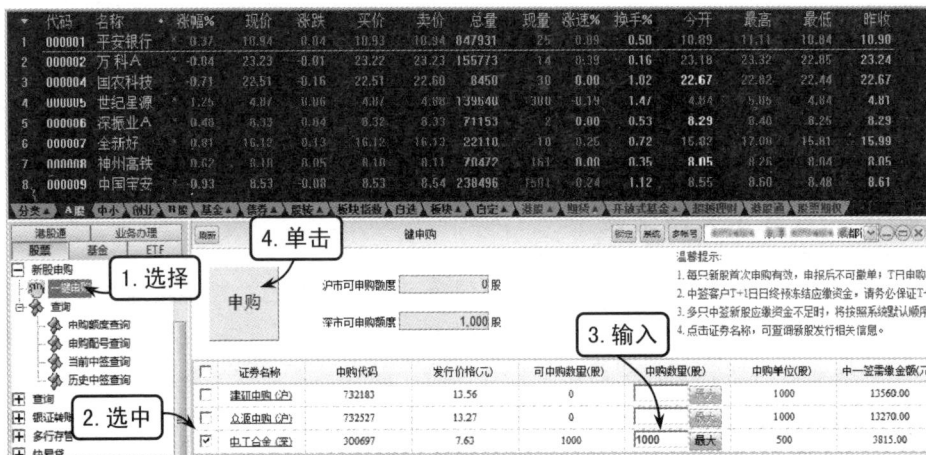

图4-27 新股申购方法

每只新股首次申购有效，申报后不可撤单，完成申购操作后，股民需要在两个工作日后，在"新股申购/查询"目录下的选择"当前中签查询"选项查看自己是否中签，如果中签，则需要立即确保账户中有足够的资金用于补交新股申购的金额。多只中签新股应缴资金不足时，将按照系统默认顺序进行中签扣款。

第148项　2016 年新股申购新规有哪些变化

2015 年 11 月在股灾之后新股再度重启，伴随着新一轮发行制度的改革。在 2016 年起执行的新规存在如下一些变化。

◆　针对巨额打新资金取消现行新股申购预先缴款制度，改为确定配售数量后再进行缴款，并强调新股申购自主决策、自担风险和自负盈亏，券商不得接受投资者全权委托申购新股。

◆　突出发行审核重点，调整发行监管方式，严格执行证券法规定的发行条件，将审慎监管条件改为信息披露要求。

◆　公开发行 2000 万股以下的新股取消询价环节，由发行人和主承销商协商定价，以此来简化程序，提高新股的发行效率，最终降低中小企业的发行成本。

◆　加强对中小投资者权益保护，建立摊薄即期回报补偿机制，要求首发企业制定切实可行的填补回报措施。

◆　强化中介机构监管，落实中介机构责任，建立保荐机构先行赔付制度，要求保荐机构在公开募集及上市文件中作出先行赔付承诺，完善信息披露抽查制度，出台会计师事务所从事证券业务监管办法。

◆　为了约束投资者获得配售后不足额缴款，新规规定投资者连续 12 个月累计 3 次中签后不缴款，6 个月内不能参与打新。

第149项　新股申购新规中市值如何计算

与以往申购新股不同，新规定按市值申购需要在 T-2（T 为申购日）的交易日清算时有相应市场的非限售流通股的市值，我国的上交所和深交所的市值计算有着明显的不同。

◆　上交所规定根据投资者持有的市值确定其网上可申购额度，每 1 万元市值可申购一个申购单位，不足 1 万元的部分不计入申购额度。每一个申购单位为 1000股，申购数量应当为 1000 股或其整数倍，但最高不得超过当次网上初始发行股数的千分之一，且不得超过 9999.9 万股。

◆ 深交所规定根据投资者持有的市值确定其网上可申购额度，持有市值 1 万元以上（含 1 万元）的投资者才能参与新股申购，每 5000 元市值可申购一个申购单位，每 500 股为一个申购单位，不足 5000 元的部分不计入申购额度。

对于存在的如下情况的，市值将合并计算。

◆ 客户同一个证券账户多处托管的，其市值合并计算。

◆ 客户持有多个证券账户的，多个证券账户的市值合并计算。

◆ 融资融券客户信用证券账户的市值合并计算。

第150项　新股申购有什么技巧

申购新股成功后，投资者将快速获取成倍的利益，但是通常申购新股的几率都比较小，为了能够增大新股申购的几率，可以尝试从如图 4-28 所示的几个方面考虑。

做好准备重点出击

· 很多投资者打新股很盲目，这种状态下达到新股的概率很小，因为机会总是留给有准备的人的。分析师指出，投资者可从 [中财网新股在线] 的新股申购一栏了解近期新股发行的详细信息，如发行日期、申购代码、网上网下发行数量、发行价、申购上限、市盈率以及该股所属的行业。对同期发行的新股充分了解和比较后，就可以制订打新策略。

集中资金出击一只新股

· 如果同时发行3只新股，投资者应该选准一只股票，全仓进行申购，以提高中签率。

目标转向冷门股

· 当出现两只以上新股同时上网发行时，应优先考虑冷门股，人少的地方中签的机会可能更高些。

找准申购时机

· 最好选择中间时间段来申购，如选择上午10:00~11:00和下午13:30~14:30之间下单。

图 4-28 新股申购技巧

第151项　新股卖出有什么技巧

而即便中签之后，在什么时候卖票也十分关键。在新规实施前，新股在上市首日往往都是暴涨暴跌。在现在的新股新规中，沪深交易所均要求，新股上市首日开盘集合竞价的有效竞价范围为发行价上下 20%，否则视为无效申报。

此外，上交所还另外规定，连续竞价阶段有效申报价格不得高于发行价的 144% 且不得低于发行价的 64%。为了平抑新股首日价格出现暴涨暴跌，上交所还规定盘中成交价格较开盘价首次上涨或下跌 10% 以上（含），将停牌 30 分钟，上涨或下跌 20% 以上（含），将停牌至当日的 14:55。

因此，对于一些质地较好的股票，机构在当日就抢到足够筹码的可能性很低，因此机构要筹集到足够的筹码，都需要再花几个交易日才能完成，因此在新股上市后几个交易日中是观察机构是否大举介入的实际。对于中了签的中小投资者来说，应该改变以往那种中签后上市第一天就抛出的习惯，对于质地和走势较好的新股，可多观察几天寻机出手。

第5章

选股教义——股票投资的基本面分析

股票投资的基本面分析主要是分析国家宏观政策、股市行情、上市公司及其财务状况，这些因素与股票价格的涨跌有非常密切的联系。通过对这几个因素进行分析，从而协助投资者选择绩优股。

◇ 国内生产总值对股市的影响
◇ 如何预测利率的升降
◇ 国家经济政策对股市的影响
◇ 对行业的所属性质进行分析
◇ 对上市公司的品牌进行分析
◇ 对上市公司的技术水平进行分析
◇ 怎样阅读上市公司的财务报表

◇ 利率变动对股市的影响
◇ 汇率变动对股市的影响
◇ 行业与板块分析在股票投资中的作用
◇ 经济周期对行业的影响
◇ 对上市公司的竞争地位进行分析
◇ 财务分析的差额分析法
◇ 如何识别上市公司的经营信号

一、宏观因素对股市有什么影响

股价常根据一些特定经济指标、经济政策、国家宏观调控、全球经济形势以及国际形势等宏观因素的起伏而变化，对这些因素的分析是判断当前形势的主要依据。

第153项　国内生产总值对股市的影响

国内生产总值（GDP）的衰退或增长可体现于大盘指数的涨跌，影响所有股票，因此，股市走势变化由国家的经济发展水平和经济景气状况间接决定。在经济繁荣时期，企业经营良好，盈利多，股价上涨；经济不景气时，企业利润下降，股价疲软下跌。即国内生产总值或相关产业增加值呈上升趋势时，是选择股票的好时机。在国家统计局网站中可查阅 GDP 公报。图 5-1 所示为 2015 年全年国内生产总值概括及2011—2015 年国内生产总值对比数据。

初步核算，全年国内生产总值[2]676708亿元，比上年增长6.9%。其中，第一产业增加值60863亿元，增长3.9%；第二产业增加值274278亿元，增长6.0%；第三产业增加值341567亿元，增长8.3%。第一产业增加值占国内生产总值的比重为9.0%，第二产业增加值比重为40.5%，第三产业增加值比重为50.5%，首次突破50%。全年人均国内生产总值49351元，比上年增长6.3%。全年国民总收入[3]673021亿元。

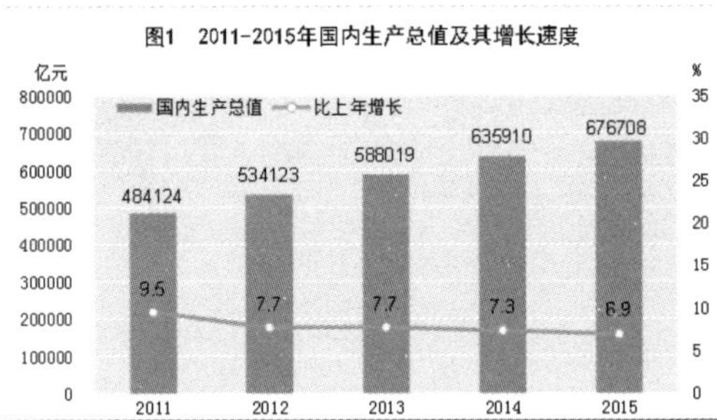

图 5-1　国内生产总值数据展示

什么是国内生产总值

国内生产总值是指在一定时期内（一季度或一年），国家或地区的经济中所生产出的全部最终产品和劳务的价值的总和，可作为显示国家或地区经济状况的指标。

第154项　利率变动对股市的影响

利率政策是中央银行调控货币供求、调控经济的主要手段。在经济萧条时期，降低利率可刺激经济发展；而在经济膨胀时期，提高利率可抑制经济恶性发展。可见，利率是影响市场的重要经济指标，对选股也有一定的指导作用。通常，利率的升降与股价的变化呈反比，其具体表现如下：

◆ 利率上升，会增加公司的借贷成本，这会影响公司规模，减少公司未来收益。并且，利率上升时，居民闲置资金将撤离股市转向银行储蓄或债券，从而减少股票需求，使股票价格出现下跌。

◆ 利率下降时，企业可能通过借贷产生良性发展，而居民储蓄的获利能力降低，闲置资金又可能流向股市，引起股价的上涨（银行股的价格与利率调整成正比）。

　　一般情况下，如上规律都是成立的，但是利率变化与股价变化并非绝对成反比，在某些相对特殊的情形下，当股票行情暴涨的时候，利率的调整对股价的控制作用就不会很大。同样，当股市处于暴跌的时候，即使出现利率下降的调整政策，也可能会使股价回升乏力。下面的数据就是近年来利率调整对股市的影响，如表 5-1 所示。

表 5-1　央行近年利率调整对股市的影响

调整时间	调整幅度	公布后首个交易日沪指表现
2015 年 10 月 24 日	央行下调存贷款基准利率 0.25 个百分点	沪指上涨 0.5%
2015 年 8 月 26 日	央行下调存贷款基准利率 0.25 个百分点	沪指下跌 1.27%
2015 年 6 月 28 日	央行下调存贷款基准利率 0.25 个百分点	沪指下跌 3.34%
2015 年 5 月 11 日	央行下调存贷款基准利率 0.25 个百分点	沪指上涨 3.04%
2015 年 3 月 1 日	一年期存款利率下调 0.25 个百分点；一年期贷款利率下调 0.50 个百分点	沪指上涨 0.78%
2014 年 11 月 22 日	一年期存款利率下调 0.25 个百分点；一年期贷款利率下调 0.4 个百分点	沪指上涨 1.39%，并连续上涨 12 个交易日，直接突破 3000 点关口，区间涨幅超过 23%
2012 年 6 月 8 日	央行下调存贷款基准利率 0.25 个百分点	地产股板块整体涨幅达 2%
2011 年 7 月 7 日	央行上调存贷款基准利率 0.25 个百分点	沪指收盘 2794.27 点，下跌 0.58%
2011 年 4 月 6 日	央行上调存贷款基准利率 0.25 个百分点	沪指涨 1.14%

应用示例——利率变动对股市的影响

2014 年 11 月 21 日，央行网站发布公告，宣布下调人民币存贷款基准利率，一年期贷款基准利率下调 0.4 个百分点，该决定将从 2014 年 11 月 22 日起正式执行。

如图 5-2 所示为上证指数（000001）2014 年 9 月至 11 月的日 K 线图。从图中可以看出，指数在波动上涨的趋势中，但上涨幅度非常有限。

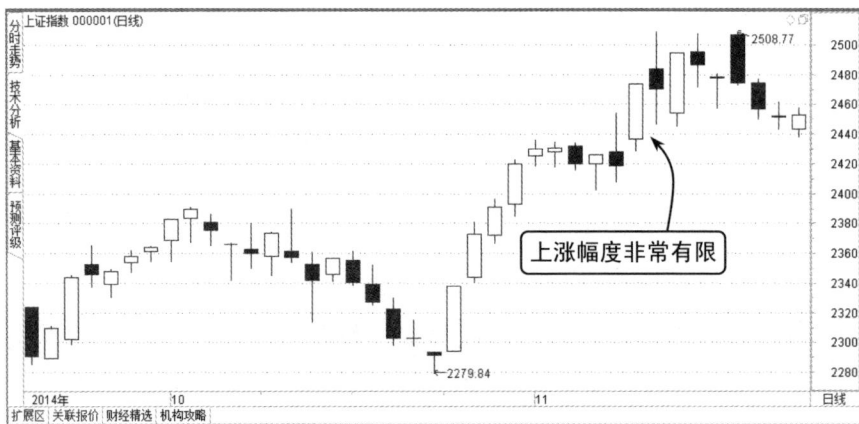

图 5-2　上证指数 2014 年 9 月至 11 月的日 K 线图

在 11 月 21 日央行公布下调利率政策后，上证指数作出了强烈的反映，如图 5-3 所示为上证指数 2014 年 10 月至 12 月的日 K 线图。

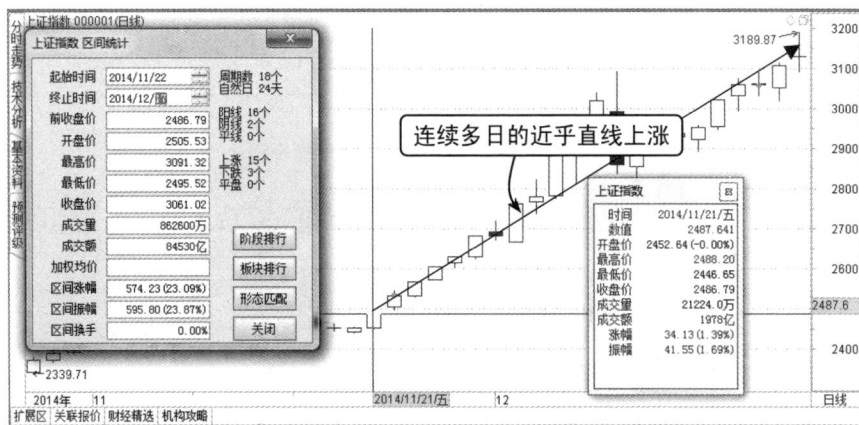

图 5-3　上证指数 2014 年 10 月至 12 月的日 K 线图

从图中可以看出，11 月 21 日，指数以 2452.64 点开盘，全天高开高走，收于 2486.79

点，上涨 34.13 点，涨幅约 1.39%。并从 21 日开始，连续上涨十多个交易日，期间仅出现一根小阴星。

统计 2014 年 11 月 22 日至 12 月 17 日的 18 个交易日的涨跌数据可以看到，在 18 个交易日中，上涨指数上涨 574.23 点，涨幅超过 23%。

第155项　如何预测利率的升降

鉴于利率与股价运动成反向变化的一般规律，投资者应该密切关注利率变动情况，对利率的走向进行必要的预测，从而抢在利率变动之前进行股票买卖操作。在我国，对利率的升降走向进行预测，应侧重如图 5-4 所示的几个因素变化情况。

贷款利率的变化	市场经济变化	国际金融市场利率水准变化
• 贷款资金是由银行存款来供应的，因此，根据贷款利率的变动情况可以预测存款利率的变动情况。 • 贷款利率上调，存款利率必定会出现上调。 • 贷款利率下调，存款利率必定会出现下调。	• 市场过旺，物价上涨，国家可能采取措施提高利率水准，从而吸引居民存款，以此减轻市场压力。 • 市场疲软，国家可能采取措施降低利率水准，以此推动市场。	• 国内利率水准的变动和股市行情的涨跌也会受国际金融市场的利率水准影响。 • 海外利率水准的升高或者降低，不仅影响国内利率水准，也会导致海外资金退出或者进入国内股市，从而带动股票价格的波动。

图 5-4　影响利率变动的因素

第156项　汇率变动对股市的影响

汇率是指一国货币兑换另一国货币的比率，是以一种货币表示另一种货币的价格，它是国际贸易中最重要的经济指标。因为商品的成本是按本国货币来计算，要进入国际市场，其商品成本会根据汇率的变化而受到相关影响。

美元升值、人民币贬值，就可用更少的美元购买中国生产的商品，从而促进中国商品的出口。若美元贬值、人民币升值，必将有利于美国商品出口到中国。

汇率的波动会给进出口贸易带来大范围的波动，也就意味着与进出口贸易相关的公司的股票以及金融业股票会直接受汇率变化而产生价格波动。汇率对股价的影响如图 5-5 所示。

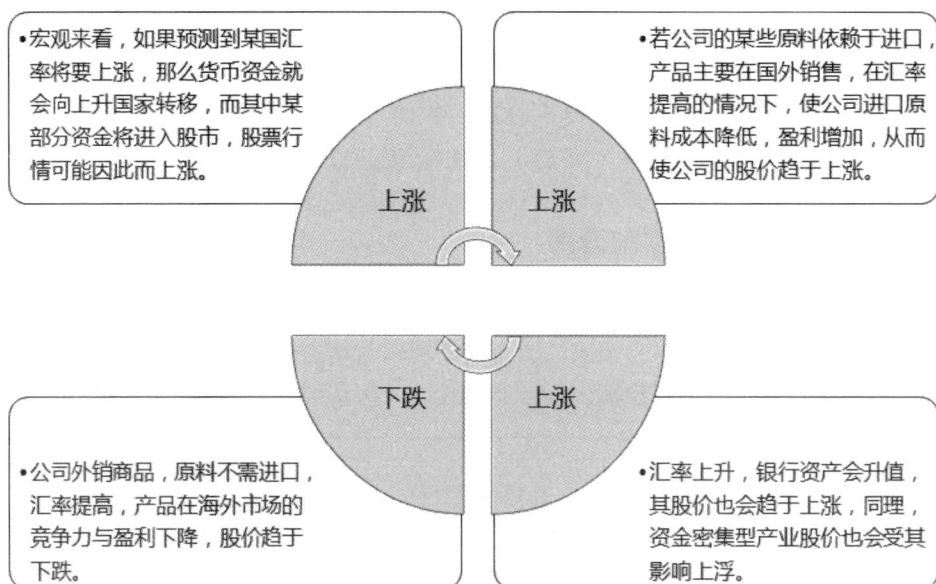

- 宏观来看，如果预测到某国汇率将要上涨，那么货币资金就会向上升国家转移，而其中某部分资金将进入股市，股票行情可能因此而上涨。

- 若公司的某些原料依赖于进口，产品主要在国外销售，在汇率提高的情况下，使公司进口原料成本降低，盈利增加，从而使公司的股价趋于上涨。

上涨　　上涨

下跌　　上涨

- 公司外销商品，原料不需进口，汇率提高，产品在海外市场的竞争力与盈利下降，股价趋于下跌。

- 汇率上升，银行资产会升值，其股价也会趋于上涨，同理，资金密集型产业股价也会受其影响上浮。

图 5-5　汇率对股价的影响

什么是资金密集型产业

资金密集型产业是指在单位产品成本中，资本成本与劳动成本相比所占比重较大，每个劳动者所占用的固定资本和流动资本金额较高的产业，如钢铁业、一般电子与通信设备制造业、运输设备制造业、石油化工业、重型机械工业、电力工业等。

2014 年 4 月 22 日人民币兑美元汇率中间价报 6.1610，较前一交易日继续下跌 19 个基点。人民币兑美元汇率中间价连续第三个交易日下跌，创下年内新低。

与此同时，人民币即期汇率开盘报 6.2310，较上一个交易日下跌 36 个基点，盘中跌至 6.2400，刷新近 14 个月的低位。按照 2014 年年初人民币兑美元即期汇率 6.05 的水平计算，人民币至今已经贬值 3.12%。

应用示例——根据汇率变化选股

从 2014 年年初开始，汇率上升，人民币贬值，因此可抓住时机在 3 月 21 日用 9 元购入兴业银行（601166）股票，4 月 8 日，股价上升到 10.25 元左右。短短 1 个月间，期间涨幅近 14%，此时择机抛售即可获得不少盈利。如图 5-6 所示。

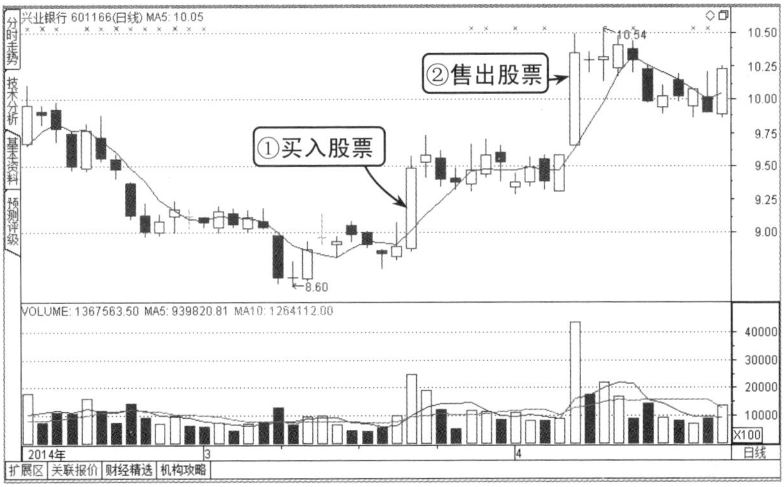

图 5-6　根据汇率选购兴业银行股票

第157项　人民币升值对股市的影响

美国一些人一直希望通过人民币升值、美元贬值，扩大出口以缓解本国经济压力。因此，美国要求人民币升值的论调一浪高过一浪：2010 年 1 月，美国总统奥巴马在国情咨文中暗示要求人民币升值；3 月，美国 130 名国会议员联名上书美商务部和财政部，要求对中国施压以迫使人民币升值。

人民币升值更多是通过对上市公司的影响来影响股市，而对上市公司的影响主要又是通过进出口这个链条传递。如果人民币骤然升值，可能对中国出口带来严重影响，还可能导致大量中小外贸企业倒闭，带来严重的失业问题，并连带引起房地产行业和股市动荡，其具体的表现分别如图 5-7 和图 5-8 所示。

对支柱性产业的影响

- 如果人民币升值，长期以来依赖的出口一旦减少，而内需又无法消化出口的剩余，大量的企业就会遭遇财务危机，从而停止经营。
- 当制造业疲软和低迷时，其相关的其他产业也会受到连带影响。

对就业率的影响

- 企业在遭受财务危机后，如果不能继续经营时，就会停止经营，这样就使大量的工人或者农民工失业，加大了失业率。

图 5-7　人民币升值带来的影响（一）

对政府投资和社会福利的影响

- 在失业率不断上升的情况下，大量的农民工在城市无法找到工作，就会返乡待业或从事其他的工作，从而导致出口收益减少，这在一定程度上大大降低了国家和地方的税收，进而影响政府的投资和相应的社会福利。

可能造成房贷危机

- 随着失业率的上升，"80后""90后"的"啃老一族"的后继收入会受到严重的影响，房屋的贷款将会成为部分人群的巨大负担。当这种失业再次蔓延的时候，违约还款的事件就会逐渐增加，从而导致房贷危机。

酿造更大的房地产泡沫

- 从理论上讲，人民币升值对遏制通货膨胀有一定的好处，但是人民币升值无疑会加剧开发商和投机者炒房，进一步推高房价，酿造更大的房地产泡沫。同时，房地产泡沫和投机活动将进一步加剧社会财富分化，普通人的财富被房地产商和银行、投机者掠夺。

图 5-8　人民币升值带来的影响（二）

第158项　通货膨胀与 CPI 对股市的影响

通货膨胀是影响股票市场价格的重要经济因素，它既能刺激股票市场，又会对其产生压制作用。其具体表现为：通常货币供给量增加，扩大的社会购买力就会投资于股票上，从而把股价抬高。

通货紧缩的表现

即货币供给量减少，社会购买力降低，企业经营陷入窘境，失业率会增加，居民投资也相应减少，股价也必定会被抑制。

通货膨胀与消费者物价指数（CPI）息息相关，物价上涨会引起通货膨胀。若物价上涨在 1%～2%，不超过 5%，这种缓慢的变化能刺激经济发展，上市公司收益额会增加，股票市场也会相应地表现繁荣。

什么是通货膨胀和 CPI

通货膨胀是指因货币供给大于货币实际需求，即现实购买力大于产出供给，导致货币贬值，而引起的一段时间内物价上涨现象。

CPI 是消费者物价指数（Consumer Price Index）的简称，它是反映与居民生活有关的商品及劳务价格的变动的指标，通常作为观察通货膨胀水平的重要指标。

应用示例——根据 CPI 变化选股

例如，进入"中华人民共和国国家统计局"网站，通过检索关键词找到 2017 年 2 月 14 日公布的 1 月 CPI 统计数据分析报告，如图 5-9 所示。

国家统计局城市司高级统计师绳国庆解读2017年1月份CPI、PPI数据

来源：国家统计局　　发布时间：2017-02-14 09:30　　 关闭窗口 　打印本页

1月份CPI涨幅受春节因素影响有所扩大　PPI环比涨幅回落

——国家统计局城市司高级统计师绳国庆解读2017年1月份CPI、PPI数据

国家统计局今天发布的2017年1月份全国居民消费价格指数（CPI）和工业生产者出厂价格指数（PPI）数据显示，CPI环比上涨1.0%，同比上涨2.5%；PPI环比上涨0.8%，同比上涨6.9%。对此，国家统计局城市司高级统计师绳国庆进行了解读。

一、居民消费价格环比和同比涨幅受春节因素影响扩大

从环比看，1月份CPI上涨1.0%，涨幅比2016年12月份扩大0.8个百分点。一是受节日因素影响，食品价格环比上涨2.3%。其中，鲜菜、鲜果、水产品和猪肉价格环比涨幅分别为6.2%、5.7%、4.4%和3.4%，合计影响CPI环比上涨约0.42个百分点。二是寒假和春运期间出行人员增多，交通和旅游价格上涨明显，飞机票、旅行社收费、长途汽车、宾馆住宿价格环比分别上涨18.6%、11.1%、3.4%和3.2%，合计影响CPI环比上涨0.23个百分点。三是受国内成品油调价影响，汽、柴油价格环比分别上涨4.7%和5.2%，合计影响CPI环比上涨约0.09个百分点。今年1月1.0%的CPI环比涨幅，比2016年和2015年春节所在月份环比涨幅分别低0.6和0.2个百分点，主要原因是受暖冬影响鲜菜价格环比涨幅远低于前两年春节月份。

CPI同比上涨2.5%，涨幅比上月扩大0.4个百分点。从分类看，交通和通信价格同比涨幅比上月扩大1.4个百分点，影响CPI同比涨幅扩大0.17个百分点；旅游价格同比涨幅比上月扩大5.9个百分点，影响CPI同比涨幅扩大0.11个百分点；食品价格同比涨幅比上月扩大0.3个百分点，影响CPI同比涨幅扩大0.07个百分点，上述三项合计影响CPI同比涨幅扩大约0.35个百分点。

据测算，在1月份2.5%的CPI同比涨幅中，去年价格上涨的翘尾影响约为1.5个百分点，新涨价影响约为1.0个百分点；2月份由于"春节错月"和上年同期基数较高，翘尾影响将明显回落。

图 5-9　2017 年 1 月 CPI 变动情况

从环比看，1 月份 CPI 上涨 1.0%，涨幅比 2016 年 12 月份扩大 0.8 个百分点。主要由三方面的原因导致：

◆ 一是受节日因素影响，食品价格环比上涨 2.3%。其中，鲜菜、鲜果、水产品和猪肉价格环比涨幅分别为 6.2%、5.7%、4.4%和 3.4%，合计影响 CPI 环比上涨约 0.42 个百分点。

◆ 二是寒假和春运期间出行人员增多，交通和旅游价格上涨明显，飞机票、旅行社收费、长途汽车票、宾馆住宿价格环比分别上涨 18.6%、11.1%、3.4%和 3.2%，合计影响 CPI 环比上涨约 0.23 个百分点。

◆ 三是受国内成品油调价影响，汽、柴油价格环比分别上涨 4.7%和 5.2%，合计影响 CPI 环比上涨约 0.09 个百分点。

从如上公布的信息来看，可以判断出与水产品、猪肉相关的食品企业，交通旅游业以及成品油相关企业的股价也会受其影响呈上涨趋势，如果投资者在这段时间内在食品、交通运输、旅游业、石油板块中选择相关企业购入股票进行投资，都是可以获得收益的。

例如，在 2016 年 12 月中下旬，挑选中国国旅（601888），在 42 元左右的价格购入，持股数月之后，在 46 元左右卖出，即可盈利，如图 5-10 所示。

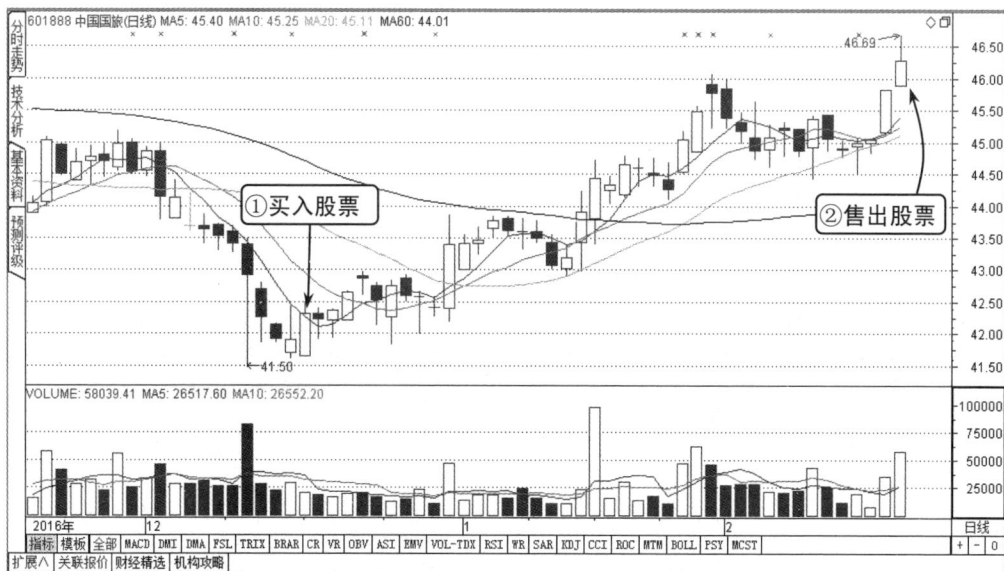

图 5-10　根据 CPI 数据选择中国国旅股票

通过利率控制通货膨胀

当通货膨胀到一定程度，物价上涨幅度过大，居民实际资产会缩水，引起市场的不稳定，国家为控制通货膨胀将推动利率上涨，市场中的流动资金将相应减少，从而使股价下跌。

第159项　国家财政政策对股市的影响

财政政策是国家政府根据客观经济规律制定的指导财政工作、处理财政关系的一系列措施和准则的总称。财政政策的手段包括国家预算、税收、国债、财政补贴等，下面分别介绍它们对股市的影响。

◆ **国家预算**：作为政府的基本财政收支计划，能全面反映国家财力规模和平衡状态，同时也是财政政策的主要手段。国家预算的支出方向可以调节社会总供求的结构平衡，当国家预算的支出方向偏向某些行业时，此类行业的股票会上涨。

◆ **税收**：具有强制性、无偿性和固定性的特征，是国家参与社会产品分配的重要形式，同时也是调控宏观经济的重要手段。税收的增减，会直接影响到企业和个人的收入，进而影响企业的股票价格以及投资者的参与情绪。

◆ **国债**：可以调节国民收入的使用结构和产业结构，通常用于国民经济发展薄弱的部门和瓶颈产业的发展。如果一段时间内，国债发行量大且有一定吸引力，就会导致股票市场部分资金流出，影响股价走势。

◆ **财政补贴**：主要包括价格补贴、企业亏损补贴、财政贴息和外贸补贴等，是国家为了某种特定需求，将一部分财政资金无偿补助给企业或居民的一种再分配形式，受补贴的企业会有更好的盈利能力，其股票也会上涨。

◆ **财政管理体制**：是中央与地方各级政府之间，以及国家与企业事业单位之间资金管理权限和财力划分的一种根本制度，可以调节各地区、各部门之间的财力分配，这也就间接影响到了受调节的企事业单位的股票发展。

◆ **转移支付制度**：是中央财政将集中的一部分财政资金按一定的标准拨付给地方财政的一项制度，主要用于调整中央与地方之间的财力纵向不平衡。通常情况下，受到转移支付的区域的企业的股票更被看好。

财政政策对股票市场的影响是非常复杂的，也是十分深刻的，在正确分析财政政策对股市的影响时，需要把握如下所示的几个方面。

◆ 认清当前的经济形势，可以多关注有关统计资料的信息。

◆ 分析过去类似形势下政府采取的财政政策及其对股市的影响，据此预测政策倾向和可能的经济影响。

◆ 收集经济界人士对当前经济形势的看法，分析其经济观点和主张，预测政策可能采取的经济措施。

◆ 在预见财政政策的基础上，进一步分析相应的政策对经济形势的影响，结合行业分析和公司分析来选择投资的股票。

◆ 关注年度财政预算，把握财政收支总量的变化趋势，以便了解政府的财政投资重点和倾斜政策。

第160项　国家宏观调控对股市的影响

中国股市的发展存在着随机性与不确定性，这种情况下，投资股市具有一定的风险，政府为了宏观引导股市健康稳定的发展，以印花税作为重要的调控手段，因为印花税增加了投资者的成本，所以自然能成为调控市场的工具。

从中国证券市场历史来看，通常会在股价不断上涨时，调高印花税，抑制股价的暴涨；反之当股价不断下跌的时候则会下调印花税，使市场回暖。历次证券交易印花税调整对股市的影响如表 5-2 所示。

表 5-2　历次证券交易印花税调整对股市的影响

调整日期	调整幅度	首日沪指表现	股指后续表现
2008-9-19	单边征收 1‰	高开 9.06%涨 9.46%	指数短暂上涨几个交易日后继续步入下跌
2008-4-24	从 3‰下调到 1‰	高开 7.98%涨 9.29%	股价小幅上涨，经过一个月后股指触及到 3800 点后继续下跌
2007-5-30	从 1‰上调到 3‰	低开 5.69%跌 6.5%	经过近两个月震荡调整后重新步入升势，直到 10 月中旬
2005-1-23	从 2‰下调到 1‰	高开 1.91%涨 1.73%	此后一个月内现波段行情，随后继续探底，直至年中股改行情启动
2001-11-16	从 4‰下调到 2‰	高开 6.42%涨 1.57%	股市产生一波 100 多点的波段行情，11 月 16 日是这轮行情的启动点
1998-6-12	从 5‰下调到 4‰	高开 1.93%涨 2.65%	上证综指此后形成阶段性头部，调整近一年
1997-5-10	从 3‰上调到 5‰	高开 1.61%涨 2.26%	直接导致上证综指出现 200 点左右的跌幅

应用示例——"5.30 大跌"

从 2005 年下半年开始，整个股市大盘走势持续上升，为了抑制股价继续上涨，2007 年 5 月 30 日，财政部突然宣布将两市证券交易印花税从 1‰上调到 3‰，以此引发股市著名的"5.30 大跌"。不到 10 个交易日沪指由 29 日收盘的 4334 点跌至 3404 点，而且众多股票连续 3 日跌停。

如宏源证券（000562）在调整印花税当天就跌停，并且在此后的几天中连续下跌，如图 5-11 所示。

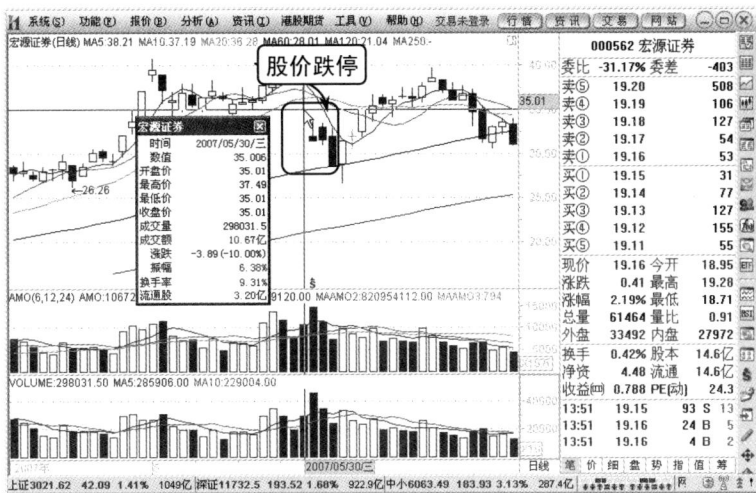

图 5-11　宏源证券（000562）的"5.30 大跌"

应用示例——"4.24 大涨"

2008 年股价持续暴跌，市场极度低迷，为了缓解股市持续暴跌的现象，财政部出手"救市"，在 4 月 24 日将印花税从 3‰下调到 1‰，引发著名的"4.24 大涨"，当日沪指暴涨 9.29%，金鹰股份（600232）在当日也以 6.88 元的价格高开，且涨幅接近涨停，如图 5-12 所示，并且在此后的十多个交易日中持续上涨。

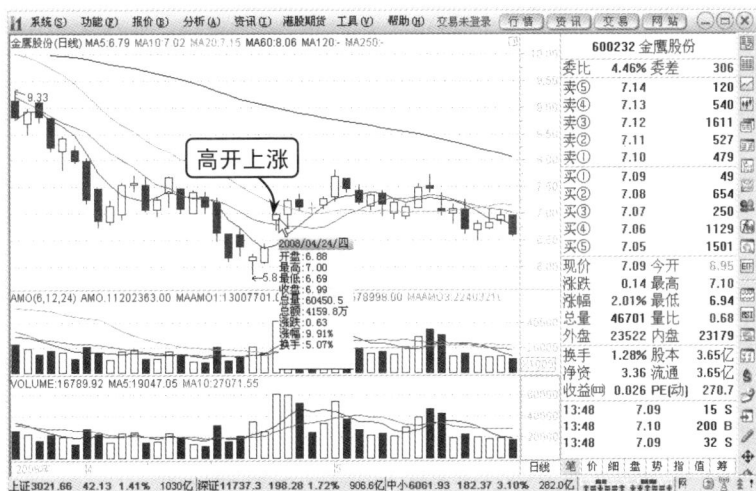

图 5-12　金鹰股份（600232）的"4.24 大涨"

获取宏观调控信息的方法

国家的宏观调控对股市的影响几乎是绝对的，并且在宏观调控之前对消息源控制非常严密，财政部甚至会有半夜开会、凌晨发布消息的举措，普通股民很难在事前得到风声，这时就需要时刻关注财经论坛与报纸，以便获得实时消息，然后及时调整选股策略。

例如在印花税下降时，及时购入优质股，然后等待几日后售出，因为印花税的调整对股市的影响通常会持续一段时间。

第161项　全球经济形势对股市的影响

全球经济形势对股市的影响主要体现在以下两方面：

◆ 在宏观经济状况良好的情形下，大部分公司有比较优良的经营业绩，股票价格有上涨的趋势。

◆ 在宏观经济状况处于低迷不振的情形下，大部分公司的经营业绩就会下滑变差，其股票价格自然会下跌。

2013 年，美国经济保持缓慢增长。虽然"财政悬崖"顺利解决，美国经济顺利逃过一劫，但是，美国的失业率仍居高不下，长期倚重虚拟经济，加之受劳动力价格以及内需市场制约，短期内提升实体经济还有个过程。

短期最大的挑战来自于就业和债务压力。低就业增长将影响消费的可持续性，财政紧缩不利于经济复苏，也可能会引发金融市场波动。中国经济和美国经济息息相关，美国经济的低迷也会影响到中国经济。

2013 年 2 月 18 日沪指见顶 2444.80 点，5 日均线和 10 日均线形成死亡交叉，一路下跌至 5 月 2 日的 2174.12 点，累计下跌 270.68 点，跌幅达 11%。至 5 月 29 日，沪指构筑了坚固的圆弧顶，顶部信号较为明确。

次日，沪指开始了一波速度较快、跌幅较大的下跌走势，以十字星和大阴线为主导，下跌角度十分陡峭。从 2324.02 点一直跌到 1849.65 点，累计下跌 474.37 点，跌幅高达 20.4%，如图 5-13 所示。

这在大盘指数里实属罕见，说明 2013 年整体趋势向下。中国持有大量美元债券，累积大量外汇储备，由于美国经济的低迷，造成联动效应，影响到了中国的进出口和外汇储备，从而影响整个经济发展。

而中国经济也处于低迷滞涨阶段，通货膨胀较为严重，流入股市的资本有所减少，从而造成股市不佳，沪指重新跌到 2009 年的低点。

若在全球经济不景气情况下进行股票市场的投资，通常可选择与经济建设有关行业如建设行业、水泥行业、造纸行业等公司。

根据经济学理论，经济萧条时政府通常会大兴土木，进行公共设施与交通运输工程建设，以便制造就业机会，避免失业人口增加等。选择这类股票可避免股价过分缩水，还能抓住大跌中的小涨时机盈利。

图 5-13　2013 年 5 月上证走势

第162项　国际国内突发重大事件对股市的影响

突发重大事件是指一些预料之外、对社会有重大影响的事件，如海啸、地震、台风等，此类事件的发生，对股票市场的影响也是非常大的，但这需要从两个方面来考虑。

任何事件都会有受益方和受害方，如果事件对于某些企业有利，那么它们的股票会有大幅上涨，如果对某些企业有害，那么它们的股票就可能下跌。下面我们根据重大突发事件是否发生在本国来讲解具体的应对措施。

如果本国发生重大突发事件时，散户按如下策略来买卖股票。

◆　若大盘处于上涨通道，尽快卖出手中股票，等行情稳定或大盘向上时再介入。

◆　若大盘处于下跌通道，最好不持有股票，如果持有则尽早抛出，等待较长时间或精选个股后介入。

和本国关系密切、利益一体的国家或地区发生重大突发事件时，此时散户需要按如下策略来买卖股票。

◆　若大盘处于上涨通道，事件发生后的一两天时间内应是做多的机会，因为股市小幅下挫继续上攻的可能性较大；如果比较保守，则可等待一两天待走势明确再决定。

◆ 若大盘处于下跌通道，最好不持有股票，如果持有则尽早抛出，等待较长时间
或精选个股后介入。

选股实战——云南地震对中国股市的影响

2014 年 8 月 3 日 16:30，云南省昭通市鲁甸县发生 6.5 级地震，至少造成 617 人
死亡，112 人失踪，3143 人受伤，108.84 万人受灾。

这一情况必然对会当地的一些企业的股价产生影响。对于当地的以生产为主的企
业来说，原材料和人力的供应都会出现问题，企业生产会受到影响，这类企业的股价
可能出现下滑。

而地震后就是灾后重建工作，这需要大量的人力、物力和财力。对于建筑类、建
材供应类以及运输类企业而言，有一定的利好因素，因此，在选择股票时要按不同的
类型来进行选择。

如图 5-14 所示为云南城投（600239）2014 年 4 月至 8 月的日 K 线图。

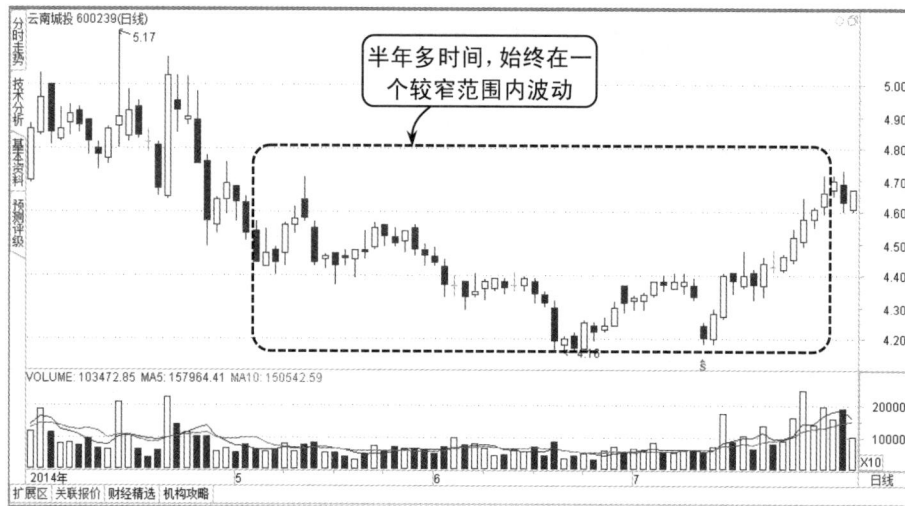

图 5-14 云南城投 2014 年 4 月至 8 月的日 K 线图

从图中可以看出，该股在这大半年时间中，始终处于一种不温不火的行情中，股
价一直在 4.20 元到 5.00 元之间波动。7 月份以后，受整个大盘回暖的影响，股价开
始逐步回升。

8 月 3 日地震发生当天为星期天，股市未开盘。8 月 4 日该股跳空高开高走，最

终以涨停价收盘，如图 5-15 所示。

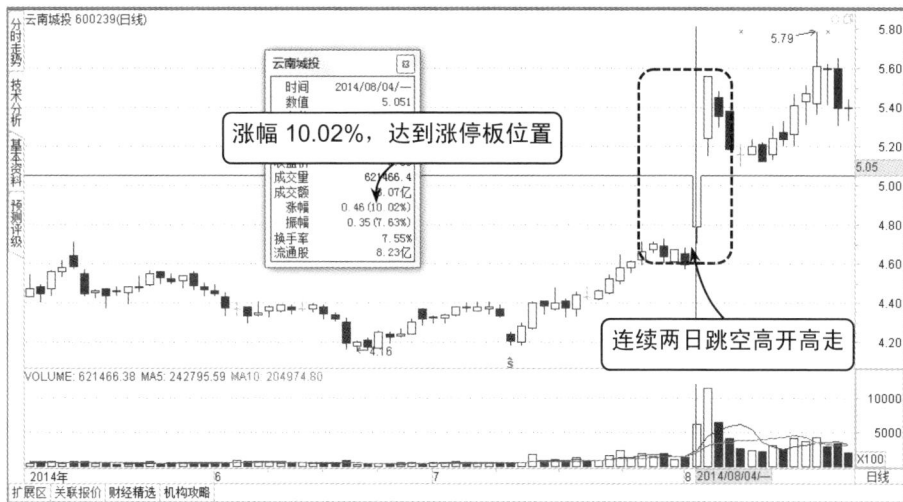

图 5-15　云南城投 2014 年 5 月至 8 月日 K 线图

从图中可以看出，不仅 8 月 4 日跳空高开高走，在 8 月 5 日也延续了前一交易日的走势，跳空高开高走，并以涨停价收盘，两天上涨 0.97 元，涨幅超过 20%。

二、股市行业的分析

虽然宏观经济因素对股市的影响很大，但在同一经济形势下，不同行业的处境对经济政策的敏感性不同，从而导致不同行业的股票受影响程度不同。

第163项　什么是行业分析

行业分析是指根据经济学原理，综合应用统计学、计量经济学等分析工具对行业经济的运行状况、产品生产、销售、消费、技术、行业竞争力、市场竞争格局、行业政策等行业要素进行深入的分析，从而发现行业运行的内在经济规律，进而进一步预测未来行业发展的趋势。

第164项　行业分析到底分析什么内容

行业分析是企业分析的基础，它主要是对上市公司的背景资料进行掌握以及对行业的经济特性进行考察，其具体的分析内容如图 5-16 所示。

图 5-16　行业分析的具体内容

第165项　我国证券市场的行业板块和地区板块

行业板块是以行业作为标准进行汇总的板块，我国的上证所和深交所将行业划分了不同的类别，如金融行业、石油行业、建筑行业等，如图 5-17 所示。根据上市公司所属行业不同，将其股票分门别类地划分到对应的行业中。此外，上市公司在一定程度上还会受区域经济的影响。由于我国各地区的经济发展极度不平衡，从而产生了不同的地区板块，如图 5-18 所示，这是我国证券市场上特有的"地区板块"。

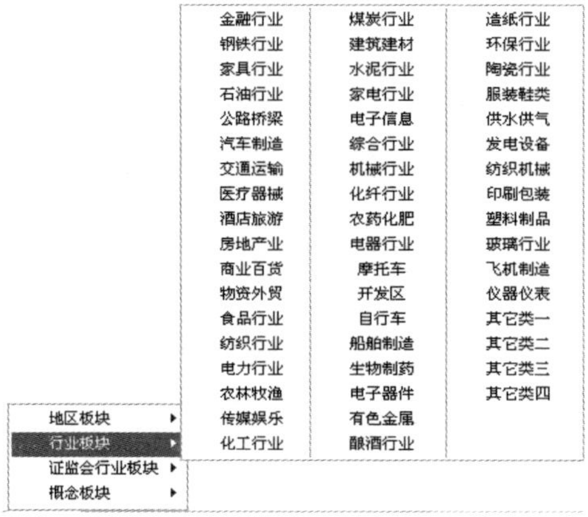

图 5-17　我国证券市场的行业板块

图 5-18　我国证券市场的地区板块

第166项　行业与板块分析在股票投资中的作用

国家在不同时期的经济政策对不同行业和不同地区的影响程度不同，通过对行业的分析，投资者可以更深入地了解行业的发展潜力和所投资企业的优势，因为很多时候，股票价格都会随着行业的发展而上涨。

板块分析在股票投资中的作用就更明显，它能协助投资者选择优股，因为国家有时候只会针对某一个地区出台政策，因此只会对该地区的股票价格产生较大的影响，对于其他地区的股票影响不大或者不产生影响。

第167项　对行业的市场结构进行分析

随着行业中企业的数量、产品的性质、价格的制定和其他一些因素的变化，行业的经济结构也在发生着变化。由于经济结构不同，可以将行业的市场结构分为完全竞争型、垄断竞争型、寡头垄断型和完全垄断型 4 种类型，其具体介绍如表 5-3 所示。

表 5-3　行业的 4 种类型的市场结构

结构类型	含义	典型行业	主要特点
完全竞争型	许多企业生产同质产品的市场情形	农产品行业	企业不能影响产品的价格；所有企业向市场提供的产品相同；生产者多，资源可以流动，进出该行业比较容易
垄断竞争型	属于不完全竞争型市场结构	轻工业行业，如食品、纺织、造纸等	企业可以制定产品的价格；每个企业都在市场上具有一定的垄断力，但它们之间又存在着激烈的竞争；进出该行业相对容易，因生产者多，产品有差异
寡头垄断型	一种由少数企业（寡头）主导市场的市场状态	重工业行业，如钢铁、汽车、石油等	企业为数不多，相互影响，相互依存；可以制定产品的价格；生产者少，进入该行业困难
完全垄断型	独家企业生产某种特质产品的情形	公用事业，如电力、供水、废物处理、污水处理、燃气供应、交通、通信等	一个行业只有一个企业，其他企业要进入该行业几乎不可能；企业对产品的价格控制程度很大

对于这 4 种类型的市场结构，按价格高低和可能获得的利润大小排列，其排列顺序为完全垄断型、寡头垄断型、垄断竞争型和完全竞争型。

一般来说，对于进出比较容易的行业而言，其产品的价格和企业利润受市场供求关系的影响比较大。而对于垄断性的行业来说，企业对产品和产品的价格控制程度很大，投资这类行业来说，获利良好。

目前中国可投资的行业有哪些

目前中国经济面临转型需求，新能源、信息技术、生物医药和创意产业等行业都有政策的扶持和推动，它们的发展空间是巨大的，也是股民们可投资的一个方向。

第168项　对行业的所属性质进行分析

社会发展的总体趋势、科技发展的方向以及政府的相关政策都会影响某个行业的兴衰，这在一定程度上影响了企业的成长和企业发行的股票的股价，从而影响投资者投资。企业所属的行业的性质对股价的影响可以从商品形态、需求形态和生产形态三方面进行分析。

(1) 从商品形态分析行业性质

根据商品形态分析行业的性质，主要是分析企业生产的产品是生产资料还是消费成品。其中，生产资料主要用于满足其他企业生产需求，而消费成品主要是满足人民的生活需求。无论哪种形态，它都会受到经济环境的影响，其具体的影响表现如图 5-19 所示。

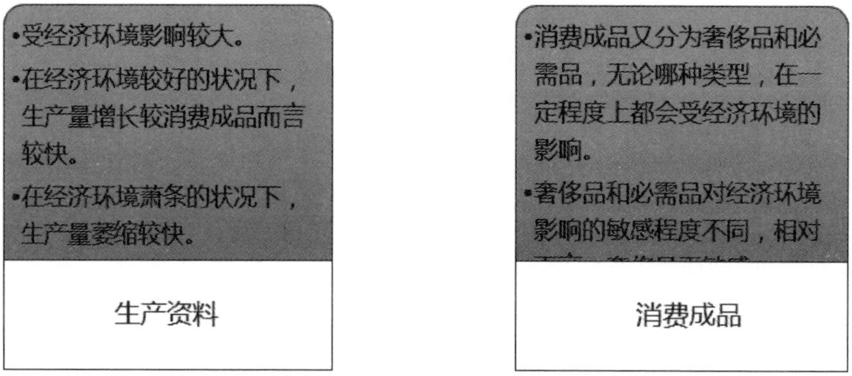

- 受经济环境影响较大。
- 在经济环境较好的状况下，生产量增长较消费成品而言较快。
- 在经济环境萧条的状况下，生产量萎缩较快。

生产资料

- 消费成品又分为奢侈品和必需品，无论哪种类型，在一定程度上都会受经济环境的影响。
- 奢侈品和必需品对经济环境影响的敏感程度不同，相对

消费成品

图 5-19　企业产品的商品形态及所受影响

（2）从需求形态分析行业性质

根据需求形态分析行业的性质，主要是对企业生产的产品的销售对象和销售范围进行分析。其对股市的影响表现如下：

◆ 销售对象不同，消费者对产品的性能和质量档次的要求不同，如果生产性能和质量档次都是顶级好的产品，销售给普通消费者，其势必会因为价格昂贵导致销量低，从而影响企业的盈利，可能会影响股价波动。

◆ 产品的销售范围不同，其受国外、国内和地方经济形势的影响不同。通常，在国外销售的产品，其受国际经济形势、国家对外经济政策等因素影响较大，在国内销售的产品受国内政治经济政策等因素影响较大。

对外开放对企业的影响

通常来说，一个国家经济越开放，受国际政治和经济形势的影响就越大，对于对外销售产品的企业而言，越容易在动荡的经济局势下发生巨大变化。

（3）从生产形态分析行业性质

根据生产形态分析行业的性质，主要是分析企业属于劳动密集型产业、资本密集型产业，还是技术密集型产业，各类型的具体含义和典型产业如图 5-20 所示。

劳动密集型	资本密集型	技术密集型
•**含义**：指进行生产主要依靠大量使用劳动力，而对技术和设备的依赖程度低的产业。	•**含义**：又称资金密集型，指产品生产过程中，单位产品成本中，资本成本与劳动成本相比所占比重较大，每个劳动者所占用的固定资本和流动资本金额较高的产业。	•**含义**：又称知识密集型产业，需用复杂先进而又尖端的科学技术才能支撑的生产部门和服务部门。
•**典型产业**：农业、林业、轻纺工业、手工业和服务业以及纺织、服装、玩具、皮革、家具等制造业。	•**典型产业**：冶金工业、一般电子与通信设备制造业、运输设备制造业、石油化工业、重型机械工业、电力工业等。	•**典型产业**：电子计算机工业，飞机和宇宙航天工业，原子能工业，大规模和超大规模集成电路工业，精密机床、数控机床、防止污染设施制造等高级组装工业，高级医疗器械、电子乐器制造等。

图 5-20 企业的 3 种生产形态

随着社会生产力的发展和科学技术在生产中的广泛应用，劳动密集型产业和资本密集型产业也在逐步向技术密集型产业转化。不同类型的企业，其在产品的生产力和竞争力上有所不同，这将影响企业产品的销售和盈利水平，从而使投资受到影响。

第169项　对行业的生命周期进行分析

行业的生命周期指行业从出现到完全退出社会经济活动所经历的时间。其主要包括 4 个发展阶段：幼稚期、成长期、成熟期、衰退期，如图 5-21 所示。

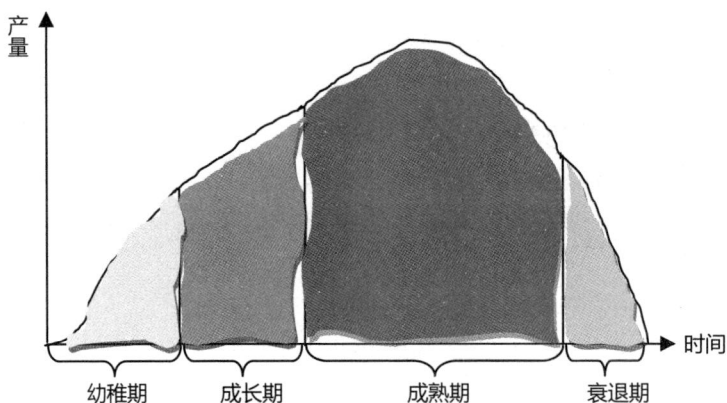

图 5-21　行业生命周期

虽然行业很多，但是各个行业在其生命周期中所具有的特征是相似的，各个发展阶段具体的特征如表 5-4 所示。

表 5-4　行业发展不同阶段的特征

发展阶段	企业数量	企业获利情况	投资风险
行业幼稚期	相对较少	较低或亏损	相对较高
行业成长期	逐步增多	逐渐上涨	相对较高
行业成熟期	逐步减少	变化不大	逐步减小
行业衰退期	相对较少	减小或亏损	相对较高

行业都是随着生产技术的日趋成熟、市场需求量的不断扩大、成本的不断降低、利润的不断上升而不断成长，并逐步转入成熟期的，这需要一个长时间的变化过程，

为了减小投资风险，投资者最好还是在行业成熟期时进行投资。

第170项　经济周期对行业的影响

经济周期也称商业周期或者景气循环，它是指经济运行中周期性出现的经济扩张与经济紧缩交替更迭、循环往复的一种现象，它可以分为繁荣、衰退、萧条和复苏4个阶段，如图5-22所示。对于不同类型的行业，其受经济周期的影响程度也不同。

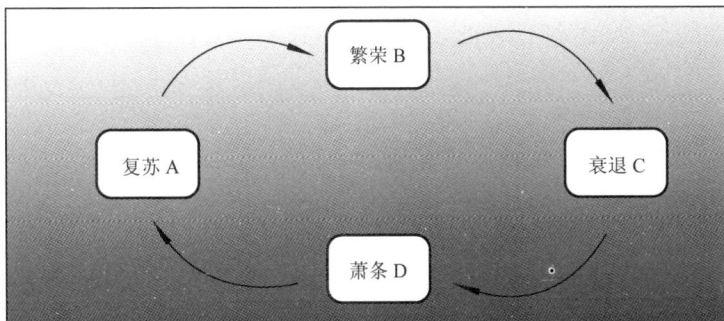

图 5-22　经济周期的4个阶段

(1) 经济周期对增长型行业的影响

对于增长型行业的企业来说，其发展的好坏与经济活动总水平的周期及振幅无关。因为这些行业主要依靠技术的进步、新产品推出及更优质的服务，从而使其经常呈现出增长态势，其收入增长的速率相对于经济周期的变动来说，并未出现同步影响。

在过去的几十年内，计算机行业和复印机行业表现出这种态势。投资者对高增长的行业十分感兴趣，主要是因为这些行业对经济周期性波动来说，提供了一种财富"套期保值"的手段。由于这些增长型股票的价格不会随着经济周期的变化而变化，因此投资者难以把握精确的购买时机。

什么是增长型行业和增长型股票

增长型行业也称进攻性行业，主要是指具有较大的风险，但也有较大的收益的行业，该行业对应的股票叫增长型股票，例如计算机应用服务、网络传媒都属于增长型股票。

（2）经济周期对周期型行业的影响

对于周期型行业来说，其行业的发展与经济周期的运动状态有着直接的联系，即其产品价格、需求以及产能呈现周期性的变化。

当行业景气度高峰期来临时，产品需求上升，企业的利润也随着上涨，股市活跃。当经济衰退时，这些行业也相应衰落，股市低迷。

什么是周期型股票

属于周期型行业的企业所发行的股票就称之为周期型股票，如汽车、钢铁、房地产、有色金属、石油化工等都属于周期型股票。

（3）经济周期对防御性行业的影响

与经济周期无关的行业即为防御型行业，这类行业的企业主要是因为其产业的产品需求相对稳定而不受经济周期处于衰退阶段的影响，对其投资便属于收入投资，而非资本利得投资。

有时候，当经济衰退时，防御型行业或许会有实际增长。例如，食品业和公用事业属于防御型行业，因为需求弹性较小，所以这些公司的收入相对稳定，对其进行投资不容易造成损失。

什么是防御型股票

属于防御型行业的企业所发行的股票就称之为防御型股票，如食品业、交通设施、供水和供气等公用设施等都属于防御型股票。

三、上市公司及其财务状况的分析

在基本面分析中，宏观因素和行业分析是股市的外在因素分析，对于某只股的好坏判断还应对上市公司的行业地位、销售状况、技术水平、财务状况进行分析。只有全面地对企业进行分析，才能最大程度减少投资风险。

第171项　对上市公司的品牌进行分析

品牌是企业一切无形资产总和的浓缩，是一种可增值的资产，增值的源泉来自于消费者心中形成的印象，也就是说品牌是由消费者认同所产生的企业的无形价值，而品牌的拥有者可以凭借品牌的优势不断获取利益。

同等质量、效果的商品，一流的品牌可赋予它更高的价值，例如同地段同面积的住房，知名房产公司的单价一定会超过不知名开发商，如图 5-23 所示。

开发商知名度	开发商名称
★★★★★	A 开发商
★★★	B 开发商
★	C 开发商

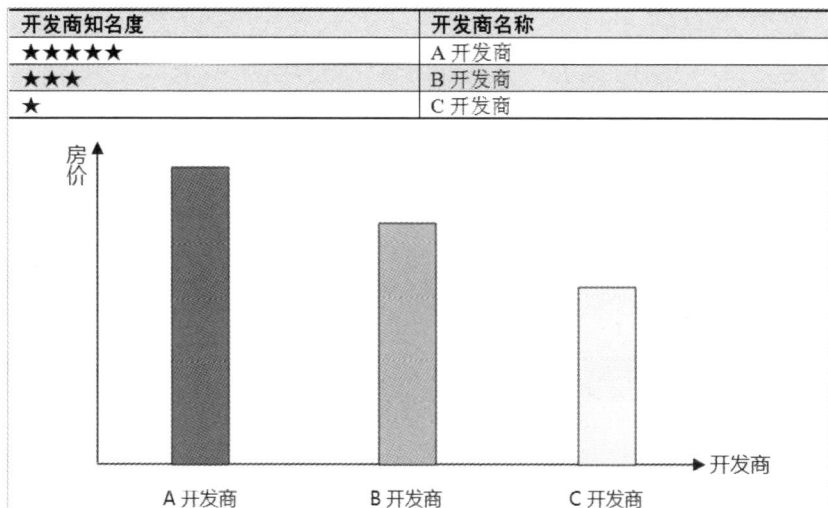

图 5-23　品牌效应图示

一个品牌一旦拥有广大的忠诚顾客，其生命周期可随着产品的更替经久不变，即使其产品已历经改良和替换，也能长期保持行业内的领导地位。

不能单一地通过品牌选股

在选股时，选择具有竞争优势品牌所属的股票，有利于在一定程度上为自己的投资找到正确的方向。当然，我们不能简单地认为开发自有品牌一定能够使企业成功经营，股票持续大涨。只有顶端的、成功运营的品牌，才能提升企业的竞争优势。

应用示例——股票的品牌效应

2016 年 3 月 21 日，WPP 和华通明略公司发布第六届 BrandZ 最具价值中国品牌 100 强年度排名。最新排名结果显示，尽管中国经济增速趋缓，中国最具价值 100 强企业的品牌总价值年度同比增长了 13%，达到 5256 亿美元。但凡上榜的企业的股票，都是非常具有投资价值的股票，在大盘走势良好的情况下，投资这些企业可以获得更多的利润。

例如，茅台以 11.507 百亿美元的价值在此次的排行榜中排名第 13 位，下面观察贵州茅台（600519）在 2016 年 3 月至 2017 年 2 月的 K 线图，如图 5-24 所示。

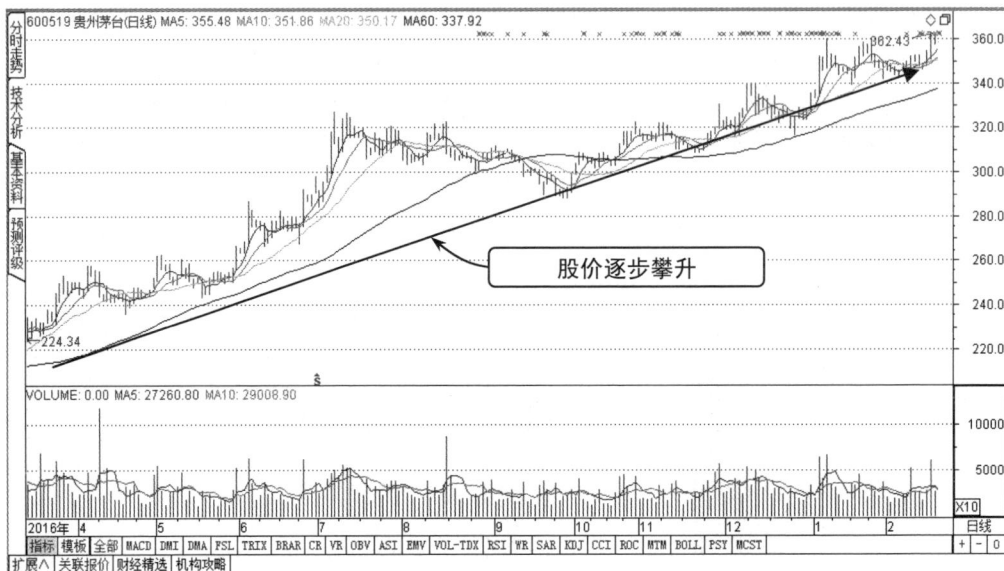

图 5-24　贵州茅台（600519）在 2016 年 3 月至 2017 年 2 月的 K 线图

从图中可以看到，该股在这段时间内呈现稳步上涨的走势，整个涨幅也是非常惊人的，从 2016 年 3 月底的 230 元附近最高上涨到 362.69 元，上涨了 132.69 元，涨幅超过 57%。

第172项　对上市公司的竞争地位进行分析

在市场竞争激烈的环境下，都是遵循优胜劣汰的规律，因此，公司在行业中的地位是上市公司分析的首要内容。在行业中，如果公司无竞争优势，其注定要随着时间的推移逐渐萎缩及至消亡。

只有确立了竞争优势，并且不断通过技术更新和管理提高来保持这种竞争优势的公司，才有长期存在并发展壮大的机会，也只有这样的公司才有长期投资价值。

（1）通过经济指标判断竞争力

公司在同行中的竞争地位的强弱，还可以通过经济指标来对其进行判断，分别是年销售额、年销售额增长率和年销售额稳定性，如图 5-25 所示。

年销售额	年销售额增长率	年销售额稳定性
•年销售额是公司销售额占全行业销售额度的比例，其大小是衡量一个公司在同行业中相对竞争地位高低的一项重要指标。 •一般来讲，在同行业的激烈竞争中，公司的销售额越大，则盈利水平越高，在一定程度上也表明公司更有竞争力。	•除了投资品牌很好的公司以外，对于有相当规模，年销售额增长率高的公司而言，也具有一定的投资机会。 •公司年销售额增长快，其股票的股价也会不断提高，股息不断增加，达到投资者进行股票投资的预期利益。	•稳定的年销售额，使公司的盈利状态也比较稳定，能使股东得到的股息和红利相对稳定，对于长期投资者而言有着很大的好处。 •如果年销售额动荡太大，会对公司的经营管理带来很大的影响。

图 5-25　衡量公司竞争地位强弱的经济指标

（2）通过产品质量判断竞争力

公司的产品可以是有形的实物产品，也可以是无形的服务或其他，产品是公司生存发展的根本，产品竞争力越强的公司，其发展也会更好，其股票的投资价值也就越高。产品竞争力的分析可以从产品成本、技术、质量、市场占有率和品牌战略这5个方面进行。

◆　**成本优势**：指公司的产品依靠低成本获得高于同行业其他公司的盈利能力，在某些行业中，成本优势是决定竞争优势的关键因素。

◆　**技术优势**：指公司拥有的比同行业其他竞争对手更强的技术实力及研究与开发新产品的能力，主要体现在生产的技术水平和产品的技术含量上。

◆　**质量优势**：指公司产品以高于其他公司同类产品的质量赢得市场，从而取得竞争优势，产品的质量始终是影响消费者购买倾向的一个重要因素。

◆　**市场占有率**：衡量公司产品竞争力的一个重要方面，可从公司产品销售市场的地域分布和同类产品在同一地域的占有情况来分析。

◆　**品牌战略**：品牌不仅是一种产品的标识，也是产品质量、性能、满足消费者效用的可靠程度的综合体现，品牌竞争是产品竞争的深化和延伸。

（3）其他判断方式

此外，重要的资源优势、处于具有重要竞争价值的地位、占有较多的市场份额、开拓型战略思想、拥有庞大的客户群、在细分市场上具有吸引力、非大众化的优质产品、丰厚利润率、较强的技术和革新能力、优秀的管理层以及利用新兴市场的能力等，这些都是判断一个企业是否具有竞争地位的标志。

通过这些判断方式，我们可以选择质量、信誉、售后都较好的，在行业内部具有竞争地位的企业进行投资。

例如，在家电产业中可看到中国青岛的海尔集团是一家大型企业，在世界同行业中处于技术领先水平，可以说是中国最具价值的品牌之一。

在国内来看，海尔集团是最具世界竞争力的企业，连续多年名列中国企业500强前30位，在欧美、中东、日本等国家和地区都有子公司或销售网点。

通过竞争力的分析，可得出该企业值得投资，也就是说，可在适当的时机购入其股票。

注意选股时的竞争力骗局

通常上市公司在报表等文件中都会尽可能突出、美化本企业的竞争力，而掩盖其劣势，若只注意竞争力表象，可能会进行错误的投资。例如，有的公司会突出本企业的产品工艺和市场份额，但对于公司产品价格的下跌却回避描述，而公司上市后，业绩的下滑会导致股价下跌，以致投资者投资失利。

第173项　对上市公司的技术水平进行分析

在决定公司竞争地位的因素当中，公司的技术水平是首要因素，对公司技术水平的评估分为硬件部分和软件部分两大类，其具体评估的内容如下：

◆ **硬件部分**：考察机械设备的水平、单机或成套设备的装置、企业设备装置的核心技术等。

◆ **软件部分**：考察生产工艺技术、工业产权和专利设备制造技术、经营管理技术，企业的生产能力和生产规模以及企业扩大再生产能力如何带来经济效益等。

从投资者的角度而言，对公司技术水平的考察有着非常重要的意义，因为公司只有不断提高技术水平，研发新产品，提高盈利水平，才能在行业中站住脚。但是新产品新技术的研发对股价产生的影响可能是上涨，也可能是下跌。通常，从新技术开发到引起股价变化都需要经历两个过程，如下所示。

◆ **新技术新产品消息传出前后**：公司在公布研发的新技术新产品消息前后，其公司的股票都将成为投资者的投资热点，从而在一段时间之内股票价格都会上涨。

◆ **新技术新产品普及过程中**：如果新技术新产品在普及的过程中能在市场上广泛推广，引起公司盈利水平提高，则会推动股价继续上涨，如图 5-26 所示。如果新技术新产品在普及的过程中销售不理想，不能引起公司盈利水平的提高，则股价会下跌，如图 5-27 所示。

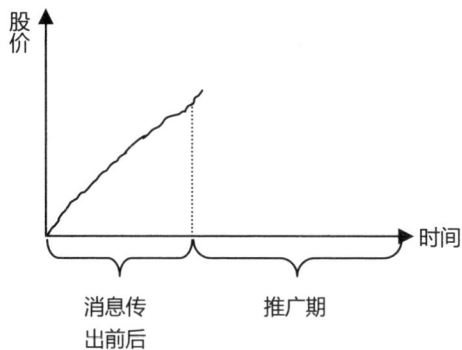

图 5-26 推广业绩好时股价变化示意图

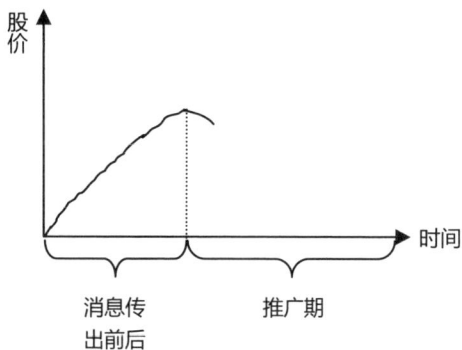

图 5-27 推广业绩差时股价变化示意图

对企业的技术人员的考察

一个企业的硬件水平和软件水平达到了一定的高度，如果没有掌握技术的高级人才、专业技术人员和研发人员，企业在整个行业中的竞争力也会比较弱，因此考察高级技术人才、专业技术人员和研发人员在企业员工总人数中的占比，也是一项十分重要的考察项目。

第174项 上市公司财务分析的具体内容包括哪些

股票的实际价值与公司的经营业绩紧密相关，分析上市公司的财务状况是最直接、最有效的判断股票优劣的方法。因此，分析和研究财务统计报表显得尤为重要。其具体分析的内容包括收益性分析、安全性分析、成长性分析和周转性分析四个方面，如图 5-28 所示。

收益性——公司盈利能力的分析

- 由于决定股息多少和股价走势的根本因素是公司利润的高低和利润额的大小，公司的获利情况如何，是衡量公司有无活力、经济效益优劣的标志，也是投资者选择投资该公司股票的主要依据。

安全性——公司偿债能力的分析

- 投资者的投资风险有很大一部分来自于公司的偿债能力，当公司因资不抵债而宣告破产时，投资者就可能血本无归。因此投资者应加强对公司流动性状况及资本结构的分析，当其偿债能力下降时，及时做出决策以转移风险。

成长性——公司扩展经营能力的分析

- 公司的成长性也就是其扩展经营的能力。因为投资者的投资都期望得到丰厚的利润回报，不能看中短期的效益，而应注重公司未来的发展前景。若公司能合理将盈利转化为资本，成长速度快、潜力大，则公司股票升值速度也快。

周期性——公司经营效率的分析

- 公司资金的周转性可通过分析财务报表中各项资金和资产周转速度的快慢反映出来。若资金周转速度快，说明资金利用率高，公司结构协调，管理方法得当，经营顺畅，购买其股票可获得较大利益。

图 5-28 财务分析的主要内容

第175项 对上市公司的盈利能力进行分析

投资者投资公司的主要目的是为了盈利，因此在购买股票之前，首先要对公司的盈利能力进行分析，在全面了解公司的财务资料、业务资料、投资项目、市场状况后，找到公司股票的合理价位后才进行投资。

对上市公司的盈利能力的分析可以从公司公告的招股说明书、上市公告书、定期报告和临时公告中进行要点分析，综合判断公司的盈利能力，如下所示。

◆ **通过招股说明书分析公司盈利能力**：通过招股说明书的销售利润率、资产收益率、股东权益收益率、主营业务利润率、经营风险、市场风险、行业风险、政策风险、股市风险等要点对企业的盈利能力做一个定性的分析。

◆ **通过上市公告书分析公司盈利能力**：上市公告书中会展示公司成立以来或者最近 3 年的经营业绩和财务状况以及下一年的盈利预测，投资者特别需要注意公告书中的盈利预测的数据是否符合企业正常发展的速度。

◆ **通过定期报告分析公司盈利能力**：定期报告中最重要的一部分即是财务数据，对财务数据的分析越具体、越深入，投资者对企业股价的变化趋势预测得就越准确。

◆ **通过临时公告分析公司盈利能力**：临时公告中会将企业的一些重大事项和收购信息进行公布，这些信息都将影响到公司股价的变化。特别是股份变动公告和配股说明书，其影响股价的程度非常大，投资者要特别关注。

第176项 财务分析的比较分析法

所谓财务分析的比较分析法就是指利用横向比较、纵向比较和标准比较3种方式对公司的经营状况和地位进行判定，其具体的分析内容如下所示：

◆ **横向比较**：根据某公司连续数期的财务报表，对其中的同一项目或同一比率的数值进行比较，从而判断公司未来的经营状况和发展前景。

◆ **纵向比较**：将财务报表中各具体项目数据与某基本项目数据进行对比，以判断其中某一项目与基本项目的关系或该项目在报表中的地位变化走势。

◆ **标准比较**：选择一个既定的标准数据，将报表中各会计项目数据与该数据进行对比，用以考察上市公司的各项指标是否已达到或超过社会平均水平。

第177项 财务分析的差额分析法

差额分析法也称绝对分析法，它是投资者进行财务分析的方法之一，该方法主要是根据数字之间的差额大小进行财务分析。

差额分析法通过分析财务报表中有关科目绝对数值的大小差额，据以判断公司的财务状况和经营业绩。在差额分析法中，其具体的数据的含义、计算公式和作用如表5-5所示。

差额分析法的局限性

差额分析法有很大的局限性，它不能确定计算的数据结果的大小在什么时候是最合适的，如营运资金不是越多越好，因此，在进行财务分析时需要多种分析法综合应用，才能达到财务分析的目的。

表 5-5　差额分析法分析的数据

数据	含义	计算公式	作用
净值	又称账面价值，是股东权益的会计反映（是股票所对应的公司当年自有资金价值）	净值=公司资本金+法定公积金+资本公积金+特别公积金+累积盈余-累积亏损	反映公司的经营状况，净值高，公司经营财务状况就好，股东享有的权益就多，股票未来获利能力就强，市值会上升
营运资金	又称总营运资本，是指一个企业投放在流动资产上的资金	营运资金=流动资产-流动负债=（长期负债+所有者权益）-非主流资产	反映偿还短期债务的能力，营运资金越多，说明不能偿还的风险越小
速动资产	可以迅速转换成为现金或已属于现金形式的资产	速动资产=货币资金+短期投资+应收账款+其他应收款+应收票据	反映公司的偿还能力，速动资产越多说明公司偿还流动负债的能力越强
销售毛利	当一个商品有销售时，销售毛利就是移动平均成本和售价之间的差异	销售毛利=销售收入-销售成本	
营业纯利	除去各种杂费后的利润	营业纯利=销售毛利-营业费用=销售收入-（销售成本+营业费用）	反映公司的盈利状况，数值越大，表示公司盈利越多
税前利润	指在所得税完税前的利润	税前利润=营业纯利+营业外收入-营业外支出	
税后利润	扣除所得税后的总利润，也称净收益	税后利润=税前利润-所得税	

第178项　财务分析的比率分析法

比率分析法主要是对公司的经营活动以及公司目前和历史状况进行分析和评价，该方法主要以同一期财务报表上若干重要项目的相关数据相互比较，求出比率。由于公司的经营活动错综复杂而又相互联系，因而比率分析所用的比率种类很多。对于股票投资者而言，可以从收益性、安全性、成长性和周转性4个方面对比率数据进行计算和分析，其具体的数据计算和作用如表5-6所示。

比率分析的局限性

由于比率分析属于静态分析，对于预测未来并非绝对合理可靠。比率分析所使用的数据为账面价值，难以反映物价的影响，因此其也具有一定的局限性。

表 5-6　比率分析法分析的数据

类型	数据	含义	计算公式	作用
收益性	资产报酬率	也称投资盈利率，指公司资产总额中平均每 100 元能获得的纯利润	资产报酬率=税后盈利/平均资产总额×100%	衡量运用所有投资资源所获经营成效的指标。比率越高，则表明公司善于运用资产，该值原则上是不能低于银行利息
	资本报酬率	也称股东权益报酬率，是指公司税后利润与资本总额的比率	资本报酬率=税后利润/股东权益×100%	衡量公司运用所有资本所获得经营成效的指标，比率越高，表明公司资本的利用效率越高
	每股净资产	是指股东权益与总股数的比率	每股净资产=股东权益/总股数	反映每股股票所拥有的资产现值。每股净资产越高，股东拥有的资产现值越多
	资产收益率	也称资产回报率，是用来衡量每单位资产创造的净利润的指标	资产收益率=净利润/平均资产总额×100%	衡量每单位资产创造多少净利润的指标，该指标高，说明企业在增加收入和节约资金使用等方面取得了良好的效果
安全性	流动比率	也称营运资金比率，通常将流动比率与营运资金结合起来分析，有助于观察公司未来的偿债能力	流动比率=流动资产/流动负债	衡量公司短期偿债能力最通用的指标，比率越大，表明公司短期偿债能力越强，并表明公司有充足的营运资金
	速动比率	也称酸性测验比率，通过分析速动比率，可以测知公司在极短时间内取得现金偿还短期债务的能力	速动比率=速动资产/流动负债	衡量公司到期清算能力的指标，一般认为，速动比率最低限为 0.5:1，如果保持在 1:1，则流动负债的安全性较有保障
	资产负债率	资产负债率也叫举债经营比率，是负债总额除以资产总额的百分比	资产负债率=负债总额/资产总额×100%	衡量企业清算时保护债权人利益的程度，对投资者而言，资产负债率越低，则债权人越有保障，贷款风险越小
	股东权益比率	也称产权比率，是负债总额与股东权益总额之比率	产权比率=负债总额/股东权益×100%	反映企业基本财务结构是否稳定，比率高，则是高风险、高报酬的财务结构
成长性	利润留存率	又称留存利润率。指公司税后盈利减去应发现金股利的总额和税后盈利的比率	利润留存率=（税后利润-应发股利）/税后利润×100%	比率越高，表明公司越重视发展的后劲，不致因分发股利过多而影响公司未来的发展

类型	数据	含义	计算公式	作用
周转性	存货周转率	指销售成本与商品存货之间的比率	存货周转率=销售成本/平均商品存货	衡量公司销货能力强弱和存货是否过多或短缺的指标。比率越高，存货周转速度越快，公司控制存货能力越强，利润率越大，营运资金投资于存货上的金额越小
	应收账款周转率	指销售收入与平均应收账款之间的比率	应收账款周转率=销售收入/平均应收账款	衡量公司应收账款金额是否合理以及收款效率高低，周转率越高，每周转一次所需天数越短，公司收账越快，应收账款中包含旧账及无价的账项越小
	总资产周转率	指销售收入与资产总额之间的比率	总资产周转率=销售收入/资产总额	衡量公司总资产是否得到充分利用的指标。周转速度越快，意味着总资产利用效率高

第179项　如何识别上市公司的经营信号

对一个公司进行投资，就需要常常关注其经营状况，一般情况下，投资者可以通过利润质量来识别上市公司的经营信号，其具体内容如下：

◆　**毛利百分比**：如果企业的毛利百分比下降，说明价格竞争可能正在影响公司的经营，公司的成本可能失去了控制或者公司的产品组合可能正在发生变化。

◆　**应收账款**：如果应收账款的增长与往年的增长不一致，则说明公司可能正在使用信贷措施来创造销售，此时投资该公司的风险比较高。

◆　**公司借款**：如果公司借款异常增加，则说明公司内部活动资金有困难，不得不向外增加借款。

◆　**存货周转率**：如果公司的存货周转率降低了，说明公司在销售、存货或者生产能力方面存在了一定的问题。

什么是利润质量

利润质量是指企业利润的形成过程以及利润结果的合规性、效益性及公允性。高质量的企业利润不仅表现为资产运转状况良好，业务具有较好的市场发展前景，企业有良好的购买能力、偿债能力、交纳税金及支付股利的能力，还能够为企业未来的发展奠定良好的资产基础。

第180项　怎样阅读上市公司的财务报表

在股票市场中，企业的经营状况是决定其股价的长期的、重要的因素，而企业的经营状况，则通过财务报表反映。对于财务知识薄弱的投资者来说，分析这些数据显得非常枯燥、烦琐，因此这类投资者只需对比几项关键指标即可，如图 5-29 所示。

查看主要数据
- **主营业务同比指标**：该指标是衡量企业成长性的重要指标。同比增长超过20%，表示公司成长良好；同比减少超过20%，表示公司状态开始下滑。
- **净利润同比指标**：与主营业务同比指标相同，可作为重点观察对象。
- **查看合并利润及利润分配表**：合并查看前两个指标，如果都增长则公司为好公司，值得投资。如果净利润增长，主营业务收入出现滑坡，说明公司收入来源于其他业务，此时就需要判断收入来源的发展前景。如果前景不好，说明公司经营开始走下坡路，投资者需要谨慎考虑。
- **市盈率**：在同行、同类型的公司中进行对比，市盈率越低，越值得投资。

查看重大事项说明
- 通常公司发布的重大事项，投资者都应该引起特别注意，应该认真分析其是否会对公司的利润产生影响，从而决定买卖股票。

查看股东分布情况
- 根据股东的性质不同，公司的股东可以是国有法人、境内非国有法人、个人大户等，如果个人大户比较多，股票的炒作气氛就比较浓。

查看董事会高管的持股数量
- 如果董事会高管的持股数量比较多，公司的业绩一般都比较好，因为公司业绩的好坏直接影响其利益。

图 5-29　怎样阅读上市公司的财务报表

第6章

找准股票买卖时机——K 线与缺口的分析

股票的基本面分析，主要是对股票整个变化趋势进行定性的分析，它只是判断一个趋势，如果要对股票进行更精确的判断，找准股票的买卖时机，就需要对股票进行技术分析。

- ◇ 什么是技术分析
- ◇ 什么是 K 线
- ◇ 如何看 K 线图
- ◇ 如何判断行情的见底信号
- ◇ 如何判断行情的上涨趋势
- ◇ 什么是缺口
- ◇ 通过接近缺口判断股价买卖时机

- ◇ 技术分析与基本分析的区别
- ◇ K线的类型有哪些
- ◇ K线图有什么作用
- ◇ 如何判断行情的见顶信号
- ◇ 如何判断行情的下跌趋势
- ◇ 通过突破缺口分析股价的涨跌趋势
- ◇ 如何判断竭尽缺口

一、了解技术分析基础

技术分析是相对于基本分析而言的，它也是对股价趋势变化进行分析的一种手段，是投资者进行股票投资需要掌握的重要知识。

第181项　什么是技术分析

技术分析是指以市场行为为研究对象，以判断市场趋势并跟随趋势的周期性变化来进行股票及一切金融衍生物交易决策的方法的总和。它是从股票的成交量、价格、达到这些价格和成交量所用的时间、价格波动的空间等方面对股价走势进行分析并预测未来走势，其分析的理论基础有 3 点，具体内容如图 6-1 所示。

市场行为包容消化一切

• 政治因素、心理因素等影响价格的因素最终都要通过买卖反映在价格中，这是技术分析的基础。

• 价格变化反映供求关系，供求关系决定价格变化。

价格以趋势方式演变

• 对于已经形成的趋势来讲，通常是沿现存趋势继续演变。

• 价格以趋势的方式演变是技术分析的核心。

历史会重演

• 技术分析和市场行为学与人类心理学有一定关系，价格形态通过特定的图反映示了人们对某市场看好或看淡的心理。

• 直白地讲，历史会重演的意思是：将来都是过去的翻版。

图 6-1　技术分析的理论基础

为什么无论股价有多高或者多低，都有投资者购买

投资者之所以要以一定的价格购买某只股票，是因为他相信有人将以更高的价格向他购买这只股票。至于股价的高低并不重要，精明的投资者无须去计算股票的内在价值，他只要在股价达到最高点之前买进股票，而在股价达到最高点之后将其卖出即可。

第182项　技术分析与基本分析有什么区别

对股市的分析既有技术分析，也有基本分析，其分析的侧重点和具体内容是不同的，如图6-2所示。

基本分析	技术分析
• **目的**：判断股票现行股价的价位是否合理并描绘出其长远的发展空间。 • **作用**：让投资者了解应购买何种股票。 • **适用**：在预测较长期趋势方面优于技术分析。 • **分析面**：着重于对一般经济情况以及各个公司的经营管理状况、行业动态等因素进行分析，以此来研究股票的价值，衡量股价的高低。	• **目的**：主要是预测短期内股价涨跌的趋势。 • **作用**：让投资者把握具体买卖的时机。 • **适用**：注重短期分析，在预测旧趋势结束和新趋势开始方面优于基本分析法。 • **分析面**：透过图表或技术指标的记录，研究市场过去及现在的行为反应，以推测未来价格的变动趋势。

图 6-2　技术分析与基本分析的区别

技术分析与基本分析相结合

由于技术分析和基本分析存在很大区别，因此，大多数成功的股票投资者都是将二者结合起来使用，以基本分析选择购买哪只股票，估计较长期趋势，而用技术分析判断股价短期走势和确定买卖的时机。

第183项　技术分析方法的两个基本工具

股票投资的技术分析有两个基本分析工具，分别是线形图和K线图。

(1) 线形图

线形图是一种在分析股价的各种图形中最简单且应用最广泛的股价走势图，通过它可以直观地查看某段时间内股价的变动和成交量的变化情况。

线形图是一个二维坐标结构，横坐标表示股票交易时间，纵坐标有两部分，上半部分表示股票的成交价格，下半部分表示股票的成交量，如图6-3所示。

图 6-3　线形图示意图

从图 6-3 可以看出：股票在 10 点时，股价为 7.62 元/股，共成交 1176 手；股票在 11 点时，股价为 7.68 元/股，共成交 1283 手。

在实战中，股票的线型图并没有直接将坐标轴名称和坐标轴方向标识出来，如图 6-4 所示，分别为个股〔同力水泥（000885）〕和大盘〔上证指数（999999）〕的线形图。

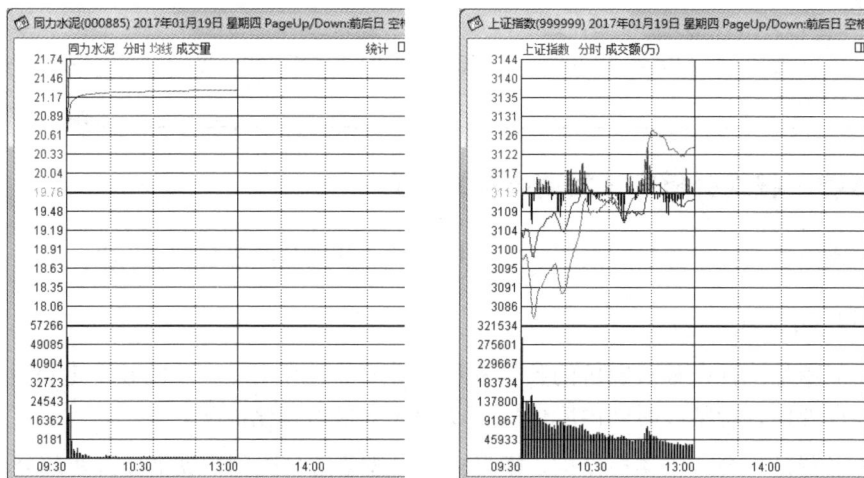

图 6-4　实战中的线形图

（2）K线图

K线图又称蜡烛图、日本线、阴阳线或棒线，是股市中经常使用的一种图形，其具体的知识将在本章的第二部分进行详细讲解。

二、短线投资者如何分析股市变化趋势

对于短线投资者而言，基本面分析基本上没有什么帮助，此时只能使用技术分析中的K线图来预测股价的变化趋势。

第184项　什么是K线图

K线图源于日本，当时被日本米市的商人用来记录米市的行情与价格波动，后因其细腻独到的标画方式而被引入到股市及期货市场，用以研究股市走势。

K线图是由每只股票当日的开盘价、收盘价、最高价和最低价4项数据绘制而成，根据对比收盘价与开盘价的高低，可以将K线划分为阳线和阴线，如图6-5所示。

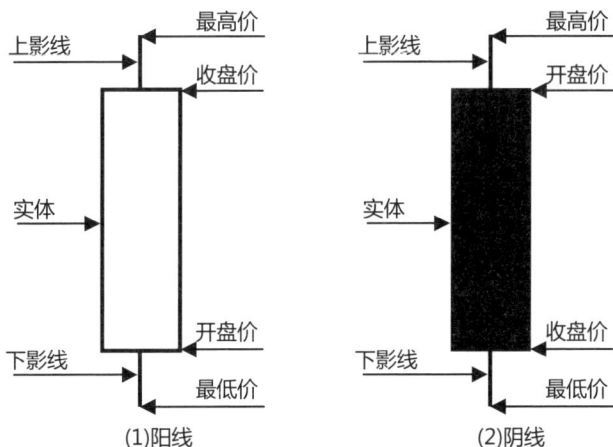

图 6-5　阳线和阴线

什么是上影线和下影线

从实体向上延伸的细线叫上影线，产生上影线的原因是空方力量大于多方而造成的。股票开盘后，多方上攻无力，遭到空方打压，股价由高点回落，形成上影线。

从实体向下延伸的细线叫下影线，产生下影线的原因是多方力量大于空方力量而形成的。股票开盘后，股价由于空方的打压一度下落，但由于买盘旺盛，使股价回升，收于低点之上，产生下影线。

第185项　K 线的类型有哪些

为了满足不同的需要，K 线图又可以细分为：5 分钟 K 线图、15 分钟 K 线图、30 分钟 K 线图、60 分钟 K 线图、日 K 线图、周 K 线图、月 K 线图、季 K 线图和年 K 线图等。

不同类型的 K 线图，其间隔时间不同。图 6-6 所示为美丽生态（000010）2017 年 1 月 18 日的 5 分钟 K 线图，即 K 线之间的时间间隔为 5 分钟。

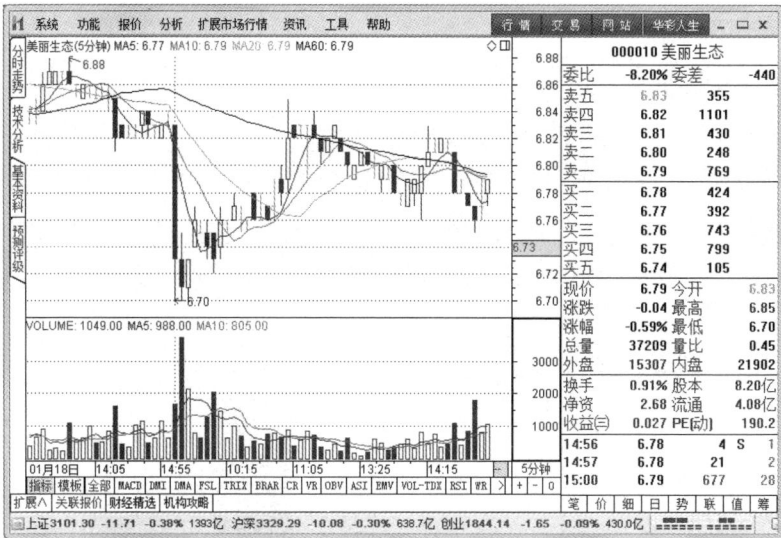

图 6-6　美丽生态（000010）的 5 分钟 K 线图

如何选择合适的 K 线图

对于不同的投资者而言，应选择合适的 K 线图来分析股价变动情况。通常，中长线投资者可以选择周 K 线、月 K 线、年 K 线等时间间隔较长的 K 线图类型，而短期投资者由于是在短时间内买卖股票，从而获得差价利润，因此可以选择不同的分钟 K 线图或者日 K 线图。

第186项　如何看 K 线图

K 线图能充分显示股价趋势的强弱、买卖双方力量平衡的变化，预测后市走向，K 线如何反映这些信息呢？投资者可以从 3 个方面看 K 线图，其具体内容如图 6-7 所示。

一看阴阳

- K线的阴阳代表趋势方向，阳线表示将继续上涨，阴线表示将继续下跌。
- 以阳线为例，在经过一段时间的多空拼搏，收盘价高于开盘价，表明股市被看好，因此阳线预计下一阶段股价仍将继续上涨，最起码能保证下一阶段初期能惯性上冲。

二看实体大小

- K线的实体大小代表内在动力，实体越大，上涨或下跌的趋势越是明显，反之则不明显。
- 阳线实体越大，说明了上涨的动力越足；阴线实体越大，下跌动力也越足。

三看影线长短

- K线的影线代表转折信号，同一个方向的影线越长，越不利于股价向这个方向变动。
- 上影线越长，越不利于股价上涨；下影线越长，越不利于股价下跌。

图 6-7 根据 K 线预测股价变动情况的方法

不同类型的 K 线图分析方法

无论是分钟 K 线图、日 K 线图、周 K 线图、月 K 线图或年 K 线图，阳线阴线的作用和规律都是一样的。

第187项 K 线分析的优缺点

任何一个事物，都有积极的一面，也有消极的一面，K 线分析具体的优缺点如下所示。

◆ K 线分析的优点：K 线分析可以全面透彻地反映股市的真正变化。投资者从 K 线图中，既可看到股价（或大市）的变动趋势，也同时可以了解到每日市况的波动情形。

◆ K 线分析的缺点：K 线的阴线与阳线变化多样，对初学者来说，在掌握分析方面会有相当的困难，它不像线形那样简单明了。

第188项　K 线图有什么作用

K 线图的基本用途就是为了寻找股票的买卖点，虽然 K 线图大体相同，但是意义却不同。例如，同样是极长的下影线（出现极长下影线时，表示买方支撑力道强），但是在不同的行情中，代表的意思却不同。若此种 K 线出现在股价下跌趋势末期时，再配合大成交量，表示股价可能反弹回升；若此种 K 线出现在股价上涨趋势末期或高档盘整期时，再配合大成交量，表示主力大户可能盘中卖、盘尾拉，应注意卖出时机。

因此投资者在投资的时候必须长期认真观察，并总结规律，这样才能尽量减少投资损失。

🔲 应用示例——通过下影线来判断股票买卖点

深华发 A（000020）从 2016 年 10 月到 11 月初，股价整体变动情况为持续上涨。在 2016 年 11 月 11 日，股价跳空高开低走，当日以带长下影线的阴线将股价拉到阶段性高位，当日成交量出现巨量，次日股价低开低走继续收出带长下影线的阴线，成交量相对前期也是明显的放量，如图 6-8 所示。此时投资者应该提高警惕，预测股价变动趋势可能下跌，找准利好时机卖出股票，避免在股价持续下跌过程中造成更大投资损失。

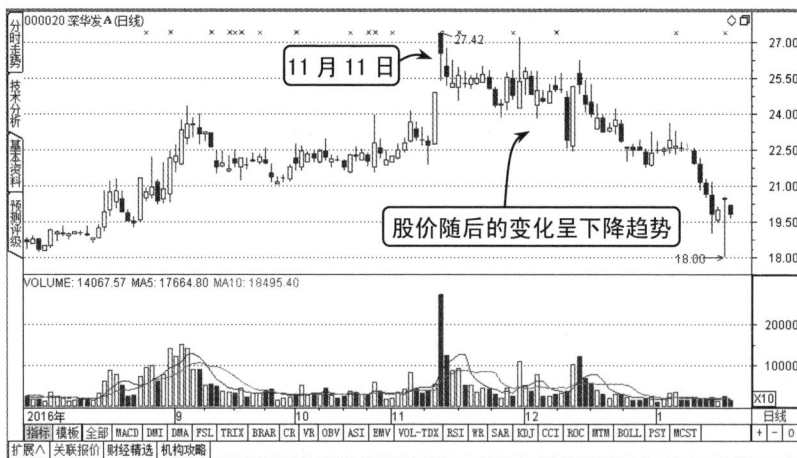

图 6-8　深华发 A（000020）股价变动趋势分析

达刚路机（300103）在 2016 年 5 月底，股价缩量横盘，5 月 31 日，股价跳空高开，当日股价放量收出带长下影线的 T 形 K 线，当日成交量也是明显的放量，说明此时该股的做多势能很强，投资者看好该股，股价有望企稳回升。此时投资者可以在利好时机购入该股票，持股待涨，如图6-9所示。

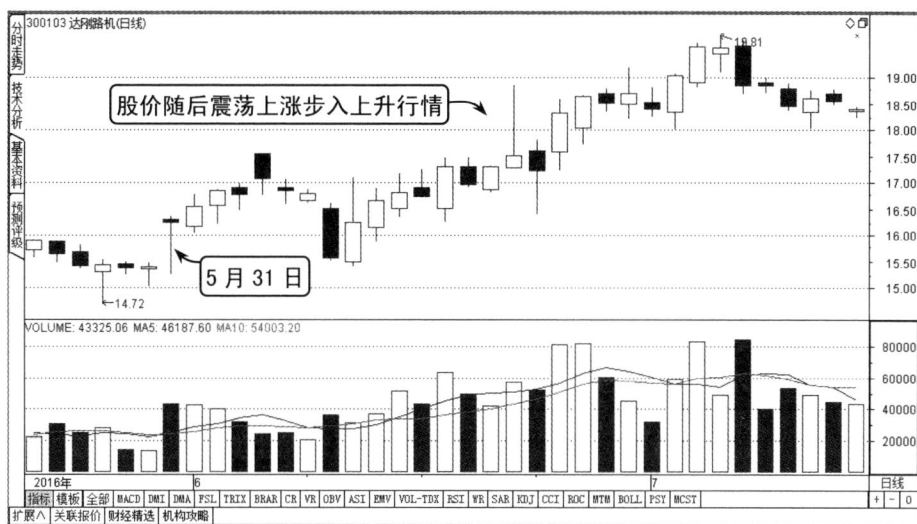

图6-9　达刚路机（300103）股价变动趋势分析

第189项　常见K线形态有哪些

K线是一种特殊的市场语言，受开盘价、收盘价、成交量等数据的影响，可以形成不同形态的K线，各形态都具有特定的含义，投资者可以从这些形态的变化中摸索出一些规律。常见的单个K线形态的名称、功能和具体形态如表6-1所示。

表6-1　常见K线形态

名称	功能	形态
大阳线	开盘后股价稍微下跌，但是很快便回调并一路上涨，最后以高价收盘而形成的阳线，其上下影线较短。在上升行情或下降行情转为上升行情时出现大阳线表示行情被看好，后市将上升	
大阴线	开盘后股价稍微上涨，但是很快就下跌，并一路下跌，最后以低价收盘而形成的阴线，其上下影线较短。在下降行情或上升行情转为下降行情时出现大阴线表示行情不被看好，后市将下降	

名称	功能	形态
小阳线	与大阳线相似，只是涨幅与大阳线相比稍微小一点	
小阴线	与大阴线相似，只是跌幅与大阴线相比稍微小一点	
带长上影阳线	开盘后股价一路上涨，当涨到最高价后，受较大抛压导致股价开始回落，最后在高于开盘价的价格收盘，形成较长的上影线，该形态说明后市可能出现下降行情	
带长上影阴线	开盘后股价一路上涨，当涨到最高价后，受较大抛压导致股价开始回落，并低于开盘价，而且以低于开盘价的价格收盘，形成较长的上影线，后市出现下降行情的可能性比带长上影阳线大	
带长下影阳线	开盘后股价受打压被拉低，但很快被拉回开盘价并持续上涨，最后以高于开盘价的价格收盘，形成较长的下影线，后市出现上升行情的可能性较高	
带长下影阴线	开盘后股价受打压被拉低，但很快被拉回开盘价并持续上涨，但最终没有高过开盘价，以低于开盘价的价格收盘，形成较长的下影线，后市出现上升行情的可能性比带长下影阳线低	
带长上影光脚阳线	开盘价为全日最低价，开盘后股价上升，在高价位处多空双方有分歧，股价下跌，最终以阳线报收。在低价位，实体比上影线长，表明买方开始积聚上攻的能量；在高价位，实体部分比上影线短，表明买方上攻能量开始衰竭，卖方的能量不断增强，行情有可能在此发生逆转	
带长上影光脚阴线	收盘价为全日最低价，开盘后股价出现一定涨幅，但上档抛压沉重，空方趁势打压，使股价最终以阴线报收。在低价位表明买方开始积聚上攻的能量，但卖方仍占有优势；在高价位表明买方上攻的能量已经衰竭，卖方的做空能量不断增强，且占据主动地位，行情可能逆转	
带长下影光头阳线	收盘价为当日最高价，没有上影线。在下降行情中预示一轮上升行情的开始，在上升行情中表明后市继续看好	

续表

名称	功能	形态
带长下影光头阴线	开盘价为当日最高价，没有上影线。在上升行情中预示一轮下降行情的开始，在下降行情中表明后市继续看跌	
光头光脚阳线	开盘价即成为当天最低价，而收盘价成为当天最高价，上下没有影线，遇到这种 K 线，无论在上升行情还是在下降行情，股价都会上涨	
光头光脚阴线	开盘价即成为当天最高价，而收盘价成为当天最低价，上下没有影线，遇到这种 K 线，无论在上升行情还是在下降行情，股价都会下跌	
一字形	当日开盘价、收盘价、最高价与最低价都相同。在上升行情中说明该股涨势强劲，后市可能继续上涨；在下降行情中，说明该股跌势强劲，后市可能继续下跌	
T 字形	开盘后卖方力量强大，股价一路下跌，随后遇到买方反攻，使股价反弹，并最终报收于开盘价。在下降行情中，投资者可考虑买入；在上升行情中，投资者可考虑卖出	
倒 T 字形	也叫灵位塔形，开盘后股价一路上涨，到达全日最高点后受到卖方打压而回落。在高价位时出现，表示股价可能下跌，可考虑卖出；在低价位时，表示股价可能回升，可考虑买入股票	
倒十字线	买卖双方的实力相当，当日股价不断上涨与下跌，但最终以当日的开盘价报收。上影线越长，表示卖方力道越强	
下十字线	买卖双方的实力相当，当日股价不断上涨与下跌，但最终以当日的开盘价报收。下影线越长，表示买方力道越强	
十字线	买卖双方的实力相当，当日股价不断上涨与下跌，但最终以当日的开盘价报收，可视为反转信号。在股价高档时，且次日收盘价低于当日收盘价，表示卖方力道强，股价可能回跌；在股价低档时，且次日收盘价高于当日收盘价，表示买方力道较强，股价可能上扬	

第190项 经典 K 线组合形态有哪些

在对行情走势进行分析的时候，单个的基本形态并不能准确地判断行情，投资者应该根据多根基本 K 线形态组合起来分析，从而判断行情见底、见顶、上涨或者下跌，各种情况中常见的组合 K 线形态如图6-10所示。

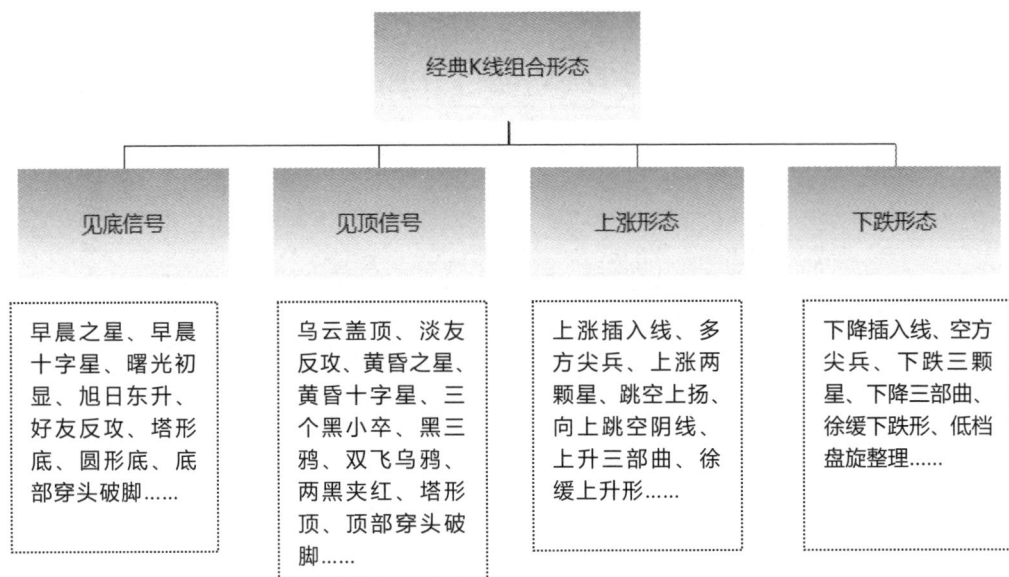

```
                        经典K线组合形态
        ┌──────────────┬──────┴──────┬──────────────┐
    见底信号          见顶信号       上涨形态        下跌形态
```

见底信号	见顶信号	上涨形态	下跌形态
早晨之星、早晨十字星、曙光初显、旭日东升、好友反攻、塔形底、圆形底、底部穿头破脚……	乌云盖顶、淡友反攻、黄昏之星、黄昏十字星、三个黑小卒、黑三鸦、双飞乌鸦、两黑夹红、塔形顶、顶部穿头破脚……	上涨插入线、多方尖兵、上涨两颗星、跳空上扬、向上跳空阴线、上升三部曲、徐缓上升形……	下降插入线、空方尖兵、下跌三颗星、下降三部曲、徐缓下跌形、低档盘旋整理……

图6-10 常见经典 K 线组合形态

根据 K 线形态判断买卖时机

通常，在出现见底信号或者上涨行情中，投资者可以选择买入股票；在出现见顶信号或者下跌行情中，投资者可以选择卖出股票。

第191项 如何判断行情的见底信号

见底信号即投资大户将股价推到一个期望的低位，将部分投资者整理出局，再继续拉升股价，通常出现见底信号后，股价会回升，后市看涨。

(1) 早晨之星

早晨之星也称希望之星，是由 3 根 K 线组成的，其中，第一根为下跌趋势中出现的实体修长的阴线，第二根为小阳线或小阴线，第三根为阳线，且当日收盘价必须大于第一个形态表示的收盘价，如图 6-11 所示。

一般出现在股价下跌的时候，当此信号出现时表明股价已没有下跌的空间，将出现较明显的回升状态，该信号为买入的最佳时机。

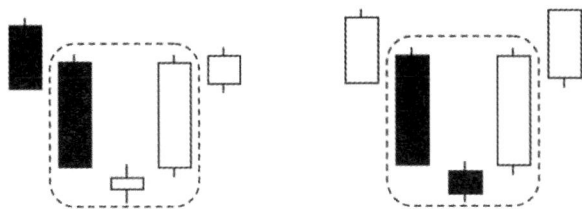

图 6-11　早晨之星

⚡ 应用示例——根据早晨之星判断买入时机

星河生物（300143）在 2016 年 2 月底，股价连续 3 根大阴线将股价拉低运行到 18 元的低位。次日，股价缩量收出带长下影线的小阳线。第三日，股价低开后一路高走，以涨停板的涨幅收出大阳线拉高股价。

观察最近的这 3 日 K 线的组合形态，可以看出明显的早晨之星形态，如图 6-12 所示，此时可以预测股价已经探底，后市将企稳回升，随后股价进入了一波缩量的横盘整理阶段，此时即是一个不错的买入点。

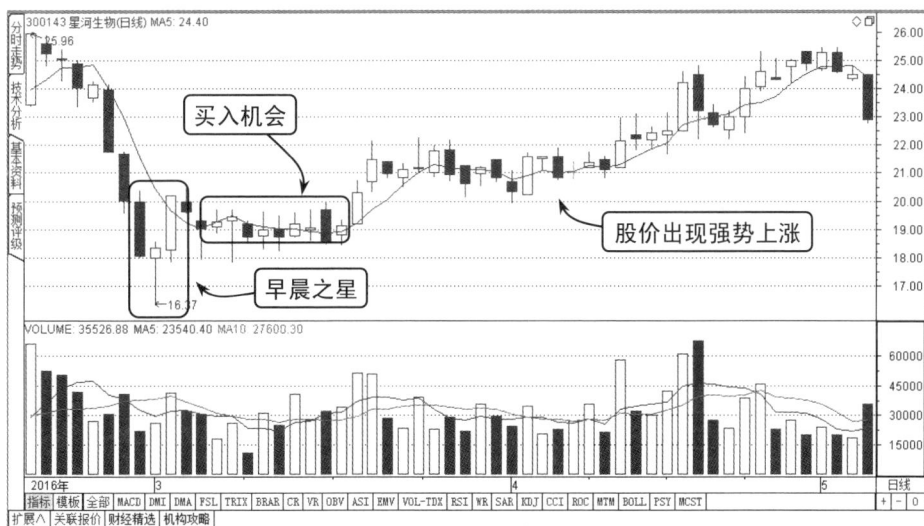

图 6-12　星河生物（300143）日 K 线图中的早晨之星形态分析

（2）早晨十字星

早晨十字星由 3 根 K 线组成，第一根为阴线，第二根为十字线，第三根为阳线，如图 6-13 所示。与早晨之星相同，该形态也是出现在股价下跌的时候，并且后市将出现较明显的回升状态，投资者可以考虑买进。

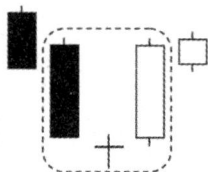

图 6-13　早晨十字星

应用示例——根据早晨十字星判断买入时机

安居宝（300155）在 2013 年 5 月到 7 月中旬，股价呈逐步下跌的趋势变化。特别是 7 月初，连续 3 天的阴线，将股价从 15 元附近打压到 12 元附近，股价下跌了近 3 元。7 月 9 日，股价缩量下跌到最低点，形成一个十字形态，并在 7 月 10 日高开高走阳线报收，形成典型的早晨十字星形态，如图 6-14 所示。在股价极度缩量的低价位出现该形态，是强烈的看涨信号，而股价后市在短短几日就从 12 元附近上涨到 20 元，再次说明了早晨十字星发出的买入信号的准确性。

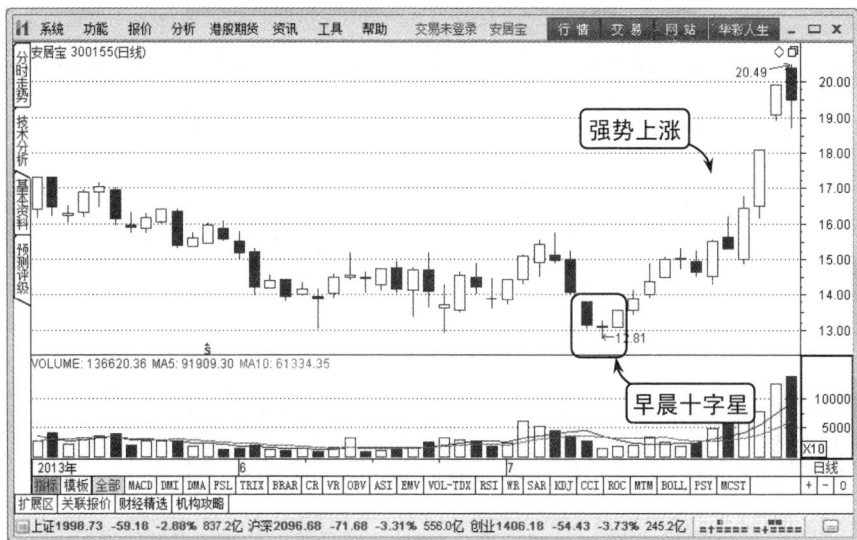

图 6-14　安居宝（300155）日 K 线图中的早晨十字星形态分析

（3）曙光初现

曙光初现是在下降行情中由两根 K 线组成的见底回升信号，其中，第一根 K 线为下跌趋势中出现的中阴线或者大阴线，第二根 K 线为跳空低开见底后反弹的中阳线或大阳线，且该阳线收盘价高于第一根阴线实体 1/2 以上的位置，如图 6-15 所示。第二根阳线实体越长或者高于第一根阴线实体越多，股价回升的可能性就越高。

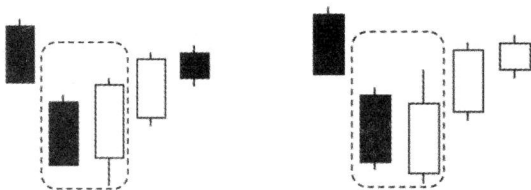

图 6-15 曙光初现

应用示例——根据曙光初现判断买入时机

佳创视讯（300264）在 2016 年 1 月到 3 月初，出现一波下跌行情。在 2 月 29 日，该股以跌停板的跌幅大阴线报收。次个交易日，股价低开后横盘整理，在午后开盘后高走，以 5.55% 的涨幅收出阳线。这两日的 K 线走势形成典型的曙光初现形态，如图 6-16 所示。在股价下跌一定幅度后，出现该形态，预测股价后市看涨，此时投资者可以在利好时机购入该只股票。

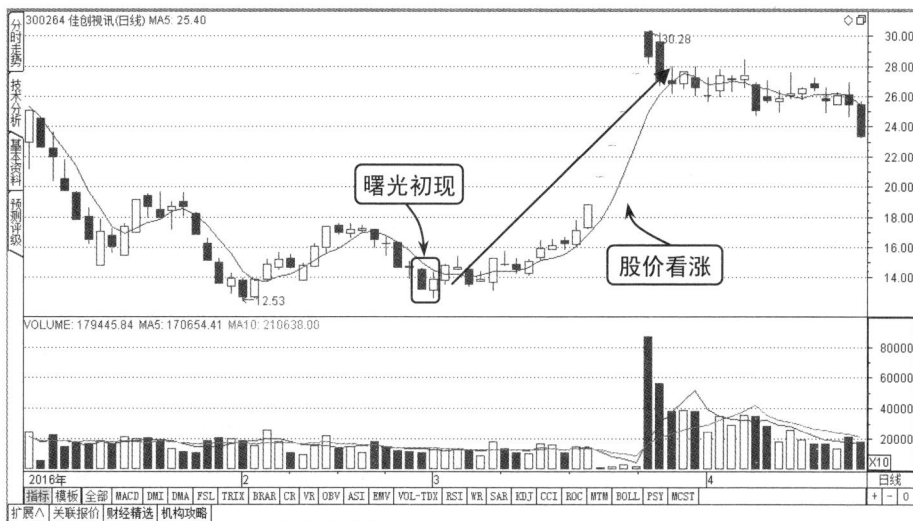

图 6-16 佳创视讯（300264）日 K 线图中的曙光初现形态分析

（4）底部穿头破脚

底部穿头破脚是在下降行情中有两根 K 线组成的见底回升信号，其中，第一根 K 线为下跌趋势中出现的阴线，第二根为阳线，其实体的长度要将第一根 K 线的实体全部包括，如图 6-17 所示。与第一根阴线相比，如果第二根阳线的实体越长，则说明股价上升的动力越大；成交量越高，说明股价回升的可能性越大。

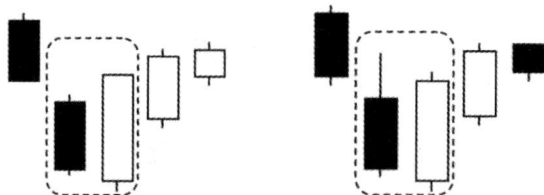

图 6-17　底部穿头破脚

📈 应用示例——根据底部穿头破脚判断买入时机

南大光电（300346）在 2016 年 1 月到 2 月底，股价呈缓慢下跌的趋势，随后在 3 月初，股价进入了一个横盘整理的阶段。在 3 月 17 日，股价高开高走，以 4.58% 的涨幅大阳线报收，且当日的成交量相对于前期股价下跌过程中的成交量而言明显放大，并将上个交易日的阴线实体全部包含，形成明显的底部穿头破脚形态，如图 6-18 所示。此时可以预测股价将回升，因此投资者可以在利好时机买入该股票。

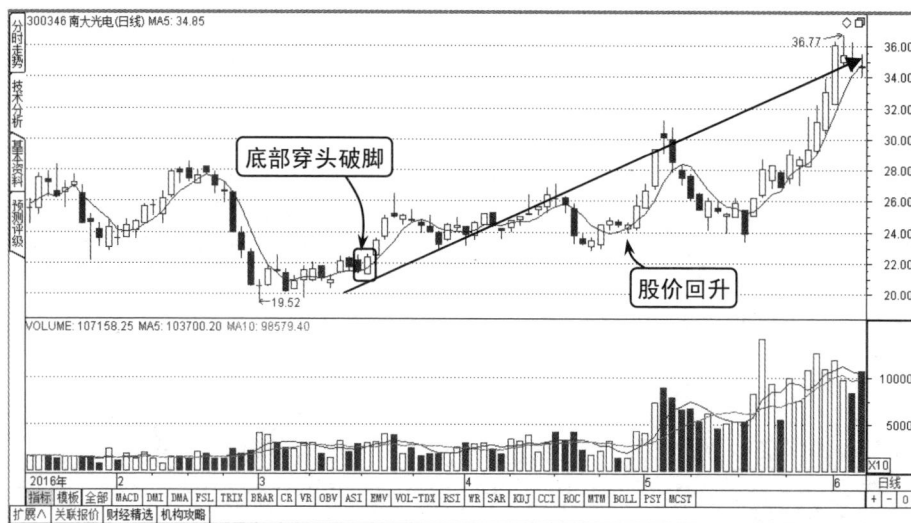

图 6-18　南大光电（300346）日线图中的底部穿头破脚形态分析

第192项　如何判断行情的见顶信号

见顶信号主要是告诉投资者，股价在经过大幅度拉升之后会在相对的高点开始下跌，这种情形将以不同的 K 线图形态表现出来，只要投资者预见了见顶的信号，就可在第一时间找到准确的卖点。

(1) 乌云盖顶

乌云盖顶形态又称乌云线形态，它与曙光初现形态刚好相反，它是上升行情中出现的见顶回落信号。

乌云盖顶是由两根 K 线组成，其中，第一根 K 线是上升趋势中的大阳线或者中阳线，第二根 K 线是阴线，其开盘价比上个交易日的阳线开盘价高，且该阴线的收盘价低于第一根 K 线实体的 1/2 以下，如图 6-19 所示。

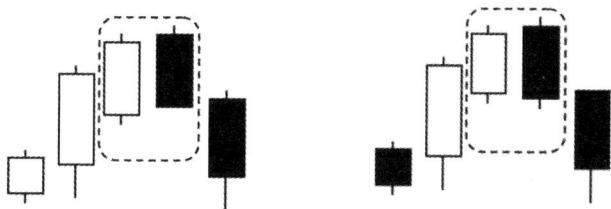

图 6-19　乌云盖顶

乌云盖顶是最常见的见顶回落信号之一，当出现该组合形态时，说明调整或者下跌行情即将到来。阴线越长或者越深入阳线实体的开盘价，行情见顶回落的可能性就越高。

特别是在上升行情幅度比较大的时候，投资者一定得关注这种形态，从而降低投资损失。

应用示例——根据乌云盖顶判断卖出时机

金卡股份（300349）在 2016 年 6 月 22 日涨停板报收放量收出大阳线突破前期盘整高点，次日涨停板跳空缩量收出一字线，随后股价逐步攀升。短短几日，股价就从 28 元附近上涨突破 42 元，涨幅超过 50%。在 7 月 1 日，股价以高于上个交易日收盘价的价格高开低走将股价拉到阶段性的高位，当日收出大阴线，与上个交易日的大阳线形成明显的乌云盖顶形态，如图 6-20 所示。此时可以预测股价将回落，因此投资者可以在利好时机卖出该股票。

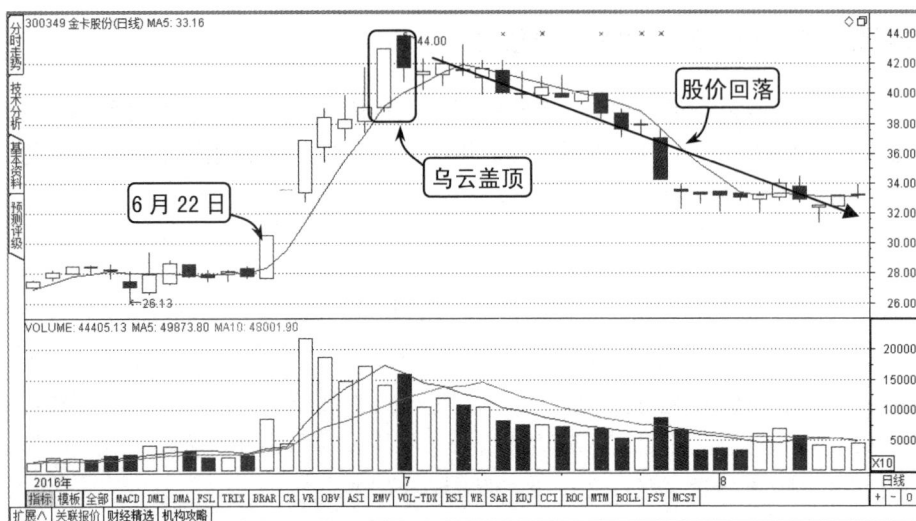

图 6-20　金卡股份（300349）日 K 线图中的乌云盖顶形态分析

（2）黄昏之星

黄昏之星由 3 根 K 线组成，它与早晨之星的作用刚好相反，是上升行情中的见顶回落反转信号。其中，第一根 K 线是上升趋势中实体较长的大阳线或中阳线，第二根 K 线是实体较短的小阳线或者小阴线，且它高于第一根阳线的收盘价，也高于第三根阴线的开盘价，如图 6-21 所示。与第一根 K 线相比，如果第三根 K 线的收盘价接近或者低于第一根阳线的开盘价，其后市看跌的信号就越强。

图 6-21　黄昏之星

应用示例——根据黄昏之星判断卖出时机

广聚能源（000096）在 2015 年 10 月到 11 月期间，股价呈现出震荡拉高的上升行情，在 11 月后，股价放量出现快速上涨的行情，尤其在 11 月 10 日和 11 日，股价连续涨停板大阳线报收出现了暴涨行情。11 月 12 日，股价以 2.26% 的涨幅运行到上升行情的阶段性高点，收出带长上影线小阴线。11 月 13 日，股价低开低走，以 7.07% 的跌幅大阴线报收，将股价打压到 19 元附近。

11月11日、12日和13日这3日K线的组合形态形成明显的黄昏之星,如图6-22所示,股价上升到一定高度后,在高位出现该形态,说明市场中做多势能逐渐衰减,预测股价将见顶回落,后市看跌。投资者在识别出该组合形态后,可以选择利好时机卖出股票。

图6-22　广聚能源(000096)日K线图中的黄昏之星形态分析

(3) 黄昏十字星

黄昏十字星与早晨十字星刚好相反,它是上升行情中出现的见顶回落信号。黄昏十字星是由3根K线组成,其中,第一根K线是上升趋势中的大阳线或者中阳线,第二根 K 线是十字线,其收盘价高于阳线的收盘价,也高于第三根阴线的开盘价。如图6-23所示。

图6-23　黄昏十字星

应用示例——根据黄昏十字星判断卖出时机

楚天科技(300358)经过一波大幅上涨后在 2015 年 11 月运行到高价位区,在 11

月中旬，股价连续阳线报收将股价拉高，但是此时成交量变化不大，说明上涨动力衰竭。在 11 月 12 日，该股以 46 元的价格跳空高开，最终以 45.91 元的价格收出十字星，如图 6-24 所示。在第三日，股价以 8.91% 的跌幅收出阴线。

从最近这 3 日的 K 线可以很明显地看出其组合符合黄昏十字星的形态，因此可以预测股价见顶，下跌行情来临，投资者应该果断择机抛售，规避下跌风险，落袋为安。

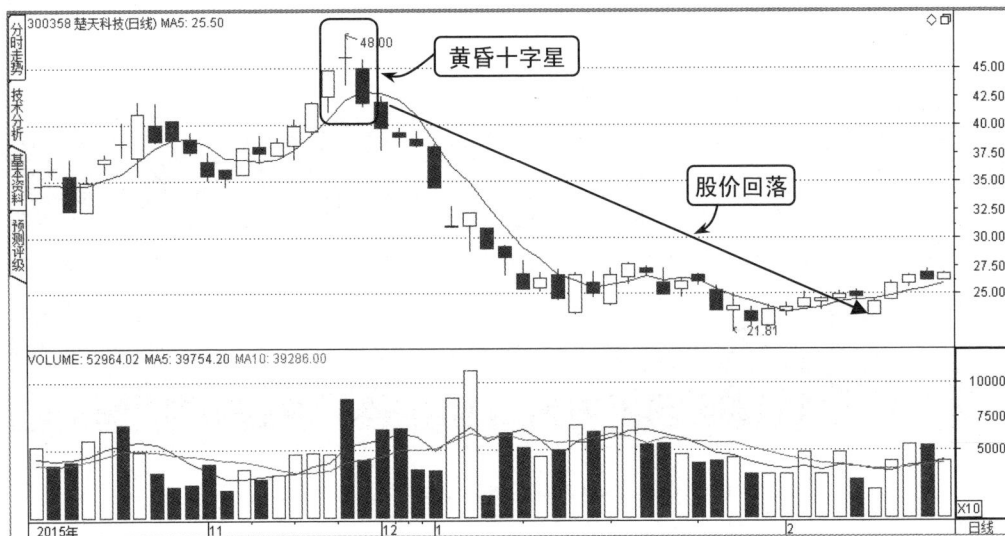

图 6-24　楚天科技（300358）日线图中的黄昏十字星形态分析

（4）双飞乌鸦和黑三鸦

双飞乌鸦是上升行情中出现的见顶回落信号，由两根 K 线组成，第一根 K 线跳空高开后却仍以阴线报收，而第二根阴线也是跳空高开，且实体部分较长，但与第一根阴线形成类似于穿头破脚的图形，如图 6-25 所示。

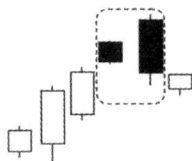

图 6-25　双飞乌鸦

黑三鸦也称见顶三鸦或三只乌鸦，它是股价上升行情中的见顶回落信号，由 3 根大阴线或者中阴线组成，如图 6-26 所示，股价惯性上冲，在高档连续两次高开低走形成为阴线组合，紧接着再拉一根下降阴线。

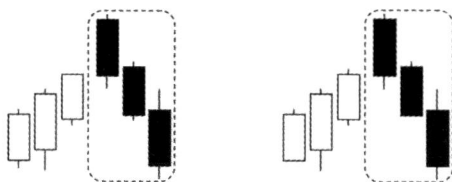

图 6-26　黑三鸦

应用示例——根据双飞乌鸦和黑三鸦判断卖出时机

易事特（300376）在 2016 年 11 月，股价缩量横盘整理。在 11 月 29 日，股价跳空涨停板高开突破盘整高点，当日缩量收出一字 K 线，随后股价连续一字涨停后放量阳线报收将股价拉高，出现了一波暴涨行情。在 12 月 8 日，股价以带长上影线的小阳线报收，显示了股价上涨吃力，随后两个交易日，成交量形成了明显的双飞乌鸦组合形态，如图 6-27 所示。这就更加确信了股价即将见顶，预测后市看跌，因此投资者可以在利好时机卖出该股票。

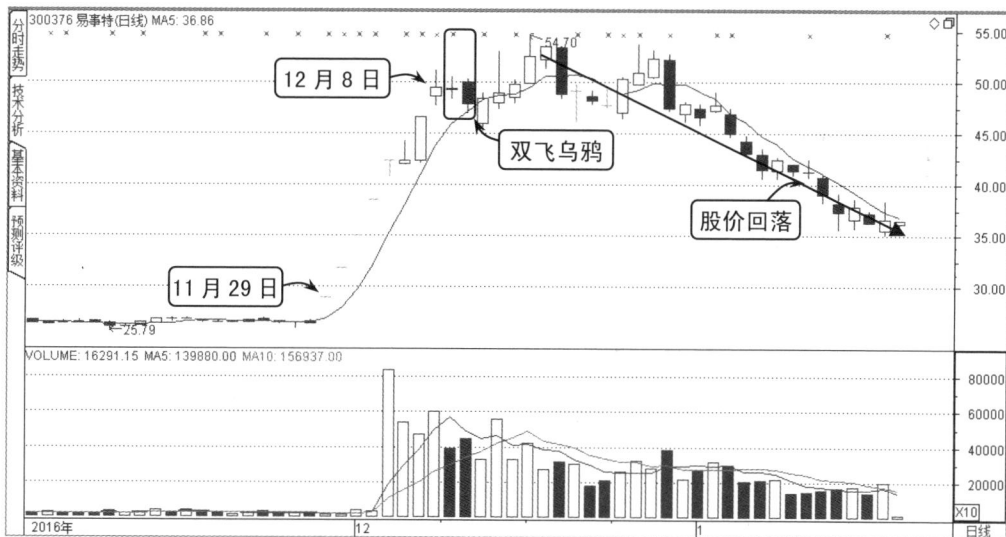

图 6-27　易事特（300376）日 K 线图中的双飞乌鸦形态分析

海泰发展（600082）在 2016 年 11 月初运行到 7.3 元左右的高价后经历了一波深幅回调，最终股价在 6.33 元的价位止跌，随后该股经历了一波快速震荡上升的行情。尤其在 2016 年 12 月底，股价连续阳线报收，放量拉高股价创出 8.26 元的高价。

在此之后，股价连续出现阴线报收的行情，且股价收盘价一天比一天低，属于典型的黑三鸦组合形态，如图 6-28 所示，预测后市看跌，此时投资者应该在利好时机卖出股票。

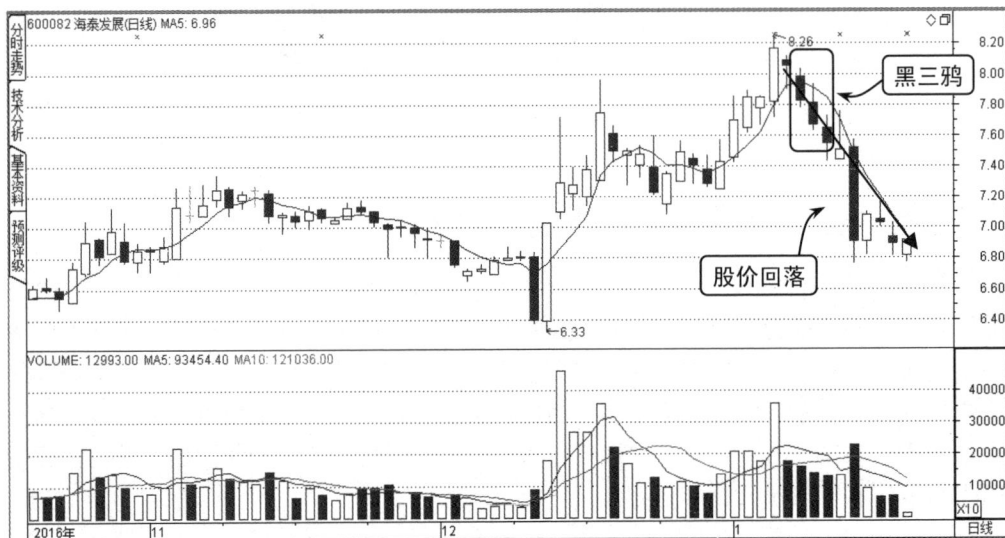

图 6-28　海泰发展（600082）日 K 线图中的黑三鸦形态分析

（5）顶部穿头破脚

顶部穿头破脚与底部穿头破脚刚好相反，它是在上升行情中出现的见顶回落的转势信号，也是由两根 K 线组成，其中第一根为上升趋势中出现的阳线，第二根为阴线，其实体的长度要将第一根阴线的实体全部包括，如图 6-29 所示。

图 6-29　顶部穿头破脚

与第一根阳线相比，如果第二根阴线的实体越长，则说明股价下降的动力越大；成交量越高，说明股价回落的可能性越大。

应用示例——根据顶部穿头破脚判断卖出时机

商赢环球（600146）在 2016 年 2 月到 3 月底，股价走出了一波可观的上升行情，尤其在 3 月底，股价连续 5 阳报收将股价拉升创出新高。次日，股价跳空放量高开拉高股价创出 31.7 元的新高，但是随后股价快速回落后一直在 30.82 元的价格附近波动变化。当日收盘前一小时，该股突然出现快速下跌的行情，最终将股价拉低到 27.35 元的低价，并且伴随成交量的放大，当日以跌停板报收收出大阴线，从而形成了顶部穿头破脚组合形态，如图 6-30 所示。此时可以预测股价将回落，因此投资者可以在利好时机卖出该股票。

　　而事实也证明了，该股随后一路下滑的下跌行情，不到两个月的时间，股价从最高的 31.7 元附近，在 5 月下旬下跌到最低的 22 元，跌幅超过 44%。

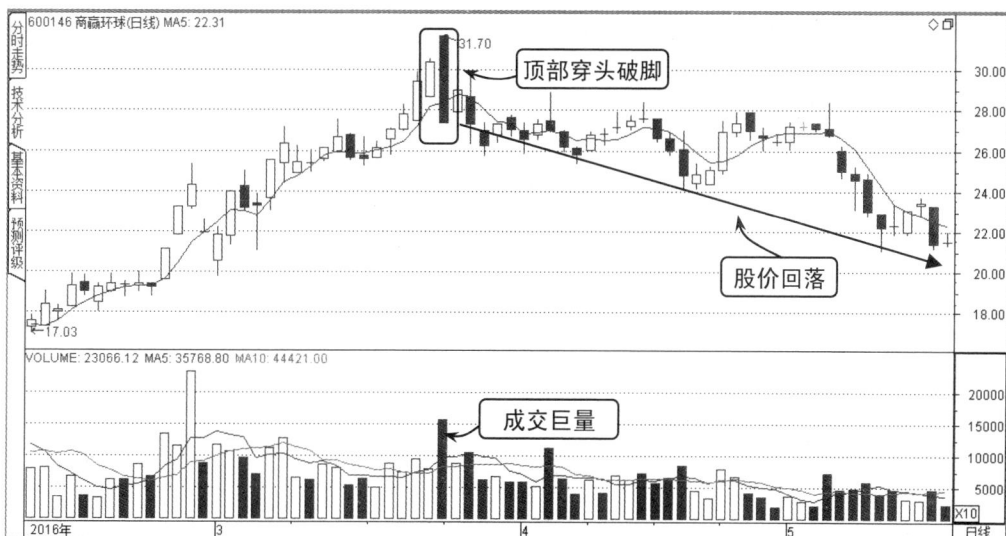

图 6-30　商赢环球（600146）日 K 线图中的顶部穿头破脚形态分析

第193项　如何判断行情的上涨趋势

　　见底信号只能判断股价由下降行情转向上升行情，而在上升行情中，也可以通过某些特殊的组合形态来判断行情的上涨趋势。

（1）上涨插入线

　　在上升行情中出现阴线是很正常的，如果在出现阴线后的下一个交易日中，股价以高于开盘价的价格阳线报收，则说明阴线只是对股价进行短期的回调，后市将继续上涨，此 K 线形态为上涨插入线形态，如图 6-31 所示。如果当日的成交量明显增大，则说明股价继续上涨的可能性更大。

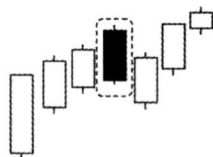

图 6-31　上涨插入线

应用示例——根据上涨插入线判断行情涨势

昌九生化（600228）在 2016 年 8 月上涨到 14 元附近后创出新高，随后该股经历了一波长时间的回调整理行情，在 9 月中旬，止跌后连续出现了小阳线将股价拉高，脱离回调整理的下跌趋势。在 9 月 26 日，该股低开后放量冲高，但是在短短的冲高后股价回落步入横盘整理，在当日的尾盘，该股股价出现快速下跌，致使当日以 3.78% 的跌幅阴线报收，如图 6-32 所示。9 月 27 日，该股股价低开后却一路高走，并且在尾盘时放巨量拉高股价打到涨停，当日以大阳线报收将股价拉高脱离继续下跌的趋势，因此可以判断 9 月 27 日的阴线只是对股价进行短期的回调，后市将继续上涨，投资者可以买入股票。

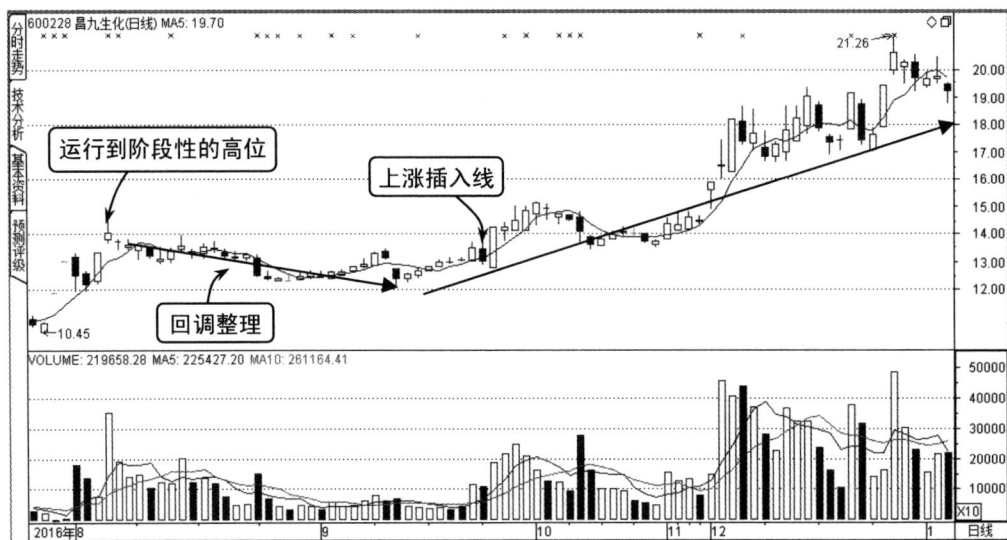

图 6-32　昌九生化（600228）日 K 线图中的上涨插入线形态分析

（2）多方尖兵

多方尖兵是由若干根 K 线组成的，通常出现在上升行情中，它主要是在股价上涨初期时遇到空方打击，出现了一个长上影线，股价随之回落整理，但多方很快又发动了一次攻势，股价穿越了前面的上影线（即多方尖兵中的最后一根阳线的收盘价高于第一根阳线的最高价），如图 6-33 所示。多方尖兵的出现，表示股价会继续上涨。对投资者而言，看见这种 K 线图形跟着做多，往往会有较多获利机会。

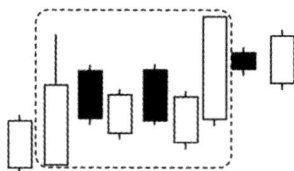

图 6-33 多方尖兵

应用示例——根据多方尖兵判断行情涨势

两面针（600249）的股价在 2016 年 8 月上旬运行到 8 元附近后进入了一个长达 4 个月的横盘整理。在 2016 年 12 月中旬，在连续阳线的作用下，该股出现了逐步上涨的行情。在上涨初期，由于受到空方打击，股价在 12 月 22 日开盘后一路震荡高走，当日以 3.63% 的涨幅收出带长上影线的阳线，之后的几个交易日中股价继续进入整理阶段。在整个整理阶段，该股均呈现出缩量的小 K 线，说明主力洗盘彻底。

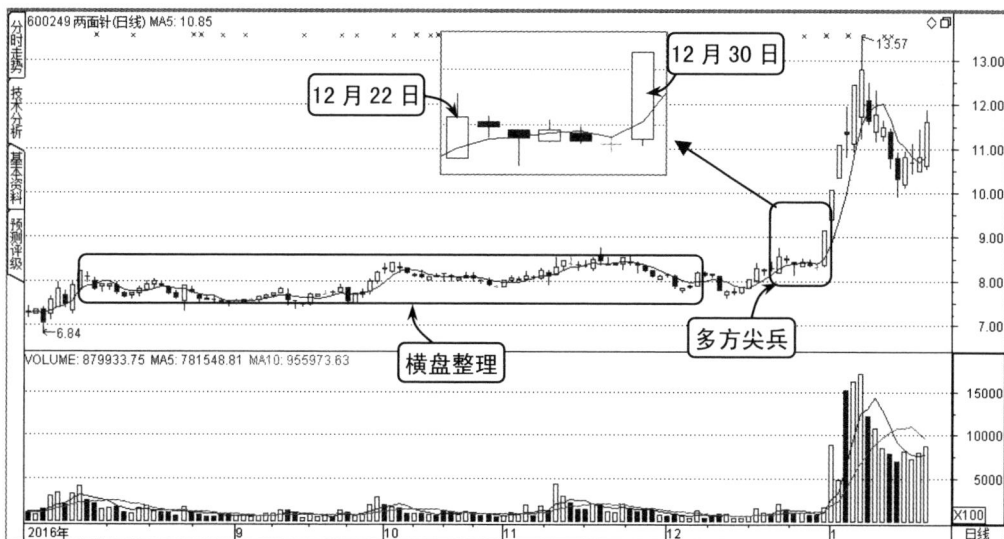

图 6-34 两面针（600249）日 K 线图中的多方尖兵形态分析

在 12 月 30 日，该股放量开盘，在短短十几分钟的时间内涨停，最终以涨停板收出大阳线，将股价拉到上涨后的一个高位，并成功突破了前期盘整的高点。观察 12

月 22 日至 12 月 30 日这几日的 K 线形态，发现呈明显的多方尖兵形态，如图 6-34 所示。此时可以预测股价将继续上涨，因此投资者可以在利好时机买入该股票。随后该股连续放量涨停拉高股价，短短几个交易日，股价上冲到 13.57 元创出新高。

（3）上升三部曲

上升三部曲一般出现在股价上升的过程中，标准的上升三部曲由 5 根 K 线组成，第一根和第五根为大阳线或中阳线，中间夹着 3 根小阴线，3 根小阴线呈向下阶梯状，但阴线的最低价仍然比第一根阳线的开盘价高，5 根 K 线排列基本呈"N"形，如图 6-35 所示。

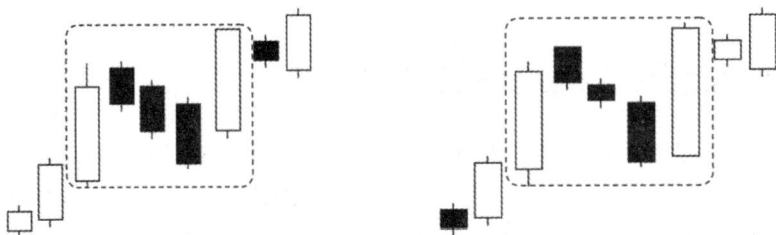

图 6-35　标准上升三部曲

在上升行情中出现上升三部曲，说明多方在积蓄力量，伺机上攻。投资者在见到这种情况时不要以为三连阴后股价就会转弱，开始做空，反而需要特别注意观察股价的下一步走势。只要发现股价向上运行并伴随成交量的放大，就说明后市看涨，可以跟进做多。

正确识别上升三部曲

在实际分析中，上升三部曲中间小阴线不一定是 3 根，也可能是 4 根、5 根或多根，或者小阴线和小阳线交替，只要没有跌破第一根大阳线或中阳线的开盘价，最后形成"N"形的都可以认为是上升三部曲，如图 6-36 所示。

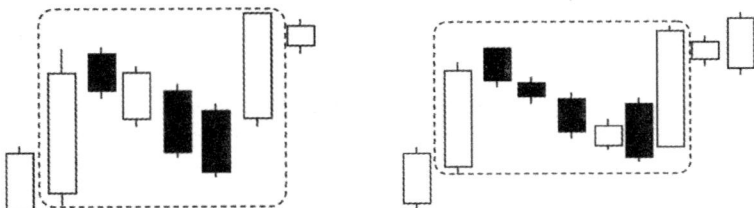

图 6-36　拓展上升三部曲

维维股份（600300）在 2016 年 8 月初运行到股价的低价位区，并在 5.37 元附近止跌企稳，随后股价缓慢上升，步入上涨行情。在 10 月 20 日，该股放量收出中阳线，拉高股价，随后，股价连续 3 日出现下跌走势，但是整个下跌的最低位并没有跌破 10 月 20 日的开盘价。在 10 月 26 日，股价以 4.51% 的涨幅放量收出大阳线，当日股价在 10 月 20 日的收盘价上方收盘，如图 6-37 所示。

从这几日的 K 线组合，可以判断其为上升三部曲形态，预测后市将继续上涨，所以投资者可以在利好时机买入该股票。

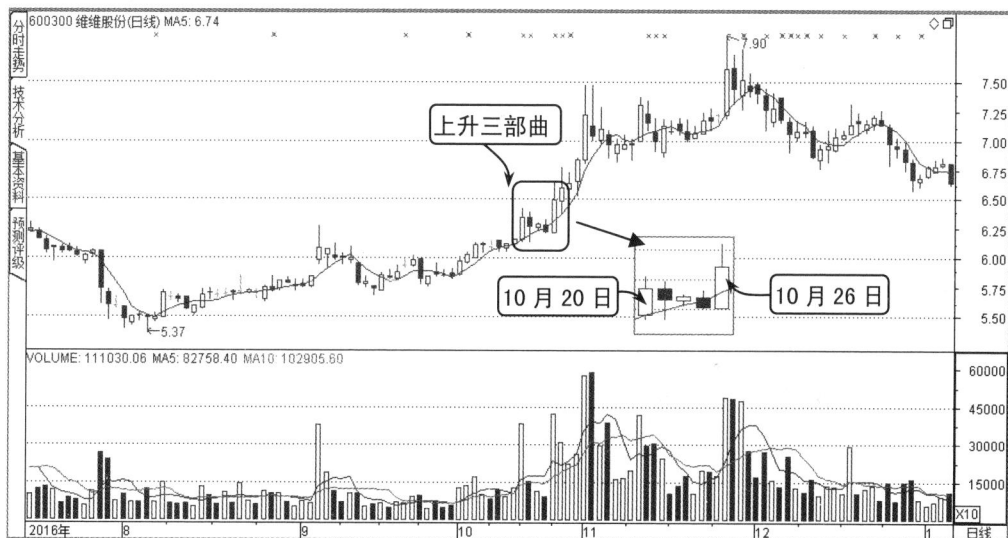

图 6-37　维维股份（600300）日 K 线图中的上升三部曲形态分析

第194项　如何判断行情的下跌趋势

见顶信号只能判断股价由上升行情转向下降行情，而在下降行情中，也可以通过某些特殊的组合形态来判断行情的下降趋势。

（1）下降插入线

当在下降行情中连续出现几个小阴线后，再出现一根低开高走的阳线，这就是下降插入线，如图 6-38 所示。这并非买进时机，而是提醒投资者，股价将继续探底，后市看跌，需要卖出股票。

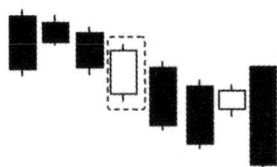

图 6-38　下降插入线

应用示例——根据下降插入线判断行情跌势

曙光股份（600303）在 2016 年 6 月底运行到股价高位区创出 15.76 元的新高后开始见顶回落，随后股价一路震荡下降。尤其是 7 月中旬，连续 4 根阴线报收将股价步步拉低至 12.75 元附近。7 月 26 日，股价低开高走，以 1.65% 的涨幅收出中阳线，如图 6-39 所示。在股价下跌过程中出现这种形态，可以判断该阳线为下降插入线，股价将继续下跌，后市看跌，投资者可以在利好时机卖出股票。

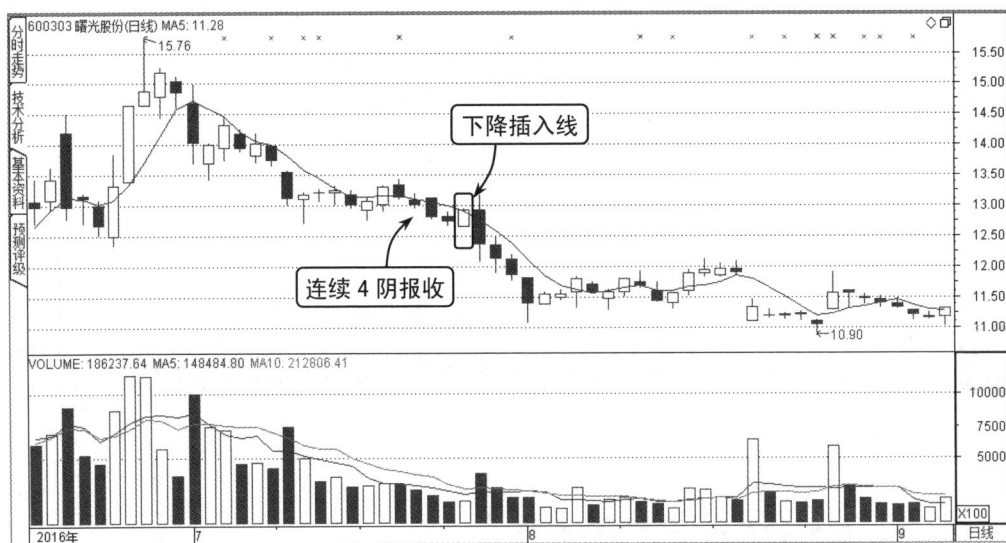

图 6-39　曙光股份（600303）日 K 线图中的下降插入线形态分析

（2）空方尖兵

空方尖兵通常出现在下降行情中，由若干 K 线组成。第一根 K 线为大阴线或中阴线，由于遇到多方的反抗，出现了一根长下影线，第二根 K 线的收盘价高于第一根阴线的收盘价，随后股价下跌，最后一根 K 线的收盘价低于第一根阴线的最低价，如图 6-40 所示。空方尖兵的出现，表示股价仍会继续下跌。投资者见此 K 线图形适时做空，以减少股价继续下行带来的风险。

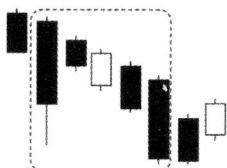

图 6-40　空方尖兵

应用示例——根据空方尖兵判断行情跌势

上海家化（600315）在 2016 年 7 月运行到股价的高位，创出 30.74 元的高价后，在高位横盘一个月后见顶回落，步入下跌行情。由于多方的不断反抗，9 月 12 日股价以中阴线报收，并形成一根长下影线。次日，股价高开震荡变化，最终以 28.85 元高于 12 日的价格小阳线报收。经过几日的盘整，于 9 月 26 日跌破 12 日的最低价阴线报收，形成了典型的空方尖兵形态，如图 6-41 所示，后市看跌。此时可以预测股价将回落，投资者可以在利好时机卖出该股票。

图 6-41　上海家化（600315）日 K 线图中的空方尖兵形态分析

（3）下降三部曲

下降三部曲与上升三部曲相反，它一般出现在股价下降的过程中，标准的形态由 5 根 K 线组成。第一根 K 线是实体比较长的阴线，随后在下降行情中连续出现 3 根小阳线，且呈向上阶梯状，最后一根小阳线的收盘价仍然比第一根 K 线的开盘价低。第五根 K 线是实体较长的阴线，其实体长度包括 3 根小阳线的大部分或者全部实体。

在实际的操作中，中间的小阳线也可能是 4 根、5 根或多根，如图 6-42 所示。

出现该形态表明多方虽然想作反抗，但是最终在空方的打击下显得不堪一击。这表明股价还会进一步向下滑落。所以看到这种图形就要顺势而为，减持手里的仓位。

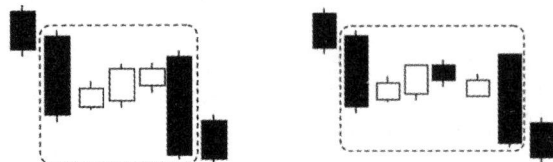

图 6-42　下降三部曲

应用示例——根据下降三部曲判断行情跌势

深深房 A（000029）在 2016 年 3 月初运行到股价的高价位区，随后开始走缓。在 4 月 28 日，股价低开低走，以 1.87% 的跌幅收出阴线，但是在随后的连续 4 个交易日中股价明显开始回升，到 5 月 6 日时，股价低开低走，在尾盘突然放量打压股价到一个阶段性的低位收出大阴线。这几根 K 线组成了明显的下降三部曲形态，如图 6-43 所示。该形态暗示了股价将不会上涨，后市看跌，因此投资者可以在利好时机卖出该股票。

图 6-43　深深房 A（000029）日 K 线图中的下降三部曲形态分析

三、根据缺口判断股价变动情况

股价在变动的时候，缺口也是投资者需要关注的地方，在不同的行情中，同一种类型的缺口，其对股价的影响是不同的。

第195项　什么是缺口

缺口是指股价在快速大幅变动中有一段价格没有任何交易，显示在股价趋势图上是一个真空区域，这个区域称为缺口，通常又称为跳空。开盘价高于上一个交易日的收盘价的缺口称为跳空高开，开盘价低于上一个交易日的收盘价的缺口称为跳空低开，如图 6-44 所示。

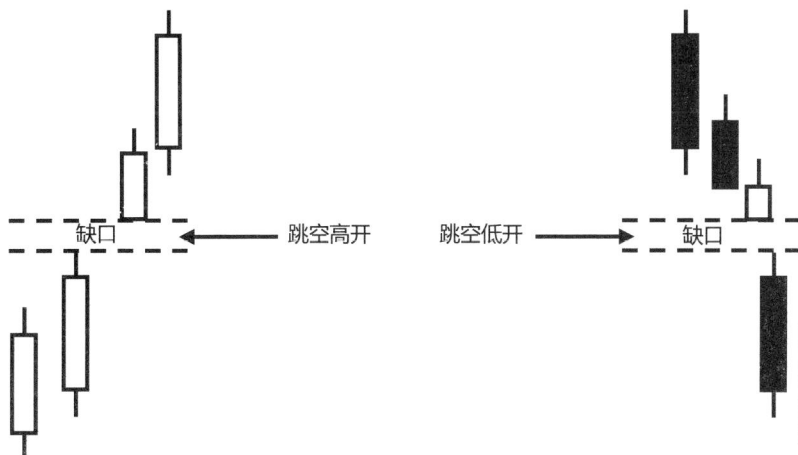

图 6-44　跳空高开和跳空低开

第196项　什么是补空

当股价出现缺口，经过几天甚至更长时间的变动，然后反转过来，回到原来缺口的价位，此时称为缺口封闭或补空。

⚡ 应用示例——分析股价的缺口和补空

在 2016 年 8 月 1 日，深赛格（000058）以 10.87 元的价格跳空低开低走，以 6.83% 的跌幅拉低股价出现缺口，但是股价在随后短短的几个交易日中便快速补空，如图 6-45 所示。因此，在没有其他重大因素的影响下，投资者不用急于卖出股票，可以持股一段时间，待补空时，根据利好机会卖出股票，这样可以降低损失。

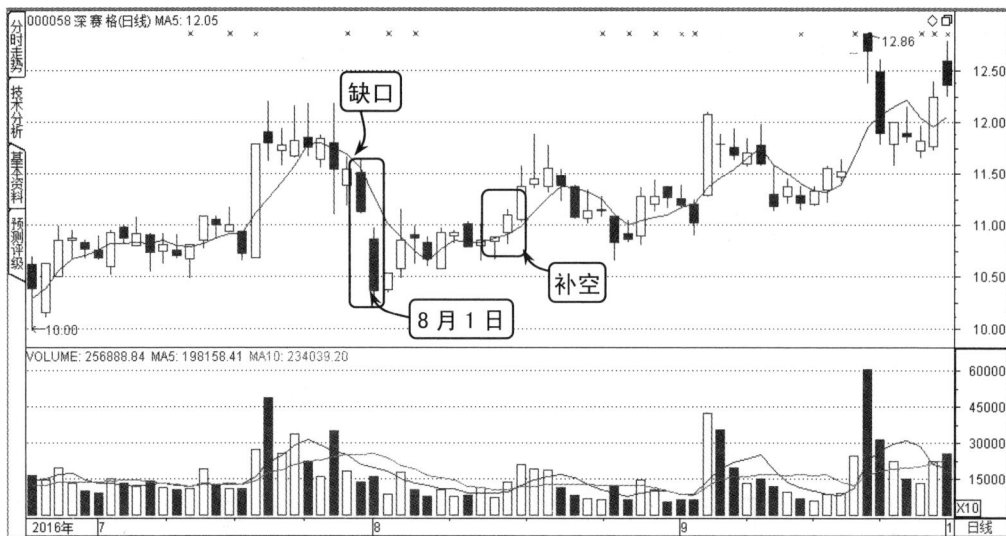

图 6-45　深赛格（000058）的股价缺口与补空分析

缺口对股票买卖的影响

　　就理论而言，股价出现跳空必有补空的时候，只是时间的长短之差。因此在股价下跌时，如果出现股价跳空，此时投资者可以根据利好时机购买股票；在股价上涨时，如果出现股价跳空，此时投资者也可以根据利好时机售出股票。

第197项　通过普通缺口分析股价的变动情况

　　普通缺口就是股价在盘整期间出现的缺口，缺口出现后不会改变股价的变动趋势。通常在较长时间形成的整理或转向形态（如三角形、矩形）等地方都可能有这类缺口形成，并且其在短期内就会补空，如图 6-46 所示。

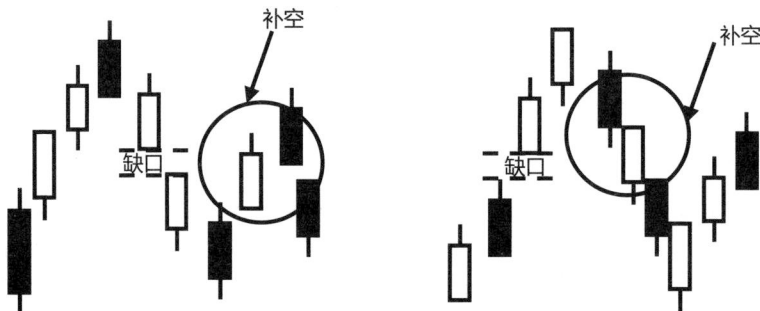

图 6-46　普通缺口的形态

应用示例——通过普通缺口分析股价变化形态

深圳华强（000062）在经历一波下跌行情后，在 2016 年 9 月运行到股价的低价位区。在 9 月 9 日，该股以 24.29 元的价格跳空低开，当日以 5.8%的跌幅大阴线报收拉低股价，形成缺口。在下跌行情低位出现缺口，预测股票价格将在近期内回升。

如果看好该股票的发展前景，可以在缺口附近的时间选择利好时机购买该股票，补空后股价整体变动情况持续上涨，持股一个月左右的时间卖出股票将获利，如图 6-47 所示。

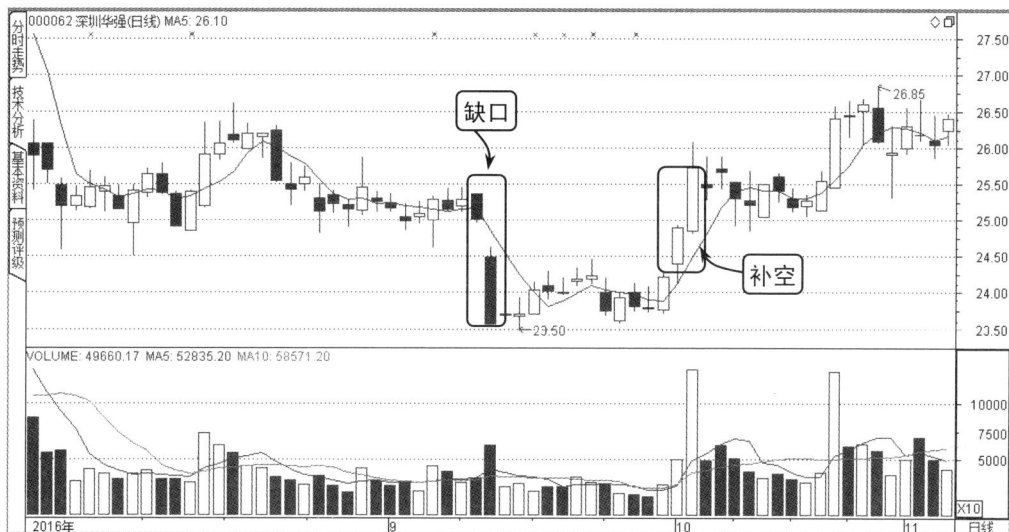

图 6-47 深圳华强（000062）的普通缺口分析

普通缺口的意义

通常，普通缺口并没有什么意义，在许多情况下都会出现，因此只有针对某些特殊情况，其分析才有价值。

例如，估计缺口在最近几天就会补空的情况。对于前景不好的股票，则在上升行情中出现普通缺口，投资者可以考虑卖出；对于前景好的股票，在下降行情中出现普通缺口，投资者可以考虑买入股票。

第198项 通过突破缺口分析股价的涨跌趋势

突破缺口是当一个密集的反转或整理形态完成后突破盘局时产生的缺口。当股价以一个很大的缺口跳空远离形态时，这表示真正的突破已经形成了，股价将顺着原来的趋势运行下去，并且突破缺口愈大表示未来的变动愈强烈，而且在短时间内不会被补空，如图 6-48 所示。

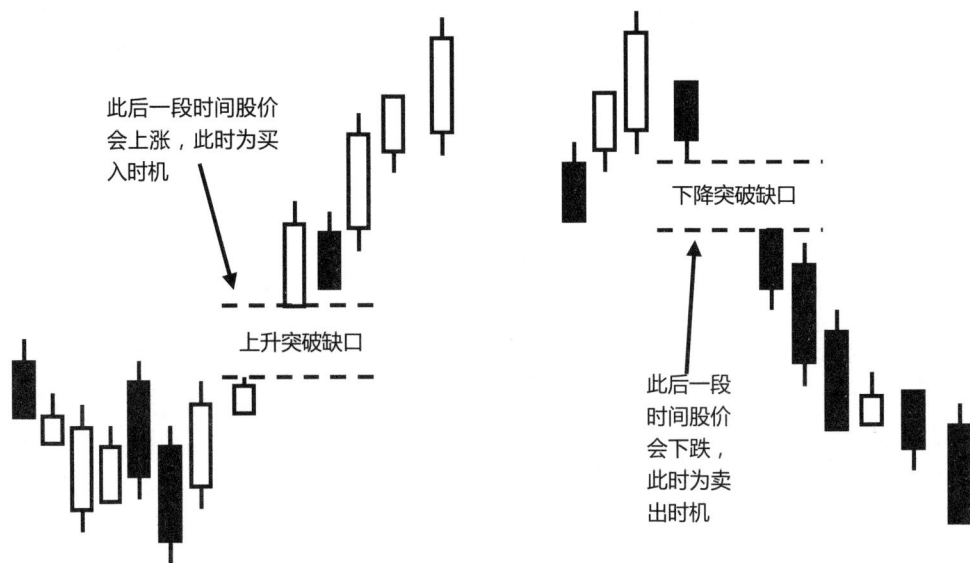

图 6-48　突破缺口的形态

突破缺口与成交量的关系

在股价上升趋势中出现突破缺口，如果要保持股价持续上涨，此时必须要有大的成交量的配合才能实现；在股价下降趋势中出现突破缺口，即使没有很大的成交量配合，股价也会持续下降。

应用示例——通过突破缺口分析股价变化形态

许继电气（000400）在 2016 年 9 月下跌到低价位后开始步入一个横盘整理阶段，整个盘整期间，股价始终在 14.5 元价位线附近窄幅波动。在 10 月 10 日和 11 日，股价放量拉高，11 月 12 日，股价跳空高开，最终以 16.62 元的价格收出大阳线，远离股价变动的趋势形态，形成一个突破缺口，这就更加强了前面两个交易日突破盘整的有效性，如图 6-49 所示。

此时可以预测股价在此后的一段时间中呈上涨趋势，而且在短时间内都不会补空，投资者可以根据利好机会购买该股票，持股一段时间会获得不少利润。

图 6-49　许继电气（000400）的突破缺口分析

第199项　通过继续缺口分析股价的涨跌情况

　　继续缺口又称为持续缺口，它通常指在突破缺口形成后的股价上升或者下降形态到下一个整理或者反转形态之间形成的缺口，其作用是在原有股价形态上加大股价的上升或者下降的力度，如图 6-50 所示。

图 6-50　继续缺口的形态

继续缺口的个数

在某一段上升或者下降趋势中，继续缺口可能是一个，也可能是多个，而且每出现一个继续缺口，就表明股价的上升或者下降趋势将加强。

应用示例——通过继续缺口分析股价变化形态

上峰水泥（000672）在 2016 年月中旬上涨到阶段性的高位后开始回落，在 7 月 25 日，股价跳空低开低走，以 9.99% 的跌幅收出阴线将股价打压到一个低位，形成普通缺口，随后该股经历了一波长时间的横盘整理行情。

在 12 月 1 日，该股高开高走以涨停板放量收出大阳线拉高股价。次日，该股跳空高开高走，以涨停价放量收出阳线将股价拉上一个高位，形成了一个改变横盘趋势的突破缺口。

在 12 月 5 日，股价继续跳空高开拉高股价形成继续缺口，并在当天以涨停板阳线报收。该缺口加强了股价的上升趋势，并且在此后的一段时间内股价的变动情况都呈上升趋势，如图 6-51 所示。

如果投资者看好该股票的发展前景，可以在出现突破缺口时购买该股票，持续一段时间卖出该股票必定会有收益。

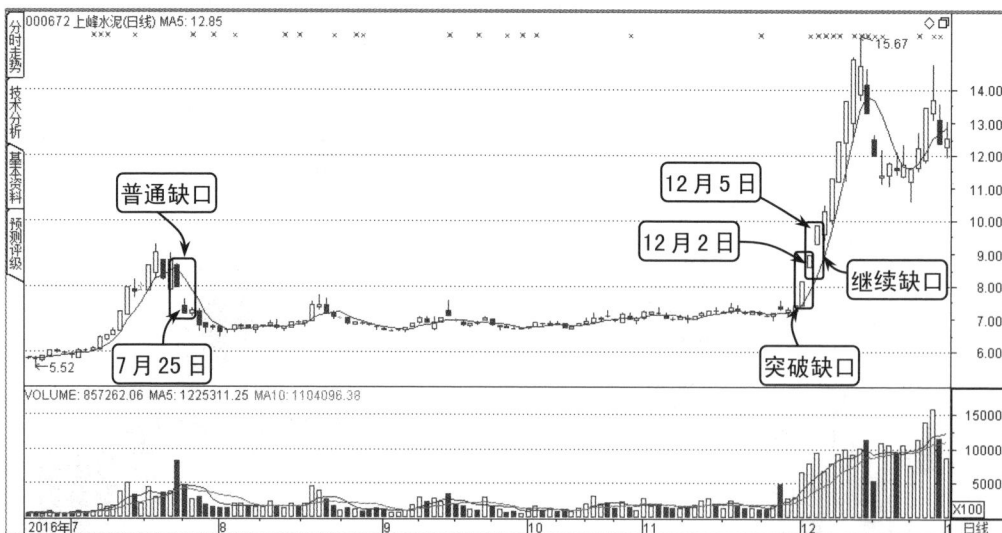

图 6-51　上峰水泥（000672）的继续缺口分析

第200项　通过竭尽缺口判断股价买卖时机

竭尽缺口也叫消耗性缺口，它通常出现在上升行情或者下跌行情的末尾，表示股价趋势将告一个段落，即将进入整理或者反转阶段，并且出现竭尽缺口后，股价将很快补空。

不同的股价趋势形态，竭尽缺口的作用不同。在股价上升趋势中，如果出现竭尽缺口，表示股价将出现下降情况，此时投资者可以在利好时机卖出股票；在股价下降趋势中，如果出现竭尽缺口，表示股价将出现回升，此时投资者可以在利好时机买入股票，如图 6-52 所示。

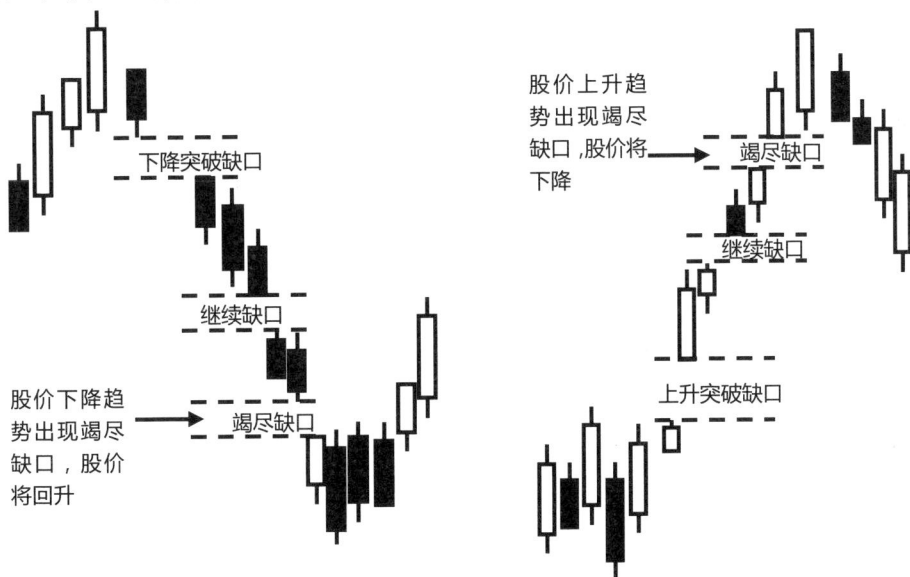

图 6-52　竭尽缺口的形态

第201项　如何判断竭尽缺口

在突破缺口出现后，此后的缺口有可能是竭尽缺口，也有可能是一个或者多个继续缺口，由于二者对股价产生的作用相反，那么如何才能判断持续缺口和竭尽缺口呢？可以从以下几个方面进行判断：

◆ 在上升行情中，如果缺口发生的当日或者下一个交易日，成交量突然剧增，并且在一段时间内不可能出现比这个更大的成交量，说明可预测股价在将来的一段时间内出现下跌趋势，此缺口即为竭尽缺口。

◆ 如果缺口出现后，在下一个交易日有反转行情，且收盘价停在缺口边缘，则缺口为竭尽缺口。

◆ 在下降行情中，如果出现缺口，且成交量急剧萎缩，则该缺口为竭尽缺口。

应用示例——通过竭尽缺口分析股价变化形态

岷江水电（600131）的股价运行到 2016 年 10 月，已经经历了一波长时间的上涨行情，此时的股价处于高价位区，股价随时都有发生逆转的可能。

在 2016 年 10 月 18 日，股价高开高走，以 4.18% 的涨幅收出大阳线，将股价继续拉高，次日股价再次跳空高开，最终以 8.02% 的涨幅收出带长上下影线的阳线将股价拉高到最高的 12.05 元，并形成一个明显的缺口。

从成交量分析，10 月 19 日的成交量是 1 月 18 日的两倍以上，在股价的高价位区，跳空当日出现了翻番的成交量变化，说明此时的缺口为竭尽缺口，如图 6-53 所示。对于较敏感的投资者而言，会马上意识到股价将下跌，需要赶紧抛出所持股票，从而减少投资损失。

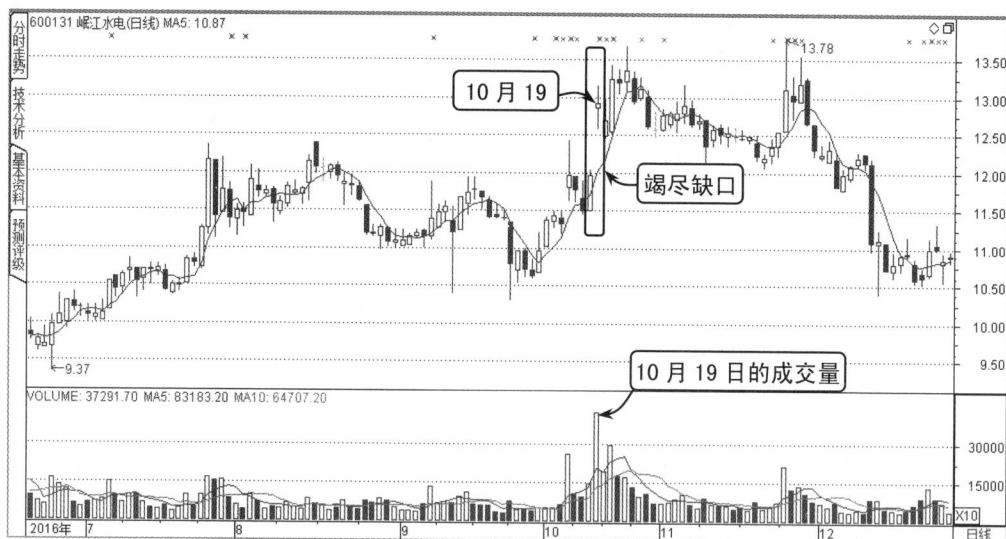

图 6-53　岷江水电（600131）的竭尽缺口分析

趋势中的缺口分析

在股价上涨或下跌趋势过程中，如果出现的缺口越多，说明其趋势变化越快，股价接近反转趋势的时间就越快。

第 7 章

提高行情预测准确性——移动平均线和成交量的分析

股市中影响行情变动的因素很多，仅使用 K 线和缺口对股价变动进行技术分析还不够，还需要综合分析技术指标，如移动平均线和成交量等，从而提高行情预测的准确性和可靠性，让投资者尽量减少损失。

◇　什么是移动平均线
◇　移动平均线有什么特性
◇　移动平均线的组合应用
◇　根据移动平均线的交叉点预测股价走势
◇　成交量的分类有哪些

◇　移动平均线的类型
◇　移动平均线的优点与缺点分别是什么
◇　根据移动平均线转点预测股价走势
◇　根据格兰维尔八大法则判断买卖时机
◇　如何根据成交量形态进行行情判断

一、如何使用移动平均线分析行情变化趋势

移动平均线是应用非常广泛的一种技术指标,对移动平均线进行分析是选中强势股的又一有效的方法。

第202项　什么是移动平均线

移动平均线是分析价格变动趋势的一种方法,它主要是指将指定时间段中的投资者购买股票的平均成本以曲线的方式描绘出来,方便研究和预测后市行情变化趋势。

> **移动平均线的计算方法**
>
> 移动平均线的计算方法就是连续若干天的收盘价的算术平均,天数就是参数。例如,参数为10的移动平均线就是连续10日的收盘价的算术平均价格,记为 MA(10)。

第203项　移动平均线的类型

根据分析时间的长短,可以将移动平均线分为 3 种类型,分别是短期移动平均线、中期移动平均线以及长期移动平均线, 如图 7-1 所示。

短期移动平均线	中期移动平均线	长期移动平均线
• 是指一个月以下的股价波动趋势。 • 常用5日均线和10日均线代表短期趋势。 • 5日均线代表一个星期的波动;10日均线代表半月线。 • 短期移动平均线通常波动较大,过于敏感。	• 是指一个月以上、半年以下的股价波动趋势。 • 常用20日均线、40日均线、60日均线代表中期趋势。 • 20日均线代表1个月的股价波动趋势;40日均线代表两个月的股价波动趋势;60日均线(季线)代表3个月的波动趋势。 • 中期移动平均线走势既不过于敏感,又沉稳,因此最常被投资人使用。	• 是指半年以上的股价波动的趋势。 • 常用的是120日均线与240日均线。 • 120日均线代表半年的波动方向,又叫半年线。 • 240日均线代表的是正好一年的波动方向,又叫年线。 • 长期均线走势过于稳重不灵活。

图 7-1　移动平均线的类型

第204项 移动平均线有什么特性

股价技术分析者利用移动平均线来分析股价动向，主要是因为移动平均线具有趋势性、稳重性、安定性、延迟性和助涨助跌性的特性，其具体内容如图 7-2 所示。

趋势性
- 由于能够表示股价趋势的方向，所以移动平均线具有趋势特性。

稳重性
- 移动平均线起落平稳，向上趋势和向下趋势变动比较缓慢。

安定性
- 股价涨势真正明朗了，移动平均线才会往上延伸，而且经常股价开始回落之初，移动平均线却是向上的，等到股价下滑显著时，才见移动平均线走下坡，这是移动平均线最大的特色。

延迟性
- 计算周期越短的移动平均线，安定性越差，计算周期越长的移动平均线，安定性越强，但也因此使得移动平均线有延迟反应的特性。

助涨助跌性
- 当股价突破了移动平均线时，无论是向上突破还是向下突破，股价有继续向突破方面再走一程的愿望。

图 7-2 移动平均线的特性

第205项 移动平均线的优点与缺点分别是什么

移动平均线具体的优缺点分别如下所示。

(1) 优点

◆ 使用移动平均线可观察股价总的走势，不考虑股价的偶然变动，这样可自动选择出入股市的时机。

◆ 移动平均线能显示买入卖出信号，降低投资风险。

◆ 移动平均线分析比较简单，使投资者能清楚了解当前价格动向。

(2) 缺点

◆ 移动平均线变动缓慢，不易把握股价趋势的高峰与低谷。

◆ 在价格波幅不大的牛皮期间，平均线折中于价格之中，出现上下交错型的买入卖出信号，使分析者无法定论。

◆ 移动平均线的日数没有标准和规定，投资者在拟定计算移动平均线的日数前，必须先清楚了解自己的投资目标。

第206项　移动平均线的组合应用

由于采样数据较为单一，单个移动平均线有时候会频繁发出错误信号。为了避免移动平均线的这种局限性，更有效地掌握买卖的时机，充分发挥移动平均线的功能，一般将不同期间的移动平均线予以组合运用。

(1) 短期移动平均线组合

短期移动平均线组合主要用于观察个股短期的行情变动趋势，常见组合有5日均线、10日均线、20日均线和5日均线、10日均线、30日均线两种组合，其技术意义和使用规则是相同的，效果都不错，组合均线中各均线的作用分别如下：

◆ 5日均线应为多方护盘中枢，不然则上升力度有限，如图7-3所示。

◆ 10日均线则是多头的重要支撑线，10日均线被有效击破，市场就可能转弱。在空头市场中，人气低迷时，弱势反弹阻力位应是10日均线，如图7-3所示。

◆ 20（30）日均线是衡量市场短、中期趋势强弱的重要标志，20（30）日均线向上倾斜时可短期看多、做多，向下倾斜时则短期看空、做空，如图7-3所示。

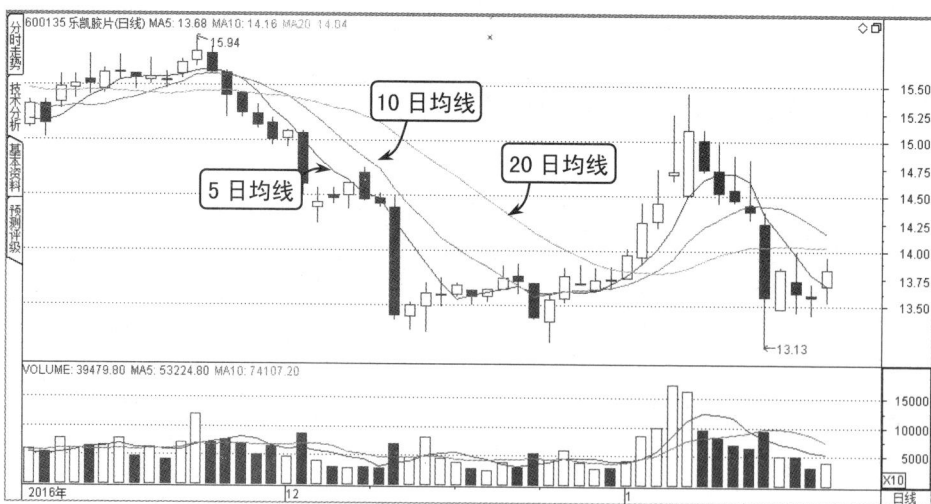

图7-3　乐凯胶片（600135）短期移动平均线组合分析

（2）中期移动平均线组合

中期移动平均线组合主要用于观察大盘或个股中期的行情变动趋势，常见组合有10日均线、30日均线、60日均线和20日均线、40日均线、60日均线两种组合。从实战意义上来说，用中期移动平均线组合分析和研究行情变动趋势比短期移动平均线组合的准确性和可靠性要高。

中期移动平均线组合的排列形状不同，其具有的意义也不同，具体内容如下：

◆ 若中期移动平均线组合呈多头排列状态，说明大盘或个股中期趋势看好，股价将继续上涨，此时投资者中期应看多、做多，如图7-4所示。

◆ 若中期均线组合呈空头排列状态时，说明大盘或个股中期趋势看淡，股价将继续下跌，此时投资者中期应该看空、做空，如图7-4所示。

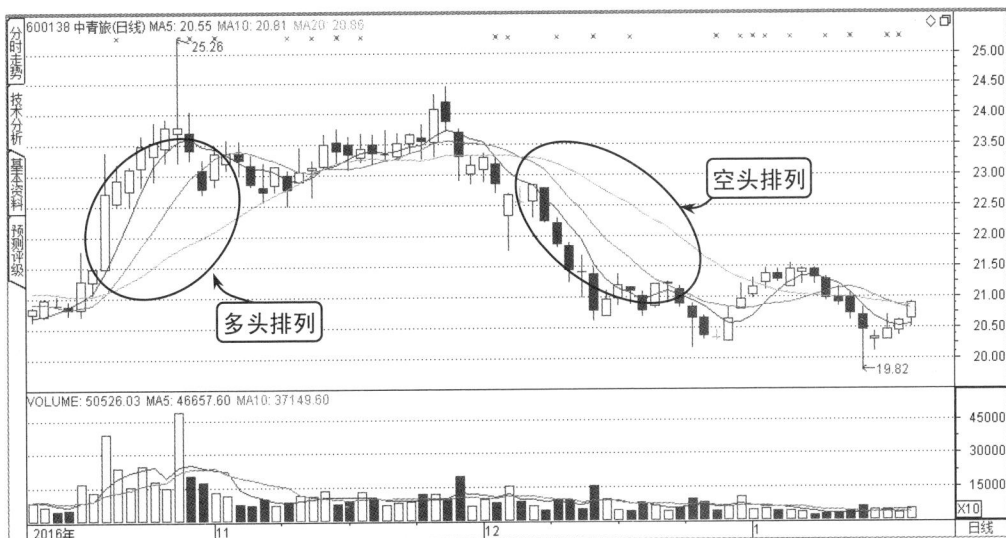

图 7-4　多头排列和空头排列

什么是多头排列和空头排列

多头排列是指日线（K线）在上，以下依次为短期线、中期线、长期线，该排列方式说明过去买进的成本很低，做短线、中线和长线都有钱赚，市场一片看好。

空头排列是指日线（K线）在下，以上依次为短期线、中期线、长期线，该排列方式说明过去买进的成本都比现在高，做短、中、长线的此时抛出都在"割肉"，市场一片看淡。

（3）长期移动平均线组合

长期移动平均线组合主要用于观察大盘或个股中长期的行情变动趋势，常见组合有 30 日均线、60 日均线、120 日均线和 60 日均线、120 日均线、250 日均线两种组合。组合的排列形状不同，其具有的意义也不同，具体内容如下：

◆ 若长期均线组合中的均线形成黄金交叉，成为多头排列时，说明大盘或个股后市看好，此时投资者应保持长多短空的思维进行投资，如图 7-5 所示。

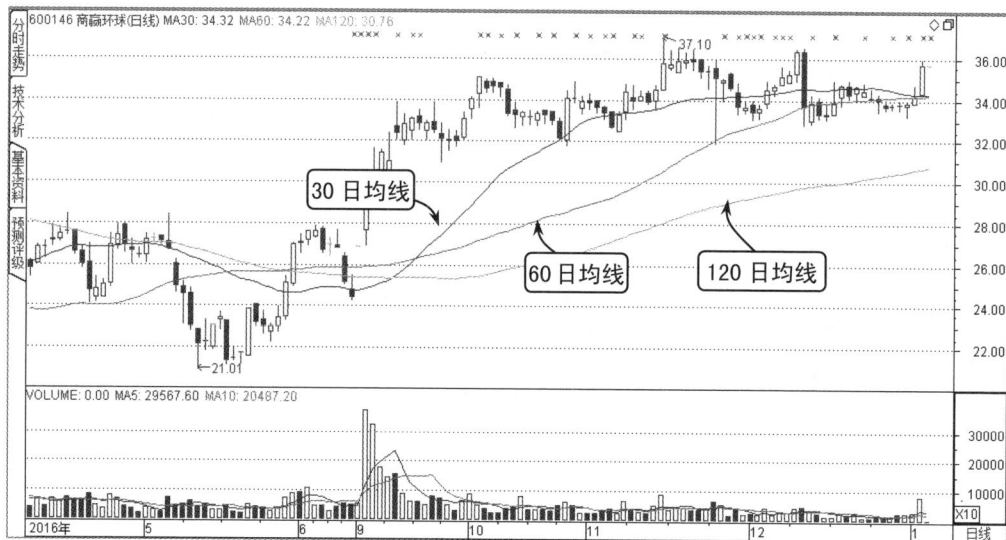

图 7-5　长期移动平均线组合

◆ 若长期均线组合中的均线出现死亡交叉，成为空头排列时，说明大盘或个股后市看淡，此时投资者应保持长空短多的思维进行投资。

第207项　根据移动平均线转点预测股价走势

移动平均线的转点是指移动平均线由下跌转为上升的最低点或是由上升转为下跌的最高点。当出现移动平均线转点时，往往是投资者买入或卖出的最佳时机。不同的移动平均线转点，其对应的意义不同，具体含义如下：

◆ 在上升行情中，股价变动趋势为上涨，对应的移动平均线也以相同的斜率向上变动。此时若出现转点，表明移动平均线的变化趋势将会发生改变，行情将出现走平或下降趋势，这种情形对多方不利，投资者应考虑是否需要卖出股票。

◆ 在下降行情中，股价变动趋势为下跌，对应的移动平均线也以相同的斜率向下变动。此时若出现转点，表明移动平均线的变化趋势将会发生改变，行情将出现走平或上升趋势，此时投资者应考虑是否需要买入股票。

　　无论是哪种类型的移动平均线，其转点的出现位置都是与对应行情的变动情况一致的，如短期移动平均线出现转点的位置与短期的行情变动对应。图 7-6 和图 7-7 所示为华升股份（600156）的日 K 线图，其中 5 日均线和 10 日均线出现转点的位置基本和 K 线走势的位置对应，而 60 日均线出现转点的情况就与日 K 线不能对应。

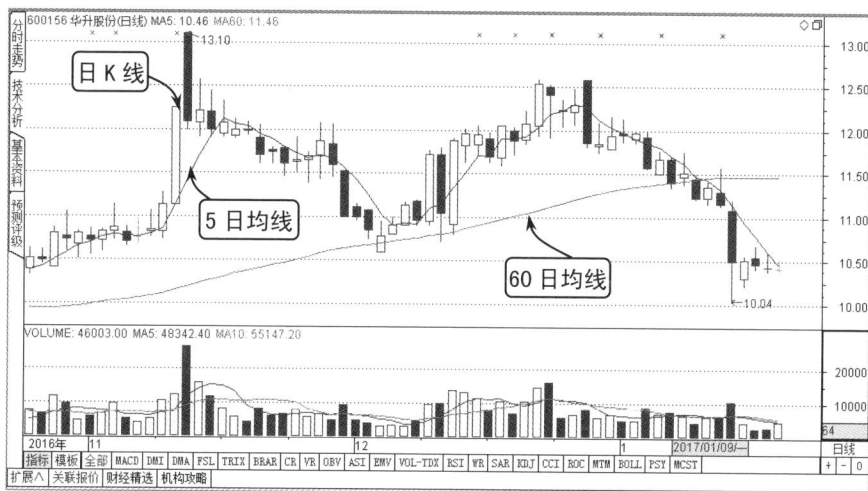

图 7-6　华升股份（600156）5 日均线

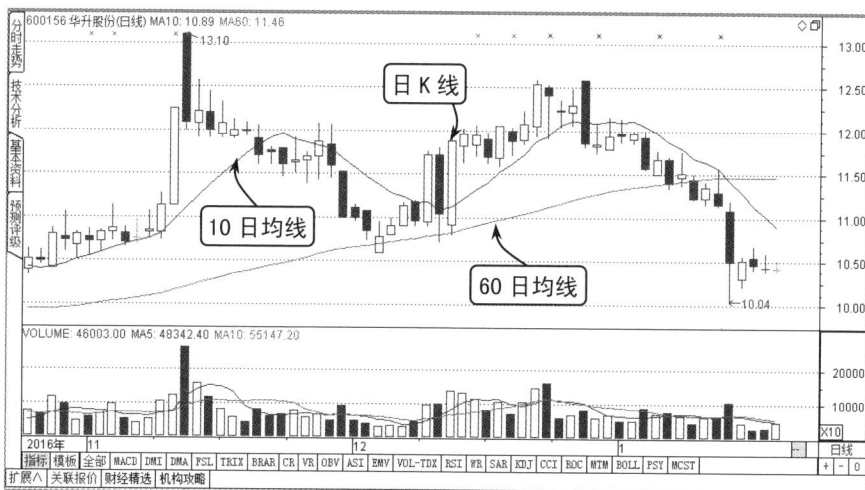

图 7-7　华升股份（600156）10 日均线

第208项　根据移动平均线的交叉点预测股价走势

股票市场中常说的黄金交叉和死亡交叉实际上是向上或向下突破压力或支撑的问题，通过对其交叉点进行分析，可以预测股价走势。

> **移动平均线交叉点的局限性**
>
> 移动平均线只是一种基本趋势线，在反映股价的突变时具有滞后性，投资者仅依据黄金交叉或死亡交叉来买进或卖出具有片面性。因此，投资者在分析行情时，黄金交叉或死亡交叉只能作为一种参考。

(1) 黄金交叉点

所谓黄金交叉就是指上升中的短期移动平均线由下而上穿过上升的中、长期移动平均线的交叉，这个时候压力线被向上突破，表示股价将继续上涨，后市看好，如图7-8所示，此时投资者可以进入股市。

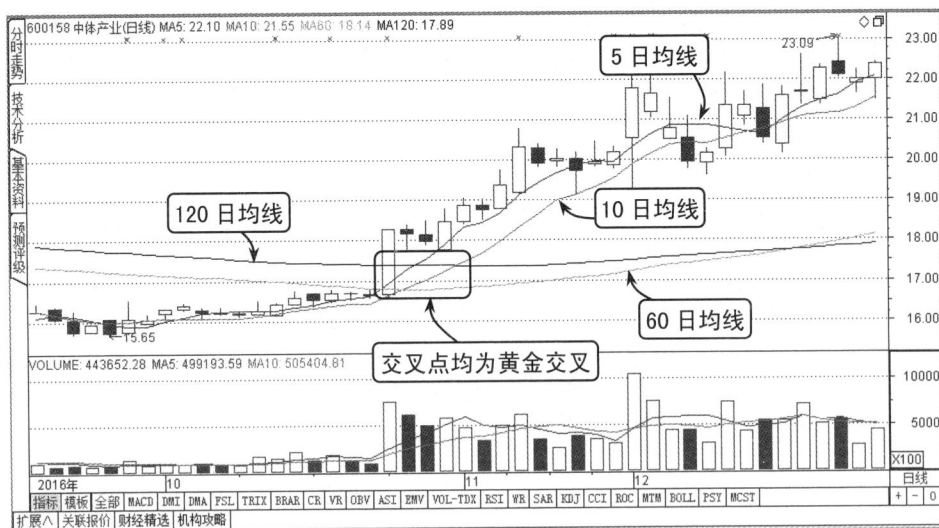

图 7-8　移动平均线的黄金交叉

(2) 死亡交叉点

所谓死亡交叉是指下降中的短期移动平均线由上而下穿过下降的中、长期移动平均线，这个时候支撑线被向下突破，表示股价将继续下降，后市看跌，如图7-9所示，此时投资者可以退出股市。

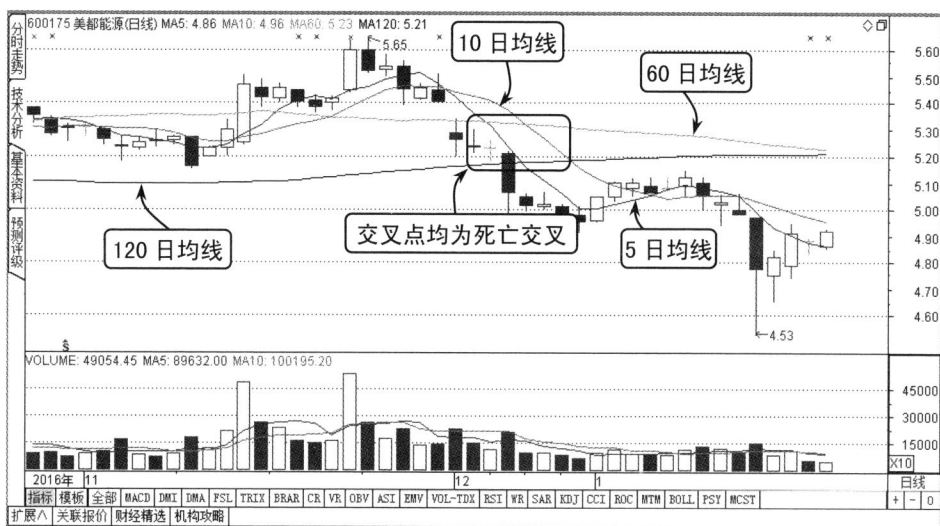

图 7-9　移动平均线的死亡交叉

第209项　根据格兰维尔八大法则判断买卖时机

格兰维尔八大法则是美国著名的投资专家格兰维尔提出的，该法则是以股价和移动平均线为基础进行研究而提出的，由于其内容精辟而被广大投资者视为投资法宝。

格兰维尔八大法则的具体内容如表 7-1 所示，根据其内容可以在二维坐标系中绘制示意图，如图 7-10 所示。

表 7-1　移动平均线的买进信号

	信号描述	示意图位置
移动平均线买进信号	移动平均线从下降逐渐走平，而股价从平均线的下方突破平均线	1
	股价虽跌入平均线下，而平均线仍在上扬，不久又回复到平均线上	2
	股价趋势线走在平均线之上，股价突然下跌，但未跌破平均线，股价又上升	4
	股价跌破移动平均线后继续暴跌，离移动平均线越来越远，经过一段时间后股价开始上升	6

续表

	信号描述	示意图位置
移动平均线卖出信号	平均线走势从上升逐渐走平，而股价从平均线的上方往下跌破平均线	3
	股价虽上升突破平均线，但又立刻回复到平均线之下，而且平均线仍然继续下跌	5
	股价趋势线在平均线之下，股价上升但未达平均线又告回落	7
	股价虽然短暂突破移动平均线，但又迅速回落到移动平均线以下，即移动平均线仍处于下跌趋势中	8

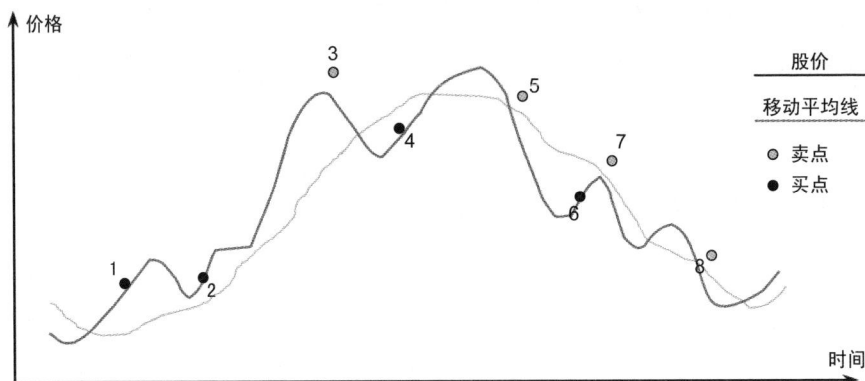

图 7-10 格兰维尔法则买卖点示意图

二、如何通过成交量判断股价涨跌情况

在股市中，很多数据和信息都可以造假，唯独成交量是不会骗人的，因此在技术分析上，成交量的分析也是提高行情预测准确性和可靠性的一项重要指标。

第210项 什么是成交量

成交量是一种供需的表现，它可以通过股票的成交股数、金额等参数反映股市的人气聚散信息，从而判断股票后市是否被投资者看好。一般情况下，成交量大且价格上涨的股票，后市看好，如图 7-11 所示。

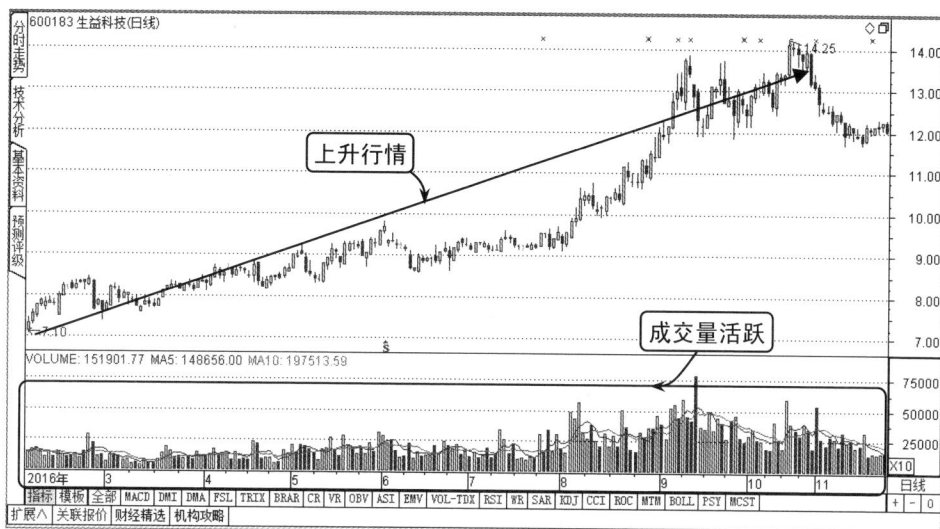

图 7-11　上升行情中的成交量情况

　　成交量持续低迷时，一般出现在熊市或股票整理阶段，市场交投不活跃，如图 7-12 所示。

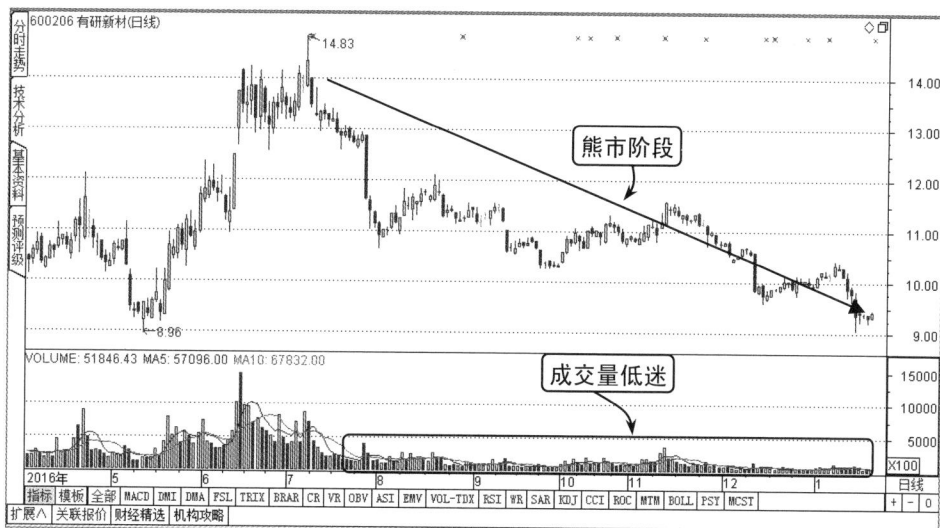

图 7-12　熊市阶段的成交量情况

第211项　成交量的分类有哪些

成交量是研究和预测行情的重要指标之一，其大小反映了多空双方交战的规模和争夺的激烈程度。它可以从时间和形态上划分不同的类型，其内容如图 7-13 所示。

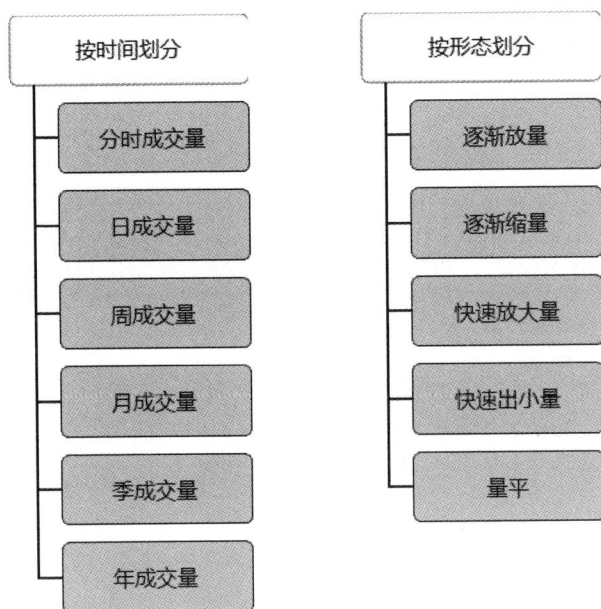

图 7-13　成交量的分类

按时间划分的成交量

按时间划分成交量的基础是 K 线的类型，不同的 K 线类型对应相应的成交量类型。通过它们的名称就可以知道当前分析的成交量的时间周期。对于分时成交量而言，它又可以分为 1 分钟成交量、5 分钟成交量、15 分钟成交量、30 分钟成交量和 60 分钟成交量。

第212项　如何根据成交量形态进行行情判断

成交量按形态可以分为 5 种，不同的形态在行情中的意义是不同的。

(1) 逐渐放量形态

逐渐放量就是随着时间的推移成交量总体趋势为逐步增大，如图 7-14 所示，不同行情中出现该形态其意义不同。例如在上涨初期出现逐渐放量形态,表示后市看好,投资者可以在低价建仓;如果在上涨后期出现逐渐放量形态,行情有可能出现转势,因此投资者需要认真分析,谨慎入市。

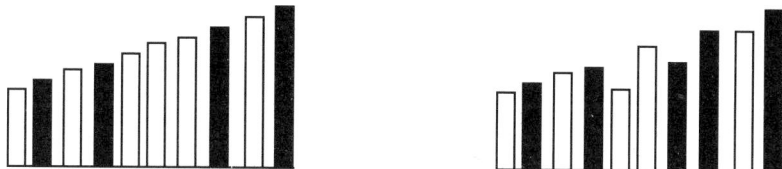

图 7-14 逐渐放量形态

应用示例——逐渐放量形态的分析

如图 7-15 所示,太龙药业(600222)在 2016 年 5 月到 12 月期间,经历了一波可观的上升行情。图中的 A、B、C 点位置处股价都在上涨,其成交量也出现比较明显的逐渐放量形态。而从整个上升行情来看,A、B 点处于上升行情的初期和中期,是比较安全的入市时间,在此段时间内逢低入市并持股等待都会有收益。而 C 点处于上升行情的末期,此时投资者就要慎重入市,因为庄家随时都可能抛盘。

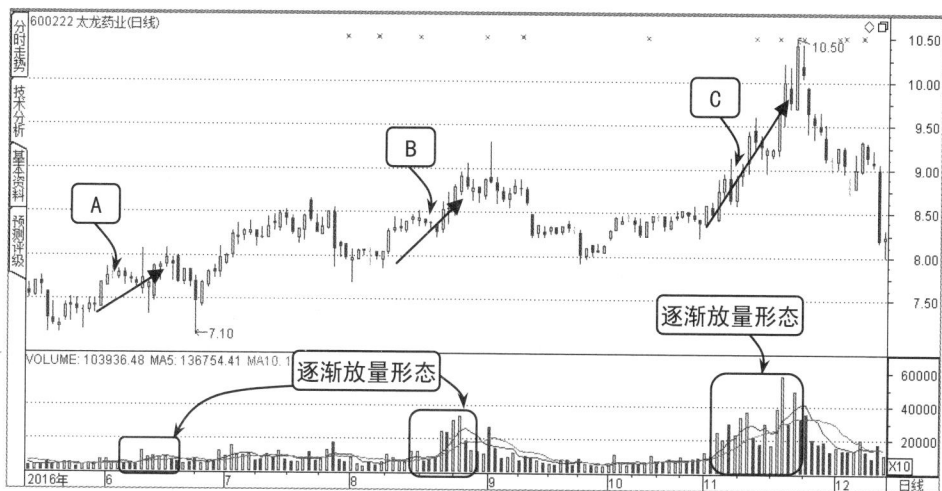

图 7-15 太龙药业(600222)成交量的逐渐放量形态分析

(2)逐渐缩量形态

逐渐缩量就是随着时间的推移成交量总体趋势为逐渐减小,如图 7-16 所示。与逐渐放量相同,在不同的时期,逐渐缩量代表的涨跌信号不同,如果是在上涨初期缩量,有可能是主力欲抛售部分股票,这种情况下,后市还有一段上升行情,因为这是主力故意打压部分散户,从而方便其再次进入股市。如果在上涨后期缩量,有可能是主力将股价拉升到高位后欲全部出货,这是行情转势的信号,股价将下跌。

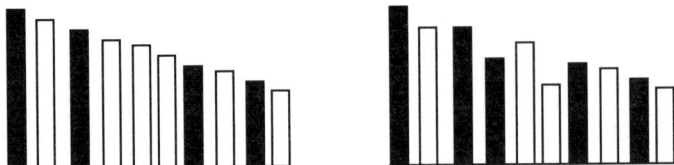

图 7-16　逐渐缩量形态

应用示例——逐渐缩量形态的分析

如图 7-17 所示,昌九生化(600228)在 2016 年 2 月到 2017 年 1 月经历了一波上升行情,从最低的 9.61 元附近上涨到最高的 21.26 元附近。

在整个上升行情中,在 A、B 和 C 位置都有明显的下跌回落,对应的成交量变为逐渐缩量形态,此时并不能说股价下跌就是行情逆转。从运行位置看到,股价在 A 点和 B 点的下跌回调都是主力洗盘的动作,目的是为拉升股价储备动力,此时投资者可以采取逢低买入并持股待涨的策略。但是在 C 点的下跌回落,投资者就要谨慎了,因为股价已经大幅上涨到高价位区,此时为了资金安全,投资者可以选择抛出股票,尽量减少投资损失。

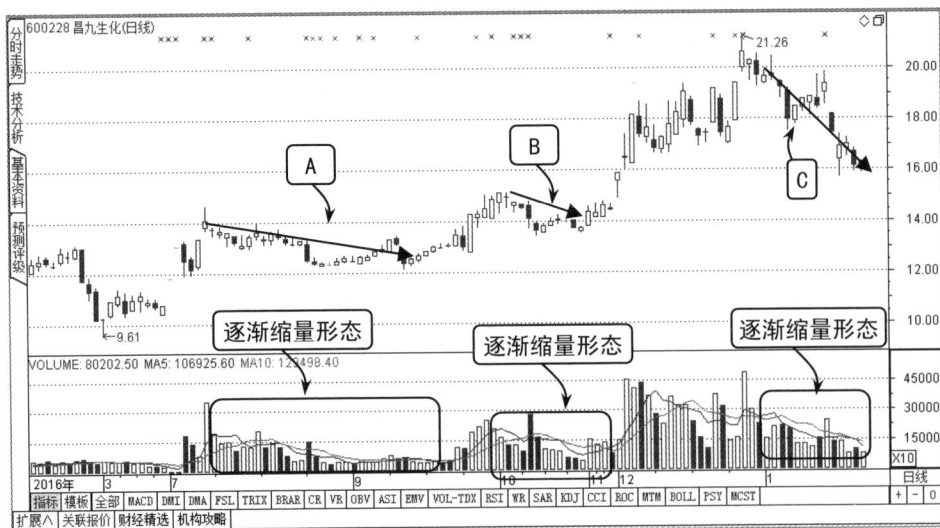

图 7-17　昌九生化(600228)成交量的逐渐缩量形态分析

（3）快速放大量形态

快速放大量就是在持续较小成交量后突然出现很大的成交量，如图 7-18 所示，这种形态在上升行情的初期、中期或在下降行情的末期，都是投资者做多的好时期，投资者可以再逢低吸纳。如果在上升行情的末期或者下跌行情的初期和中期，这种情况下后市不被看好，投资者可以选择空仓观望。

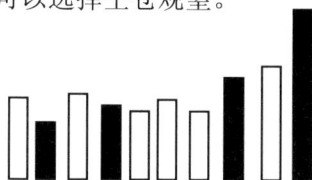

图 7-18　快速放大量形态

▨ 应用示例——快速放大量形态的分析

如图 7-19 所示，南通锻压（300280）在 2013 年 6 月到 2013 年 11 月中旬，股价始终在 8 元附近进行窄幅横盘整理，整理时间长达 4 个多月。随后股价在 11 月中旬脱离了横盘整理的行情，步入上涨行情，但是整个上涨幅度比较小，而且成交量相对于前期的横盘整理阶段并没有太大的变化。

在 2014 年 1 月 16 日，股价运行到上涨行情的中期，当日，该股跳空高开，放大量涨停板收出一条阳线将股价拉高。次日也是放量拉升股价，股价突涨，成交量快速放大，说明主力接下来要开始拉升动作了。经过前期较长时间的整理，主力已经收集了足够的筹码，预测后市的拉升也是强劲的，投资者可以随主力试着做多，逢低吸纳，分批建仓。

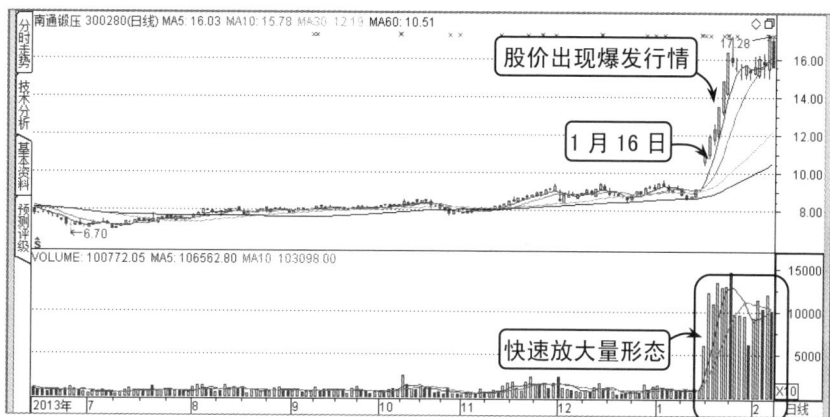

图 7-19　南通锻压（300280）成交量的快速放大量形态分析

（4）快速出小量形态

快速出小量就是在连续出现很多大的成交量后突然出现较小成交量，如图 7-20 所示。这种形态出现在下降行情的初期和中期都不适宜入市，投资者应选择空仓观望的策略。而在下降行情的末期，由于做空局势已经基本稳定，投资者应转空头为多头，可以分批建仓。

图 7-20　快速出小量形态

应用示例——快速出小量形态的分析

如图 7-21 所示，天科股份（600378）在 2016 年 11 月 9 日以 256468 的成交巨量拉高股价步入阶段性的高位，随后股价走平，短短几日后便出现下滑趋势。在连续收出 4 根阴线后，于 11 月 17 日再次低开低走收出中阴线。观察成交量变化，此时的成交量只有 51227，相比 11 月 9 日下降了近 5 倍，出现比较明显的快速出小量形态，主要是因为主力已撤退，行情已经发生逆转。投资者见到这种情况，要果断清仓出局。

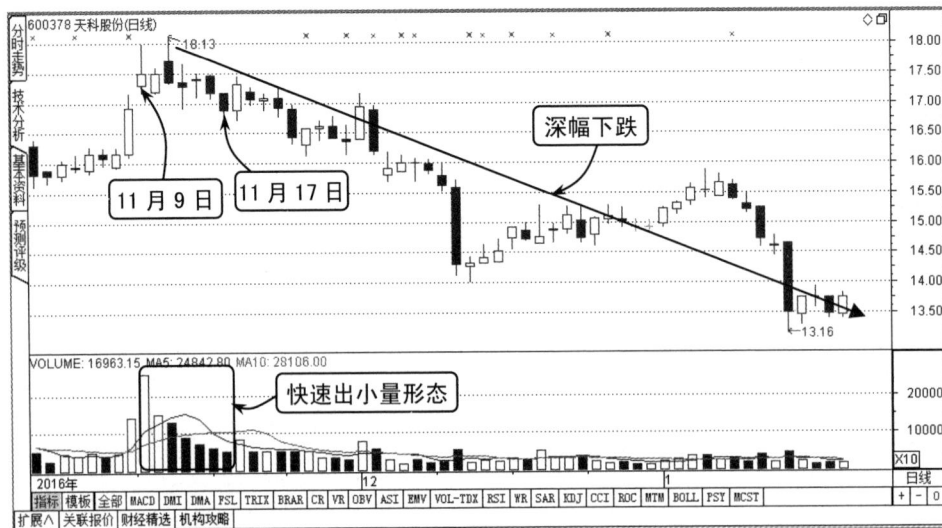

图 7-21　天科股份（600378）成交量的快速出小量形态分析

（5）量平

量平就是指在一段时间内，成交量的总体趋势持平，根据某一时间段成交量的大小，可将量平划分为量大平、量中平和量小平，如图 7-22 所示。

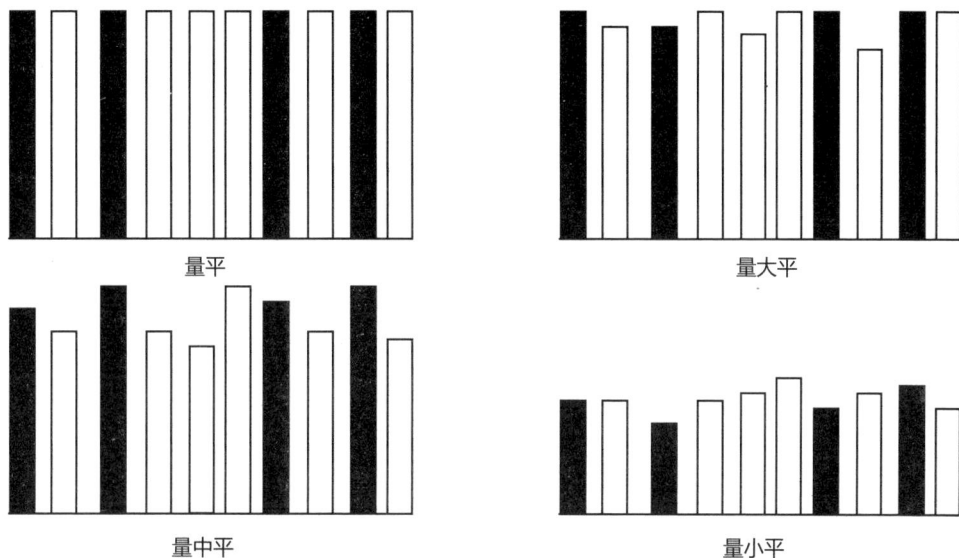

图 7-22 量平形态

不同的量平形态，其在各个时期的意义不同，其具体意义如下所示。

◆ **量大平**：上升行情初期，量大平主要是由于多方主力采取稳扎稳打的策略，步步为营推高股价，后市看涨，因此投资者可以跟着主力做多；而在上升行情中期，为了谨防主力连续用量大平出货，可以退出观望。

◆ **量中平**：上升行情中期，出现量中平形态，投资者要谨慎做多；而在下降行情中出现量中平，主要是由于下跌趋势已经比较明显，持股者已在陆续出货。

◆ **量小平**：上升行情中期出现量小平，说明主力很强，投资者可以持股做多。而在后期出现量小平，投资者不用急于出货，因为主力出货不能在瞬间完成，因此可以再持股一段时间。下降行情初期或者中期出现量小平，都是主力在大量出货，后市将继续下跌，投资者应全线做空。而在后期，由于行情趋于见底，此时投资者可以逢低纳入，分批建仓。

应用示例——量平形态的分析

如图 7-23 所示，柳化股份（600423）在 2016 年 5 月至 8 月经历了一波下跌企稳回升的转势行情。观察在整个行情中的成交量变化，发现 A 点属于下降行情的后期，成交量出现明显的量小平形态，可以预测股价见底，行情发生逆转，因此投资者可以逢低纳入。而 B 点为上升行情的初期，成交量出现明显的量大平形态，可能是庄家在拉升股价，对于在 A 点没有分析出入市时机的投资者，可以在此时进入股市，持股待涨。

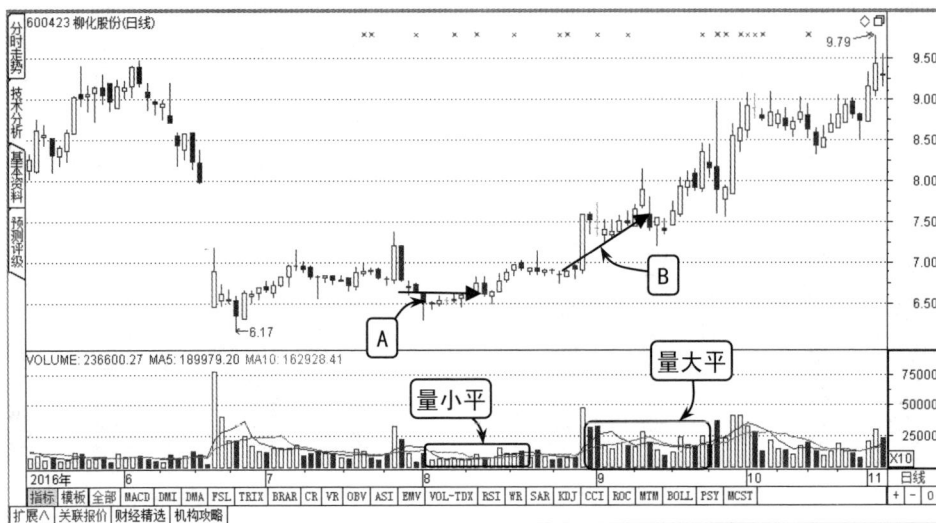

图 7-23　柳化股份（600423）成交量的量平形态分析

第8章

赢在工具——通达信炒股软件简介

通达信软件视频教学：

文件名称	下载链接	二维码
01 通达信：软件下载、安装与卸载——01 下载通达信软件	http://upload.crphdm.com/2017/0816/150284518323 8.mp4	
01 通达信：软件下载、安装与卸载——02 下载长江证券软件	http://upload.crphdm.com/2017/0816/150284518447 6.mp4	
01 通达信：软件下载、安装与卸载——03 安装通达信软件	http://upload.crphdm.com/2017/0816/150284518526 1.mp4	
01 通达信：软件下载、安装与卸载——04 安装长江证券软件	http://upload.crphdm.com/2017/0816/150284518674 2.mp4	
01 通达信：软件下载、安装与卸载——05 通过控制面板卸载通达信软件	http://upload.crphdm.com/2017/0816/150284518726 3.mp4	
01 通达信：软件下载、安装与卸载——06 通过软件自带的卸载程序卸载通达信软件	http://upload.crphdm.com/2017/0816/150284518817 2.mp4	

同花顺软件视频教学：

文件名称	下载链接	二维码
01 同花顺：下载软件——01 下载同花顺软件	http://upload.crphdm.com/2017/0816/1502862504 303.mp4	
01 同花顺：下载软件——02 安装同花顺软件	http://upload.crphdm.com/2017/0816/1502862505 305.mp4	
01 同花顺：下载软件——03 通过控制面板卸载同花顺软件	http://upload.crphdm.com/2017/0816/1502862506 158.mp4	
01 同花顺：下载软件——04 通过软件自带的卸载程序卸载同花顺软件	http://upload.crphdm.com/2017/0816/1502862507 712.mp4	
02 同花顺：软件的登录、隐藏与退出——05 免费注册同花顺账号	http://upload.crphdm.com/2017/0816/1502862508 382.mp4	
02 同花顺：软件的登录、隐藏与退出——06 账户登录同花顺软件	http://upload.crphdm.com/2017/0816/1502862509 147.mp4	

02 通达信：软件的启动、退出与重启——07 用资金账号登录软件	http://upload.crphdm.com/2017/0816/150284518995 0.mp4		02 同花顺：软件的登录、隐藏与退出——07 游客登录同花顺软件	http://upload.crphdm.com/2017/0816/1502862510 495.mp4	
02 通达信：软件的启动、退出与重启——08 以独立行情登录软件	http://upload.crphdm.com/2017/0816/150284519037 6.mp4		02 同花顺：软件的登录、隐藏与退出——08 同花顺软件的操作界面介绍	http://upload.crphdm.com/2017/0816/1502862512 750.mp4	
02 通达信：软件的启动、退出与重启——09 以独立交易方式登录软件	http://upload.crphdm.com/2017/0816/150284519141 4.mp4		02 同花顺：软件的登录、隐藏与退出——09 隐藏同花顺软件的界面	http://upload.crphdm.com/2017/0816/1502862513 994.mp4	
02 通达信：软件的启动、退出与重启——10 利用菜单退出通达信软件	http://upload.crphdm.com/2017/0816/150284519235 0.mp4		02 同花顺：软件的登录、隐藏与退出——10 利用菜单退出同花顺软件	http://upload.crphdm.com/2017/0816/1502862514 737.mp4	
02 通达信：软件的启动、退出与重启——11 通过关闭按钮退出通达信软件	http://upload.crphdm.com/2017/0816/150284519324 2.mp4		02 同花顺：软件的登录、隐藏与退出——11 通过关闭按钮退出同花顺软件	http://upload.crphdm.com/2017/0816/1502862515 448.mp4	
02 通达信：软件的启动、退出与重启——12 重新登录软件	http://upload.crphdm.com/2017/0816/150284519459 6.mp4		02 同花顺：软件的登录、隐藏与退出——12 切换同花顺的登录账户	http://upload.crphdm.com/2017/0816/1502862516 971.mp4	
03 通达信：软件程序的基本设置——13 使用内置的配色方案	http://upload.crphdm.com/2017/0816/150284519567 0.mp4		03 同花顺：软件程序的基本设置——13 使用内置的配色方案	http://upload.crphdm.com/2017/0816/1502862517 991.mp4	
03 通达信：软件程序的基本设置——14 自定义配色方案	http://upload.crphdm.com/2017/0816/150284519738 3.mp4		03 同花顺：软件程序的基本设置——14 自定义配色方案	http://upload.crphdm.com/2017/0816/1502862519 644.mp4	

03 通达信：软件程序的基本设置——15 删除不需要的配色方案	http://upload.crphdm.com/2017/0816/150284519860 3.mp4		03 同花顺：软件程序的基本设置——15 删除不需要的配色方案	http://upload.crphdm.com/2017/0816/1502862520 661.mp4	
03 通达信：软件程序的基本设置——16 自定义设置软件的显示字体	http://upload.crphdm.com/2017/0816/150284520023 0.mp4		03 同花顺：软件程序的基本设置——16 管理信息提示	http://upload.crphdm.com/2017/0816/1502862521 402.mp4	
03 通达信：软件程序的基本设置——17 恢复缺省字体格式	http://upload.crphdm.com/2017/0816/150284520184 3.mp4		03 同花顺：软件程序的基本设置——17 恢复默认的系统设置	http://upload.crphdm.com/2017/0816/1502862522 835.mp4	
03 通达信：软件程序的基本设置——18 更改报价字号	http://upload.crphdm.com/2017/0816/150284520217 9.mp4		03 同花顺：软件程序的基本设置——18 设置大字报价	http://upload.crphdm.com/2017/0816/1502862523 827.mp4	
03 通达信：软件程序的基本设置——19 管理分类标签	http://upload.crphdm.com/2017/0816/150284520436 7.mp4		04 同花顺：软件在实际操作中的应用——19 查看各类证券报价	http://upload.crphdm.com/2017/0816/1502862525 998.mp4	
04 通达信：软件在实际操作中的应用——20 查看各类证券报价	http://upload.crphdm.com/2017/0816/150284520544 5.mp4		04 同花顺：软件在实际操作中的应用——20 按某个指标的升序降序查看行情	http://upload.crphdm.com/2017/0816/1502862527 384.mp4	
04 通达信：软件在实际操作中的应用——21 按某个指标的升序降序查看行情	http://upload.crphdm.com/2017/0816/150284520642 0.mp4		04 同花顺：软件在实际操作中的应用——21 了解股票市场行情	http://upload.crphdm.com/2017/0816/1502862529 280.mp4	
04 通达信：软件在实际操作中的应用——22 查看大盘行情	http://upload.crphdm.com/2017/0816/150284520744 9.mp4		04 同花顺：软件在实际操作中的应用——22 查看大盘行情	http://upload.crphdm.com/2017/0816/1502862530 458.mp4	

04 通达信：软件在实际操作中的应用——23 认识大盘分时图	http://upload.crphdm.com/2017/0816/150284520971 4.mp4	
04 通达信：软件在实际操作中的应用——24 认识大盘 K 线图	http://upload.crphdm.com/2017/0816/150284521064 5.mp4	
04 通达信：软件在实际操作中的应用——25 查看个股行情	http://upload.crphdm.com/2017/0816/150284521237 1.mp4	
04 通达信：软件在实际操作中的应用——26 同时查看多只股票的走势	http://upload.crphdm.com/2017/0816/150284521345 4.mp4	
04 通达信：软件在实际操作中的应用——27 利用市场雷达发现股票的异动	http://upload.crphdm.com/2017/0816/150284521558 1.mp4	
04 通达信：软件在实际操作中的应用——28 利用条件预警功能	http://upload.crphdm.com/2017/0816/150284521740 4.mp4	
05 通达信：个股基本操作——29 查看个股资料	http://upload.crphdm.com/2017/0816/150284521869 6.mp4	
05 通达信：个股基本操作——30 查看个股资讯信息	http://upload.crphdm.com/2017/0816/150284521967 0.mp4	

04 同花顺：软件在实际操作中的应用——23 认识大盘分时图	http://upload.crphdm.com/2017/0816/1502862533 446.mp4	
04 同花顺：软件在实际操作中的应用——24 认识大盘 K 线图	http://upload.crphdm.com/2017/0816/1502862534 646.mp4	
04 同花顺：软件在实际操作中的应用——25 查看个股行情	http://upload.crphdm.com/2017/0816/1502862536 626.mp4	
04 同花顺：软件在实际操作中的应用——26 鹰眼盯盘	http://upload.crphdm.com/2017/0816/1502862537 981.mp4	
04 同花顺：软件在实际操作中的应用——27 短线精灵	http://upload.crphdm.com/2017/0816/1502862538 611.mp4	
05 同花顺：个股基本操作——28 查看个股资料	http://upload.crphdm.com/2017/0816/1502862540 996.mp4	
05 同花顺：个股基本操作——29 更换个股分析周期	http://upload.crphdm.com/2017/0816/1502862542 592.mp4	
05 同花顺：个股基本操作——30 查看个股历史 K 线或分时图	http://upload.crphdm.com/2017/0816/1502862543 892.mp4	

05 通达信：个股基本操作——31 更换个股分析周期	http://upload.crphdm.com/2017/0816/150284522014 5.mp4		05 同花顺：个股基本操作——31 放大或缩小 K 线图的显示效果	http://upload.crphdm.com/2017/0816/1502862544 642.mp4	
05 通达信：个股基本操作——32 查看个股历史 K 线或分时图	http://upload.crphdm.com/2017/0816/150284522147 0.mp4		05 同花顺：个股基本操作——32 个股预警设置	http://upload.crphdm.com/2017/0816/1502862545 261.mp4	
05 通达信：个股基本操作——33 设置指标窗口个数	http://upload.crphdm.com/2017/0816/150284522230 3.mp4		05 同花顺：个股基本操作——33 添加自选股	http://upload.crphdm.com/2017/0816/1502862547 138.mp4	
05 通达信：个股基本操作——34 修改主图和副图的指标类型	http://upload.crphdm.com/2017/0816/150284522385 5.mp4		06 同花顺：常用炒股技术介绍——34 认识 K 线及其应用	http://upload.crphdm.com/2017/0816/1502862549 795.mp4	
05 通达信：个股基本操作——35 放大缩小 K 线图的显示效果	http://upload.crphdm.com/2017/0816/150284522417 4.mp4		06 同花顺：常用炒股技术介绍——35 移动平均线及其应用	http://upload.crphdm.com/2017/0816/1502862552 213.mp4	
05 通达信：个股基本操作——36 添加自选股	http://upload.crphdm.com/2017/0816/150284522630 3.mp4		06 同花顺：常用炒股技术介绍——36 成交量的应用	http://upload.crphdm.com/2017/0816/1502862557 699.mp4	
06 通达信：常用炒股技术介绍——37 认识 K 线及其应用	http://upload.crphdm.com/2017/0816/150284522775 9.mp4		07 同花顺：网上委托交易操作——37 进入委托交易系统	http://upload.crphdm.com/2017/0816/1502862559 853.mp4	
06 通达信：常用炒股技术介绍——38 移动平均线及其应用	http://upload.crphdm.com/2017/0816/150284523011 0.mp4		07 同花顺：网上委托交易操作——38 银证转账操作	http://upload.crphdm.com/2017/0816/1502862560 547.mp4	

06 通达信：常用炒股技术介绍——39 成交量的应用	http://upload.crphdm.com/2017/0816/150284523594 2.mp4		07 同花顺：网上委托交易操作——39 买入股票操作	http://upload.crphdm.com/2017/0816/1502862561 277.mp4	
07 通达信：网上委托交易操作——40 银证转账操作	http://upload.crphdm.com/2017/0816/150284523649 4.mp4		07 同花顺：网上委托交易操作——40 卖出股票操作	http://upload.crphdm.com/2017/0816/1502862562 928.mp4	
07 通达信：网上委托交易操作——41 买入股票操作	http://upload.crphdm.com/2017/0816/150284523775 4.mp4		07 同花顺：网上委托交易操作——41 撤销买卖单操作	http://upload.crphdm.com/2017/0816/1502862562 504.mp4	
07 通达信：网上委托交易操作——42 卖出股票操作	http://upload.crphdm.com/2017/0816/150284523858 1.mp4		07 同花顺：网上委托交易操作——42 进入模拟炒股系统	http://upload.crphdm.com/2017/0816/1502862563 580.mp4	
07 通达信：网上委托交易操作——43 撤销买卖单操作	http://upload.crphdm.com/2017/0816/150284523935 5.mp4		07 同花顺：网上委托交易操作——43 模拟买入股票	http://upload.crphdm.com/2017/0816/1502862564 659.mp4	
08 通达信：利用个人理财功能模拟炒股——44 创建账户	http://upload.crphdm.com/2017/0816/150284524027 6.mp4		07 同花顺：网上委托交易操作——44 模拟卖出股票	http://upload.crphdm.com/2017/0816/1502862565 506.mp4	
08 通达信：利用个人理财功能模拟炒股——45 买入股票	http://upload.crphdm.com/2017/0816/150284524187 6.mp4		07 同花顺：网上委托交易操作——45 如何进入小财神页面	http://upload.crphdm.com/2017/0816/1502862567 567.mp4	
08 通达信：利用个人理财功能模拟炒股——46 投资分析	http://upload.crphdm.com/2017/0816/150284524287 1.mp4		07 同花顺：网上委托交易操作——46 通过小财神买卖股票	http://upload.crphdm.com/2017/0816/1502862567 870.mp4	

08 通达信：利用个人理财功能模拟炒股——47 卖出股票	http://upload.crphdm.com/2017/0816/150284243532.mp4	08 通达信：利用个人理财功能模拟炒股——48 修改参数	http://upload.crphdm.com/2017/0816/1502845245907.mp4

一、通达信软件使用指南

通达信软件是深圳市财富趋势科技有限责任公司开发的一款证券分析系统，它能在 Windows XP/7/8/10 等平台上运行，由于该软件具有功能强大、操作便捷、界面友好，而且能够从互联网上接收实时行情等特性，因此深受各类证券投资者好评。

第213项　启动与退出通达信软件的操作

投资者可以在开户证券公司的官方网站上下载相应的炒股软件，然后安装在电脑中即可使用，其具体的启动和退出操作与一般应用程序的操作相似。

应用示例——启动与退出华西证券交易软件通达信版

Step01 单击"开始"按钮，在弹出的"所有程序"菜单中选择"华西证券华彩人生"/"华彩人生一点通"命令启动交易软件。

Step02 在"登录方式"下拉列表框中选择"资金账号"选项，在其后的下拉列表框中选择开设账户的证券营业部，输入资金账号、交易密码和验证码后单击"登录"按钮登录交易程序。

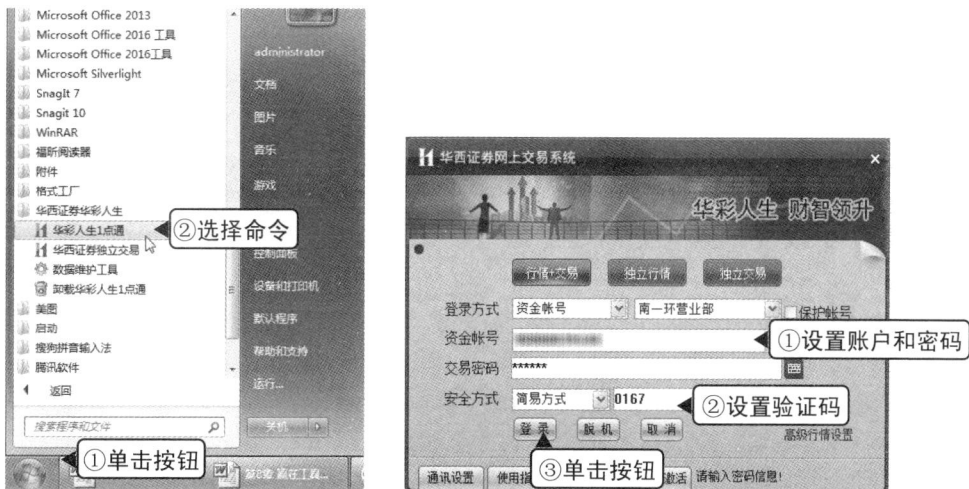

Step03 系统直接登录到行情页面，在其中即可查看股市行情。如果要退出操作，选择"系统"/"退出系统"命令或者单击右上角的关闭按钮，打开提示对话框，在其中单击"退出"按钮，再在打开的对话框中单击"否"按钮完成操作。

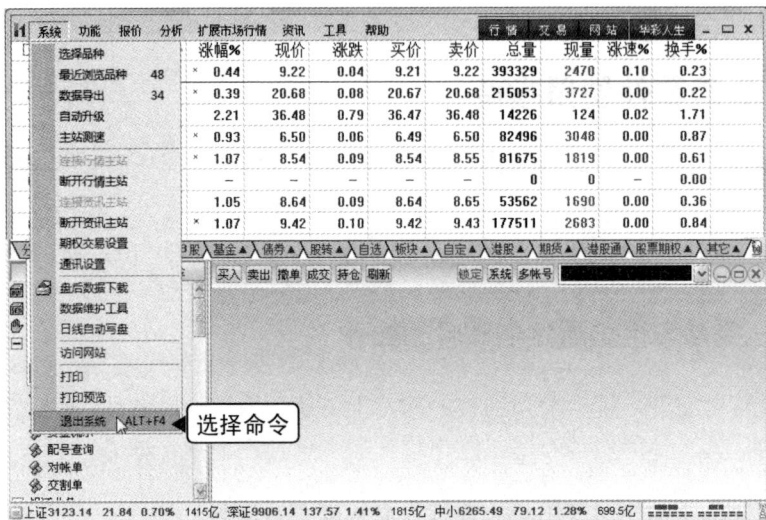

第214项　认识通达信软件界面

登录成功后即可进入到软件的交易界面，默认情况下该页面由菜单栏、工具栏、状态栏、报价区域和辅助区组成，如图 8-1 所示。

图 8-1　通达信软件界面

默认情况下，工具栏没有显示，如果要弹出工具栏，直接将鼠标光标移动到菜单栏的任意位置即可。报价区域用于显示不同类型的证券的报价信息，辅助区用于辅助投资者进行股票交易的相关操作。当不需要该窗口时，可单击区域右侧的关闭按钮⊗将其关闭。

第215项 快速查看沪深指数

沪深指数代表沪深两大股市中所有股票的行情变动情况，投资者如果要查看整个沪深股指的变动情况，可以按【F3】键和【F4】键进行切换。

📈 应用示例——通过快捷键查看上证指数和深证成指

Step01 启动软件进入行情报价页面，按【F3】键进入上证指数界面。

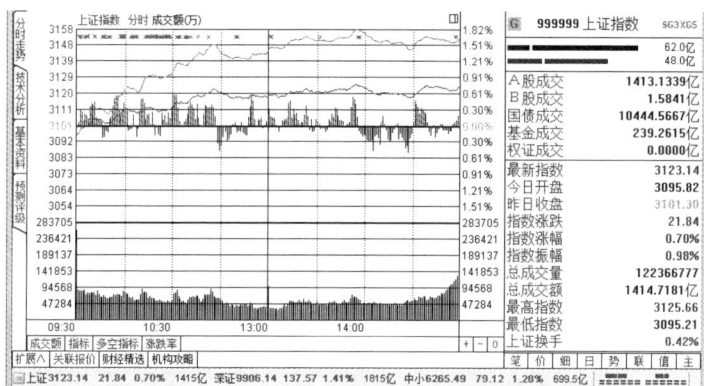

Step02 按【F4】键进入深证成指页面（如果要返回行情报价页面，直接按【Esc】键即可）。

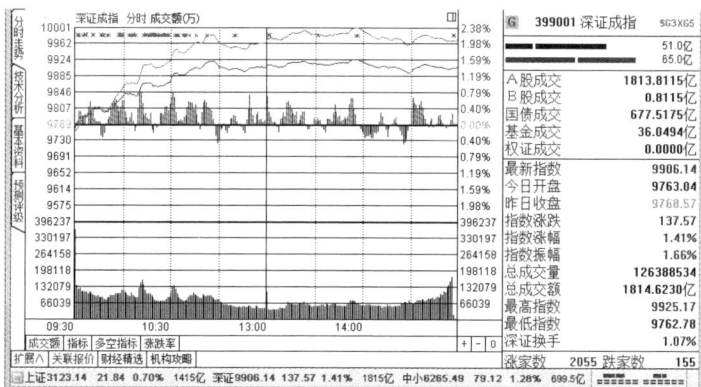

第216项　如何在软件中查看财经信息

　　财经信息是投资者在进行证券投资中必须关注的一项信息，投资者可以在网络中查看，也可以直接利用炒股软件提供的获取财经信息功能进行查看。

应用示例——查看策略周报

Step01　启动软件进入行情报价页面，选择"资讯"/"财经资讯"命令。

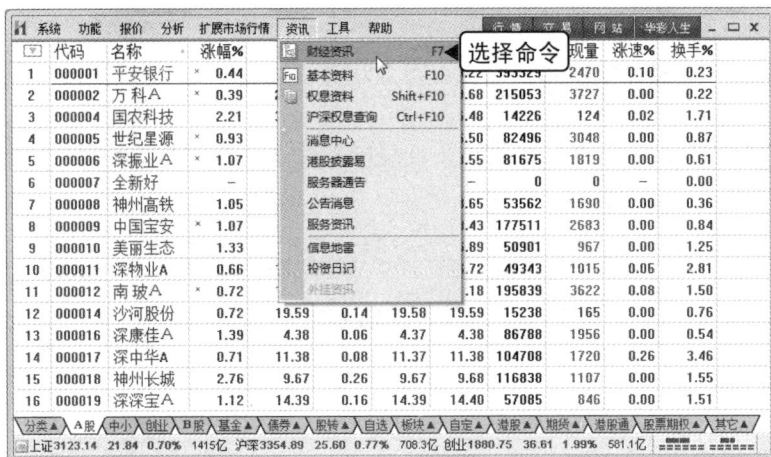

Step02　在左侧的窗格中单击"市场信息"选项卡，在"港澳资讯"目录中选择"新股发行与配售"选项。

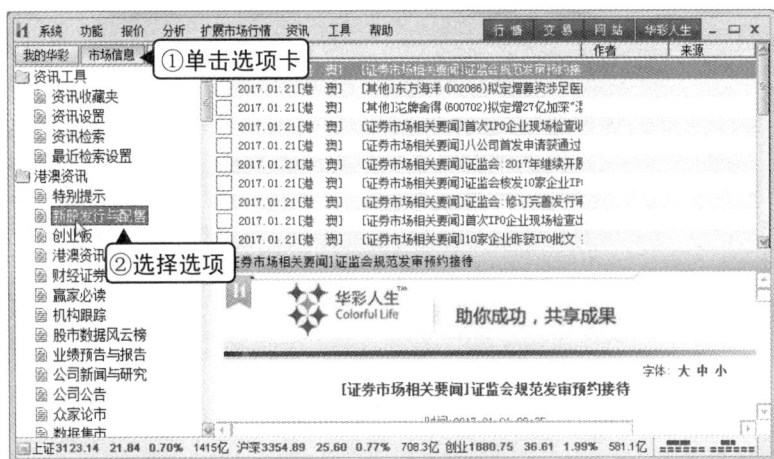

Step03 在右侧上方窗格中选择要查看的资讯项目，在右侧下方的窗格中即可显示对应的信息。

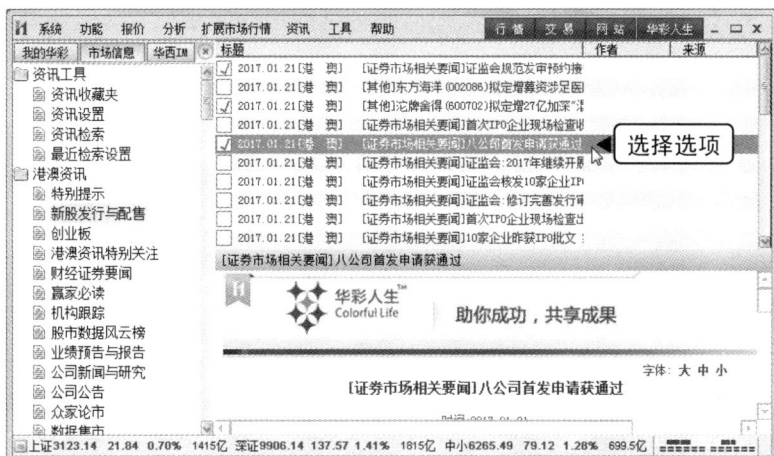

第217项　通达信软件中的快捷操作

为了提高操作速度，投资者可以使用快捷键来实现，通达信软件中的常用快捷键如表 8-1 所示。

表 8-1　常用快捷键

快捷键	功能	快捷键	功能
【F1】	个股成交明细	【F2】	个股分价表
【F3】	上证股指	【F4】	深证股指
【F5】	实时走势图/K 线分析图切换	【F6】	查看自选个股
【F7】	打开财经信息窗格	【F8】	切换分析图的分析周期
【F9】	委托下单	【F10】	查看个股资料
【F11】	个人理财	【F12】	报表分析
【Ctrl+D】	打开"系统设置"对话框	【Ctrl+K】	打开"五彩 K 线指示"对话框
【Ctrl+T】	条件选股	【Ctrl+Z】	加入到板块
【Ctrl+Tab】	窗口切换	【Ctrl+H】	修改、删除指示

二、如何进行股票交易

通常，投资者在证券公司开设账户后即可进行银证转账、买卖股票等操作。

第218项　如何实现银证转账

银证转账是指从银行账户将资金转入到资金账户，只有资金账户中有足够的资金后投资者才能购买股票。

应用示例——在资金账户中转入 1000 元人民币

Step01 登录交易软件，在打开的界面中单击左下方窗格中"银证业务"目录下的"银证转账"选项，在右侧的"转账方式"下拉列表框中选择"银行转证券"选项，并输入转账金额，单击"转账"按钮。

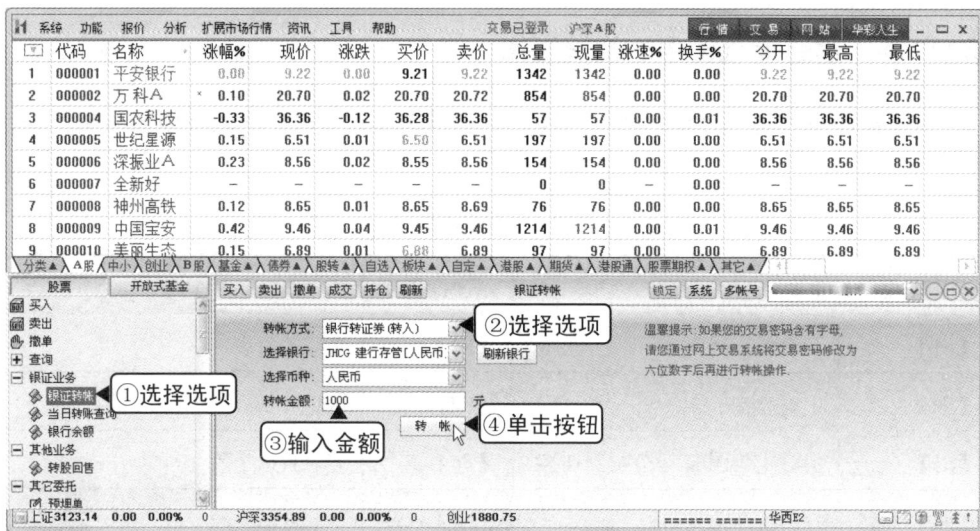

银证转账的注意事项

如果资金账户关联了两家或两家以上的银行，在转账时还需在"选择银行"下拉列表框中选择从哪个银行账户转入资金或将资金转出到哪个银行账户。此外，无论转入资金还是转出资金，都必须在开盘时间内进行，否则转账失败，而且转出资金后，转出的资金要到下一个交易日才能到达银行账户。

Step02 稍后在打开的"确认提示"和"提示"对话框中依次单击"确定"按钮即可完成银证转账操作，并且在辅助区的右侧能够查看到转账的信息。

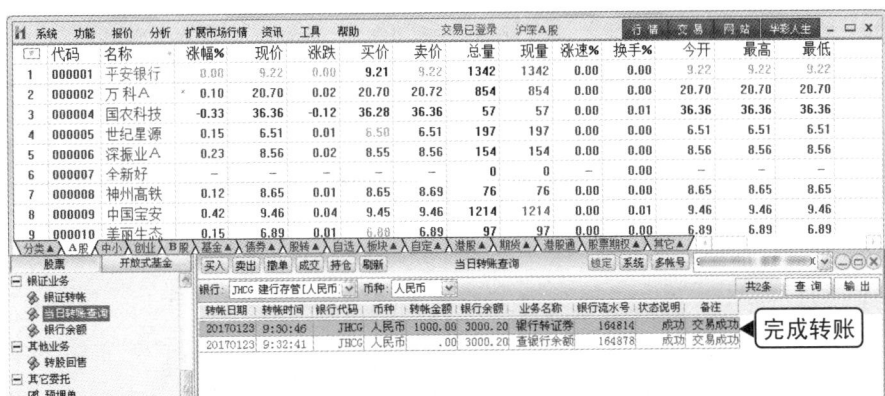

	代码	名称	涨幅%	现价	涨跌	买价	卖价	总量	现量	涨速%	换手%	今开	最高	最低
1	000001	平安银行	0.00	9.22	0.00	9.21	9.22	1342	1342	0.00	0.00	9.22	9.22	9.22
2	000002	万科A	0.10	20.70	0.02	20.70	20.72	854	854	0.00	0.00	20.70	20.70	20.70
3	000004	国农科技	-0.33	36.36	-0.12	36.28	36.36	57	57	0.00	0.01	36.36	36.36	36.36
4	000005	世纪星源	0.15	6.51	0.01	6.50	6.51	197	197	0.00	0.00	6.51	6.51	6.51
5	000006	深振业A	0.23	8.56	0.02	8.55	8.56	154	154	0.00	0.00	8.56	8.56	8.56
6	000007	全新好	—	—	—	—	—	0	0	—	0.00	—	—	—
7	000008	神州高铁	0.12	8.65	0.01	8.65	8.69	76	76	0.00	0.00	8.65	8.65	8.65
8	000009	中国宝安	0.42	9.46	0.04	9.45	9.46	1214	1214	0.00	0.01	9.46	9.46	9.46
9	000010	美丽生态	0.15	6.89	0.01	6.88	6.89	97	97	0.00	0.00	6.89	6.89	6.89

第219项 如何购买股票

在资金账户存有购买股票的保证金后就可以购买股票了,通常购买股票的委托也称下单委托。

应用示例——购买长春经开(600215)股票

Step01 启动股票交易软件,在辅助区左侧单击"买入"按钮,在右侧输入要买入的股票代码,此时系统将自动显示股票名称与买卖价,在下面输入要买入的价格与数量,单击"买入下单"按钮。

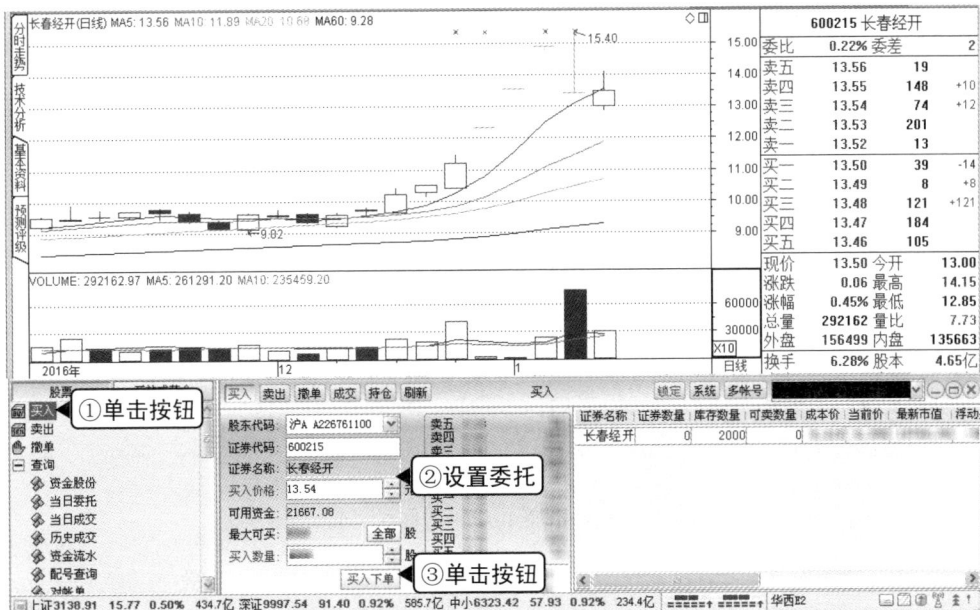

Step02 在打开的"交易确认"对话框中显示买入股票的相关信息，单击"买入确认"按钮即可完成交易，在"查询"目录中选择"当日委托"选项即可查看到当日购买股票的相关信息。

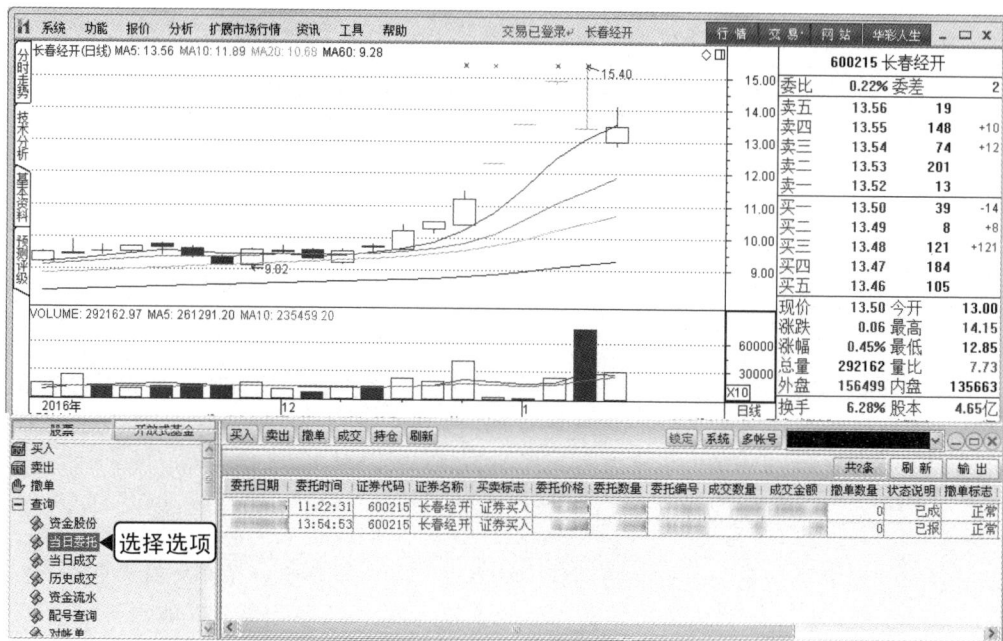

第220项 如何卖出股票

在股票交易软件中，卖出股票的操作与买入股票的操作相同，只是卖出股票是在辅助区的"卖出"目录下进行的，如图 8-2 所示。

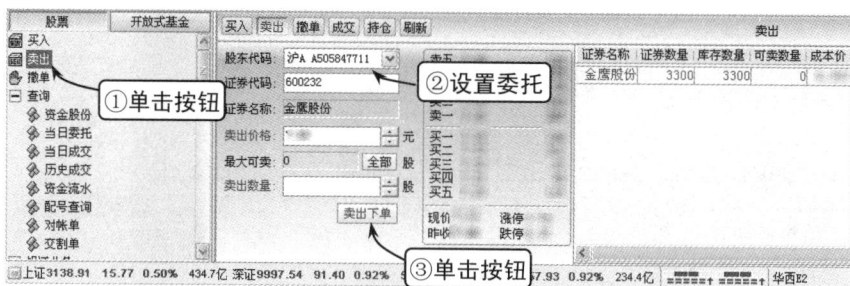

图 8-2 卖出股票的操作

第221项　如何撤销未成交的买单或卖单

无论买入委托还是卖出委托，只要在没有成交之前，投资者都可以撤销该委托，俗称撤单，其具体的操作都是一样的。

应用示例——撤销买入委托

Step01　在辅助区左侧单击"撤单"按钮，在右侧显示出尚未成交的委托单，选中要撤单的委托前面的复选框，单击"撤单"按钮。

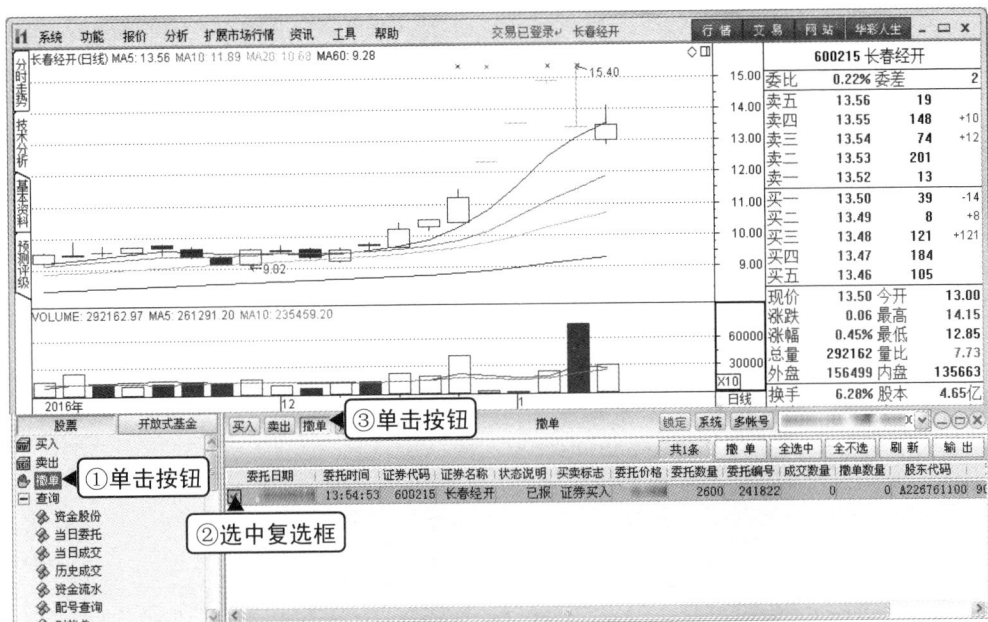

Step02　在"查询"目录中选择"当日委托"选项，在右侧的"状态说明"字段中即可查看到撤单的股票的状态为"已撤"。

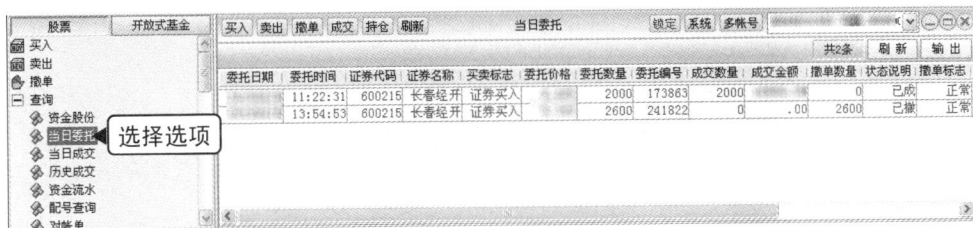

第 9 章

股场如战场——实时了解与分析股市信息

股市犹如一个没有硝烟的战场，投资者在股市中切忌盲目操作，必须实时了解与分析大盘和个股的行情和信息，本章将详细介绍如何在炒股软件中进行操作。

◇ 大盘上的内容有哪些

◇ 如何查看大盘 K 线图

◇ 如何查看指定指标的股票排名情况

◇ 查看某一段时间内的股票排行

◇ 查看历史行情排行报表

◇ 如何添加自选股

◇ 如何设置个股的分析周期

◇ 如何查看大盘走势

◇ 如何查看某一类股票

◇ 综合查看不同指标下股票的排名

◇ 查看热门板块行情报表

◇ 怎样查找股票

◇ 如何查看个股K线图

◇ 如何查看移动平均线的周期

一、如何查看大盘信息

大盘通常是指整个股票市场的行情，一般以上证综合指数或深证综合指数代替。通过对大盘的分析可以掌握整个股市行情的趋势。

第222项　大盘上的内容有哪些

默认情况下，启动炒股软件后，系统进入行情报价窗口，该窗口也代表股市中A股大盘，在其中显示了沪深股市中A股个股的代码、名称、涨幅、现价、涨跌情况、换手率以及上市公司的一些基本数据信息，如图9-1所示。

	代码	名称	涨幅%	现价	涨跌	买价	卖价	总量	现量	涨速%	换手%
1	000001	平安银行	× 0.44	9.22	0.04	9.21	9.22	393329	2470	0.10	0.23
2	000002	万科A	× 0.39	20.68	0.08	20.67	20.68	215053	3727	0.00	0.22
3	000004	国农科技	2.21	36.48	0.79	36.47	36.48	14226	124	0.02	1.71
4	000005	世纪星源	0.93	6.50	0.06	6.49	6.50	82496	3048	0.00	0.87
5	000006	深振业A	× 1.07	8.54	0.09	8.54	8.55	81675	1819	0.00	0.61
6	000007	全新好	—	—	—	—	—	0	0		0.00
7	000008	神州高铁	1.05	8.64	0.09	8.64	8.65	53562	1690	0.00	0.36
8	000009	中国宝安	× 1.07	9.42	0.10	9.42	9.43	177511	2683	0.00	0.84
9	000010	美丽生态	1.33	6.88	0.09	6.88	6.89	50901	967	0.00	1.25
10	000011	深物业A	0.66	16.71	0.11	16.71	16.72	49343	1015	0.05	2.81
11	000012	南玻A	× 0.72	11.18	0.08	11.17	11.18	195839	3622	0.08	1.50
12	000014	沙河股份	0.72	19.59	0.14	19.58	19.59	15238	165	0.00	0.76
13	000016	深康佳A	1.39	4.38	0.06	4.38	4.38	86788	1956	0.00	0.54
14	000017	深中华A	0.71	11.38	0.08	11.37	11.38	104708	1720	0.26	3.46
15	000018	神州长城	2.76	9.67	0.26	9.67	9.68	116838	1107	0.00	1.55
16	000019	深深宝A	1.12	14.39	0.16	14.39	14.40	57085	846	0.00	1.51
17	000020	深华发A	0.91	19.99	0.18	19.99	20.01	7437	262	-0.05	0.41
18	000021	深科技	0.53	9.43	0.05	9.42	9.43	76450	547	0.00	0.52

图9-1　大盘显示内容

第223项　如何查看大盘走势

查看大盘走势，主要是对沪深股市中某一类股票的行情走势进行查看，如上证A股、上证B股、深证A股、深证B股等。

应用示例——查看上证A股当日的大盘走势

Step01 启动股票交易软件，选择"分析"/"大盘走势"命令，在弹出的子菜单中选择"上证A股走势"命令。

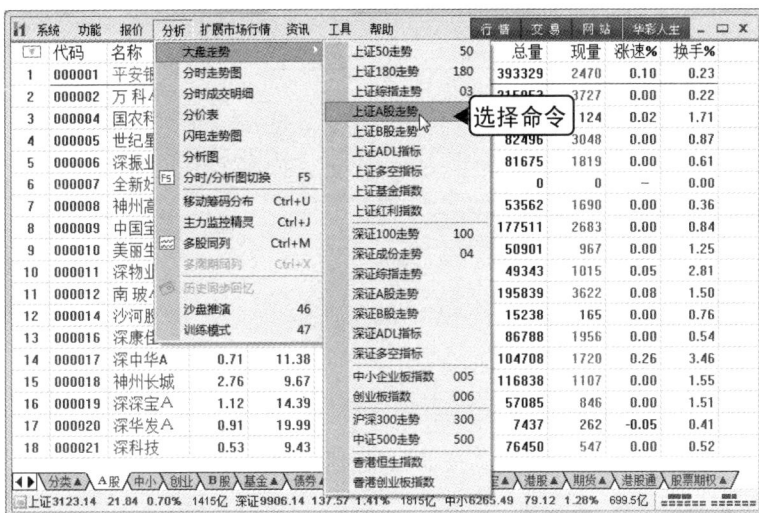

Step02　在系统大盘分时走势图窗口中即可查看到当日沪市A股的行情变动走势。

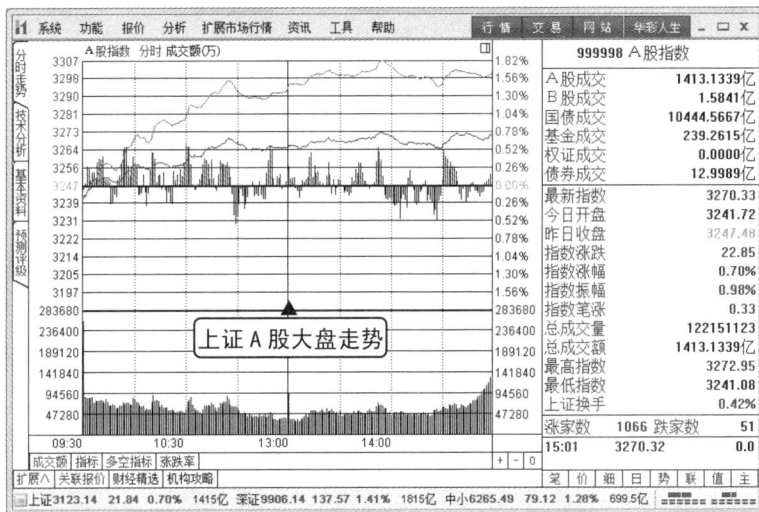

第224项　如何查看大盘 K 线图

通过"分析"菜单项中的"大盘走势"命令只能对大盘的当日走势进行分析，如果需要查看某一段时间内的大盘走势，就需要通过 K 线走势来进行判断。

应用示例——查看沪市 2017 年 1 月的大盘走势

Step01 启动炒股软件，按【F3】键进入上证指数分时走势图页面。

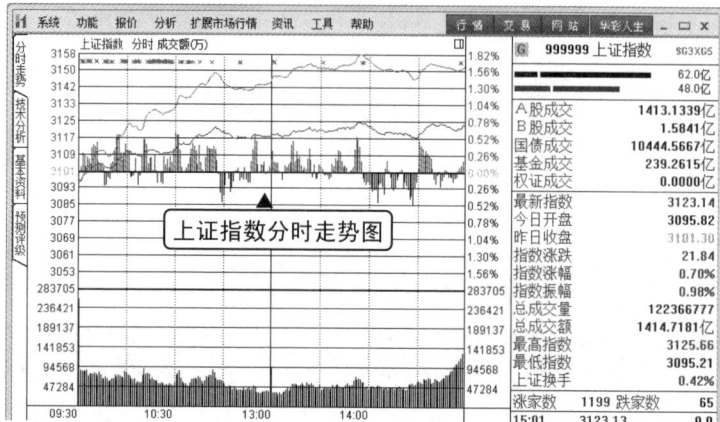

Step02 按【F5】键或者直接在界面左侧单击"技术分析"选项进入上证指数的K线图页面。将鼠标光标移动到某一个K线上，在弹出的信息提示栏中即可查看到K线的具体时间（按【↑】和【↓】键可以放大缩小K线显示，按【←】和【→】键可以移动查看历史K线）。

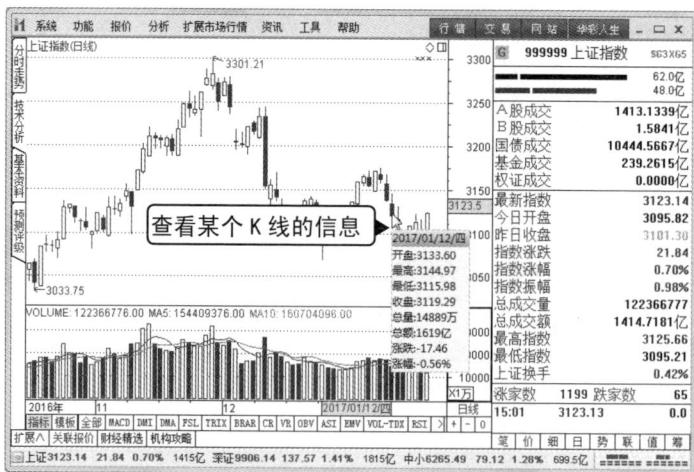

利用菜单命令查看大盘 K 线图

利用菜单命令查看大盘 K 线图的方法是：在大盘的分时走势图中单击"分析"菜单项，在弹出的菜单中选择"K 线分析"命令即可。

第225项　如何查看某一类股票

根据证券交易所和股票类型的不同，股票被划分为上证 A 股、深证 A 股等类型，默认情况下显示的是沪深股市中所有 A 股的股票。如果要查看某一类股票，其方法是：在行情报价窗口中单击"报价"菜单项，在弹出的菜单中选择"深沪分类"命令，在弹出的子菜单中选择相应命令即可显示某一类股票，如图 9-2 所示。

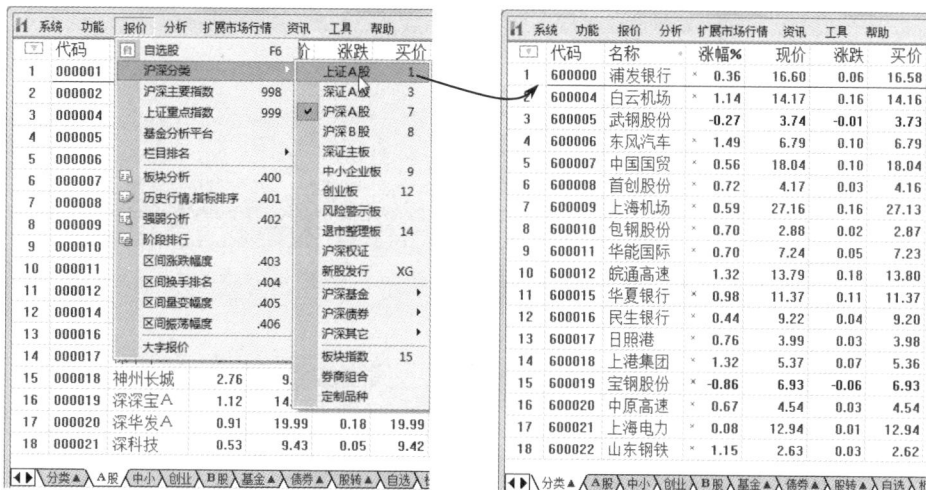

图 9-2　查看某一类股票

二、如何查看股票排名和报表信息

通达信股票交易软件提供了智能的股票排名和报表信息功能，投资者可以方便地进行各种排名和报表信息的查看操作。

第226项　如何查看指定指标的股票排名情况

默认情况下，系统是按分类行情显示股票，如果投资者需要按某一个指标的升序或者降序排列查看股票的排名，如振幅排名、市盈率排名、成交量排名等，此时需要通过"报价"菜单项的"股票排名"菜单来完成。

▨ 应用示例——按振幅对上证 A 股进行排名

Step01 启动股票交易软件，进入上证A股行情，选择"报价"/"栏目排名"命令，

在弹出的子菜单中选择"振幅排名"命令。

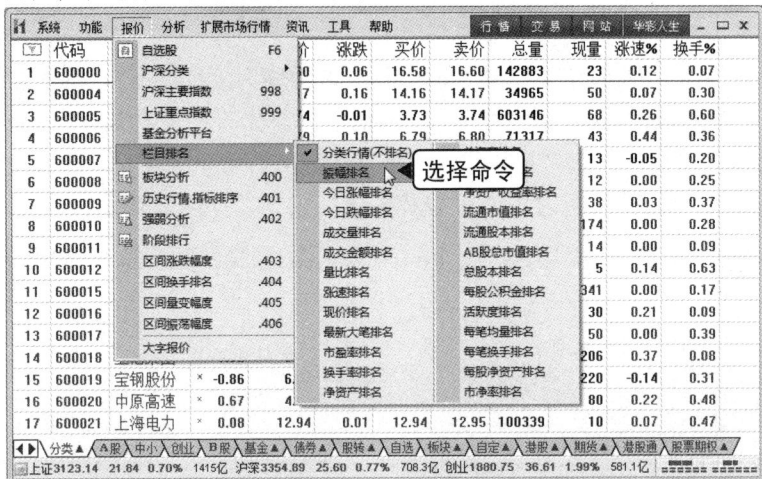

Step02 系统自动根据振幅进行降序排列（直接单击字段名称可以快速对股票进行升序和降序的排列）。

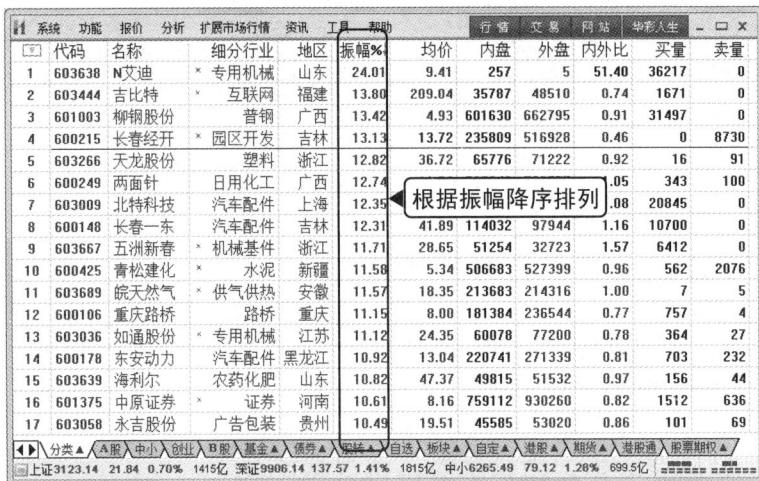

第227项　综合查看不同指标下股票的排名情况

根据股票排名功能只能按某一个参数对股票进行排名，如果投资者要同时查看大盘涨幅、跌幅、振幅、委比等指标下股票的排名，就需要使用综合排名功能来实现。

应用示例——查看上证A股的综合排名

Step01 启动炒股软件，在行情页面的"报价"区域的任意位置单击鼠标右键，在弹出的快捷菜单中选择"综合排名"/"上证A股"命令。

Step02　在打开的对话框中即可查看到系统按9个指标对股票进行的排名（单击标题栏中关闭按钮下方的图按钮，选择"排名设置"命令，在打开的对话框中还可以显示一行4列指标）。

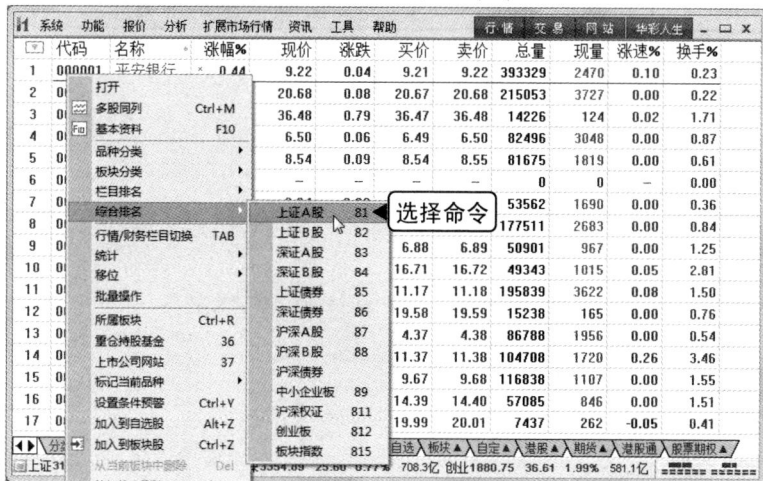

第228项　查看某一段时间内的股票排行

使用股票排名和综合排名功能只能对当日的股票的相关数据进行排名，如果投资者需要查看某一段时间内股票的排名情况，就可以使用股票的阶段排名功能来实现。

应用示例——查看 2017 年 1 月 5 至 20 日上证 A 股的涨幅排名

Step01 启动炒股软件，选择"报价"/"阶段排行"命令打开"阶段排行"对话框，单击"起始日期"下拉列表框右侧的下拉按钮，在弹出的列表中将起始日期和终止日期分别设置为"2017年1月5日"和"2017年1月20日"。

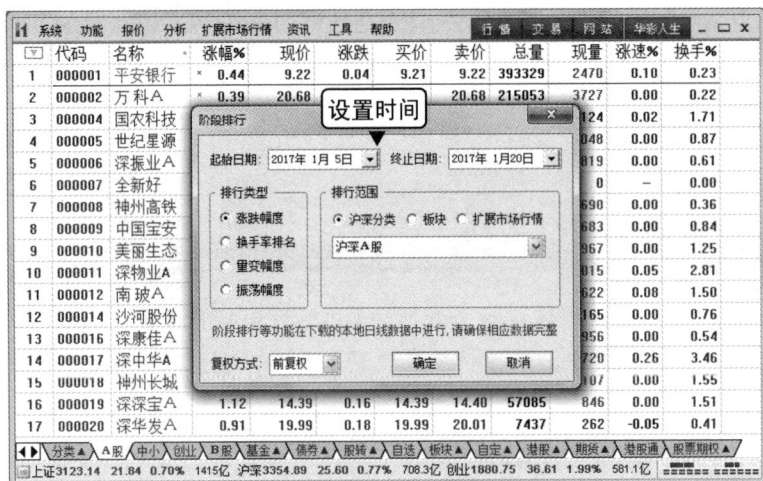

Step02 保持"排行类型"栏中的"涨跌幅度"单选按钮的选中状态，在"排行范围"栏中将常见分类设置为"上证A股"，单击"确定"按钮完成操作。

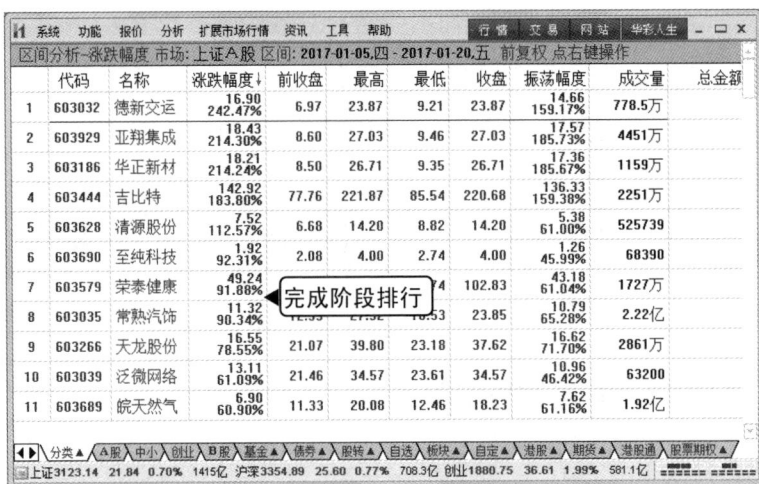

第229项　查看热门板块行情报表

热门板块主要以市场上成交活跃程度作为报表分析对象，以区间换手为手段对板块涨跌幅进行动态排序，通过该报表可以查看当前的热门板块和领涨的龙头股。其具体的打开方法是：在行情报表页面中选择"报价"/"板块分析"命令，如图9-3所示。

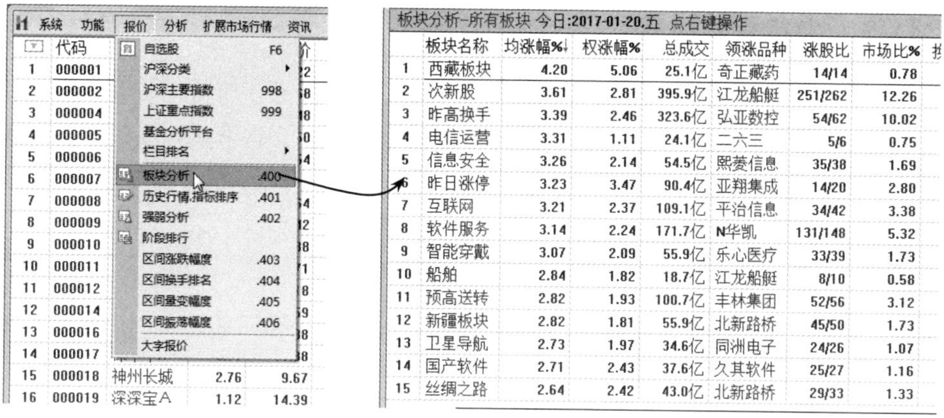

图9-3　查看热门板块行情报表

第230项　查看历史行情排行报表

历史行情报表主要是对过去某段时间内股市的行情的统计，通过查看历史行情可以帮助投资者对以后的操作作出准确的判断，其具体操作是：选择"报价"/"历史行情·指标排序"命令，如图9-4所示。

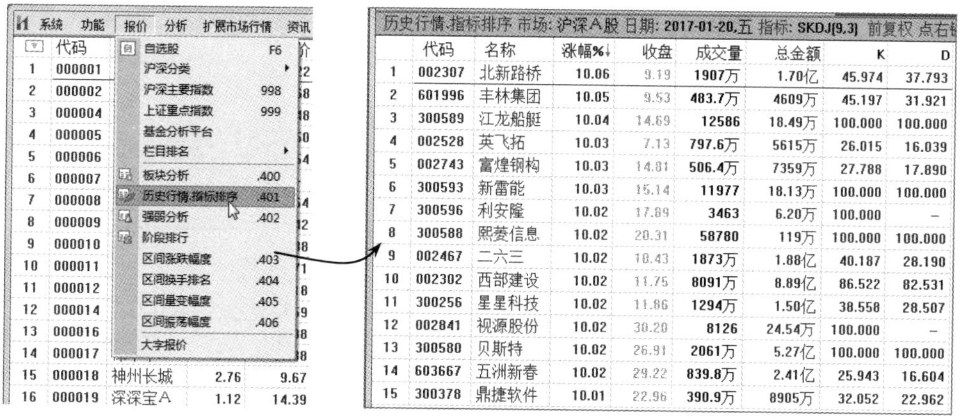

图9-4　查看历史排行报表

三、如何设置和分析个股信息

投资者在进行股票投资时都是针对某只个股进行操作，因此熟练掌握设置和分析个股信息的操作是网上炒股的前提。

第231项　怎样查找股票

每一只股票都有对应的股票代码和股票名称，可对股票进行唯一标识。在炒股软件中，系统本身记载了很多股票，如果逐条查找某只股票会很麻烦，投资者可以通过键盘精灵功能快速查找目标股票。

应用示例——快速查找金鹰股份（600232）

Step01 启动股票交易软件，直接输入金鹰股份的股票代码"600232"，此时系统自动启动键盘精灵，并在其中显示查找到的股票代码及其对应的股票名称。

利用股票名称查找股票

在使用键盘精灵查找股票时，除了通过股票代码以外，还可以通过股票名称来查找股票，如查找金鹰股份（600232）股票，可以直接输入汉字"金鹰股份"或者字母"jygf"，这样投资者就可以不用记忆股票代码了。

Step02 按【Enter】键，系统自动切换到股票对应的分时图页面中。

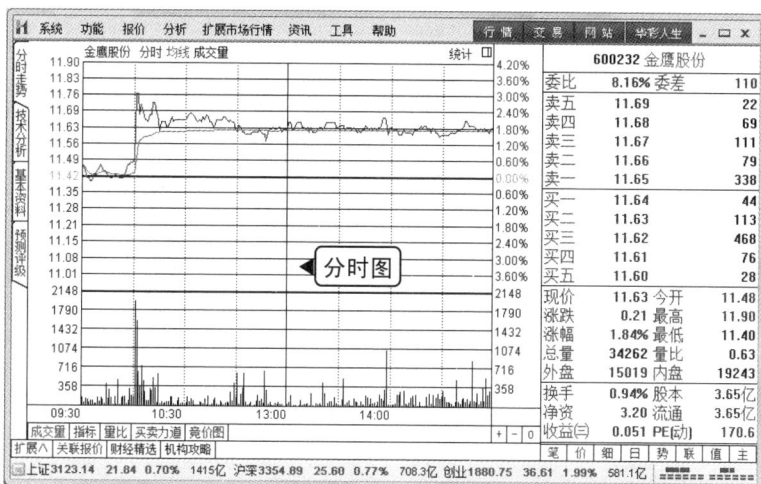

第232项　如何添加自选股

投资者通常都会筛选多只股票来关注，此时可以将筛选出的多只股票添加到"自选股"板块中同时进行关注。

应用示例——将中国联通（600050）添加为自选股

Step01　启动股票交易软件，通过键盘精灵查找中国联通（600050）股票。

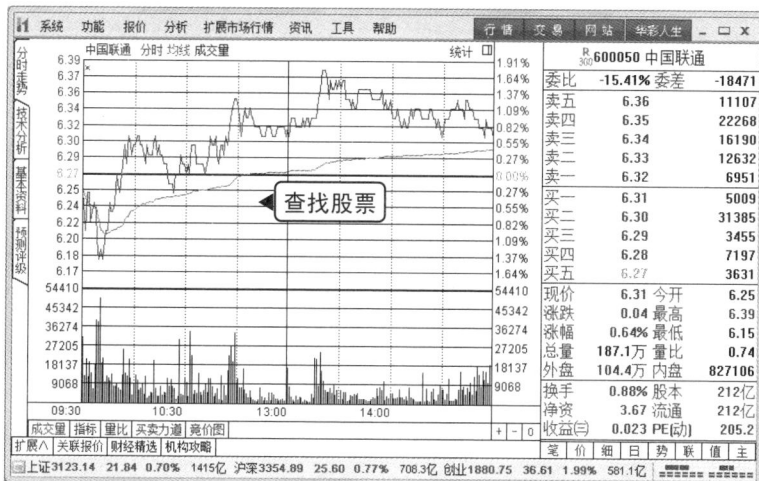

Step02　按【Ctrl+Z】组合键打开"[加入到自选股/板块]"对话框，在其中选择"自

选股"选项，单击"确定"按钮。

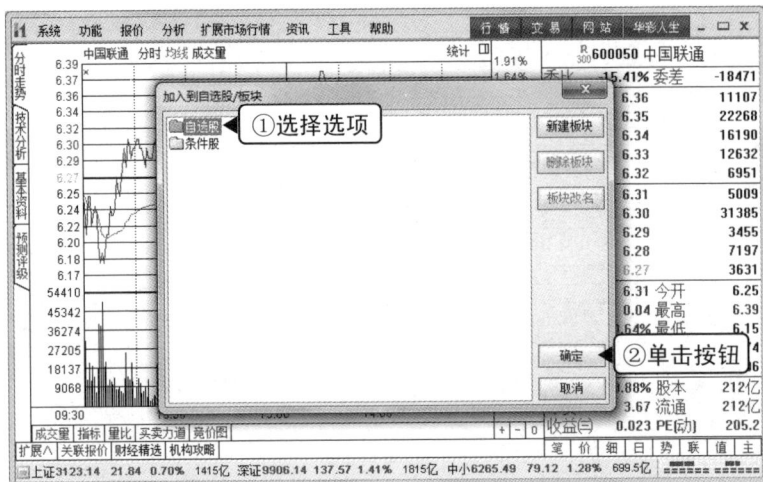

Step03 按【Esc】键返回到行情报表页面，单击窗口下方的"自选"标签进入"自选股"板块，在其中即可查看添加的股票。

第233项　如何查看个股K线图

在炒股软件中，查看个股K线图的方法有两种。一种和查看大盘K线图的方法相似，也是需要先进入个股的分时走势图，然后再进入K线图。如果在大盘中很方便地查找到个股，也可以选择个股后，再选择"分析"/"K线分析"命令进入个股的K线图。

应用示例——查看川润股份（002272）股票的K线图

Step01　启动股票交易软件，通过键盘精灵查找川润股份（002272）股票。

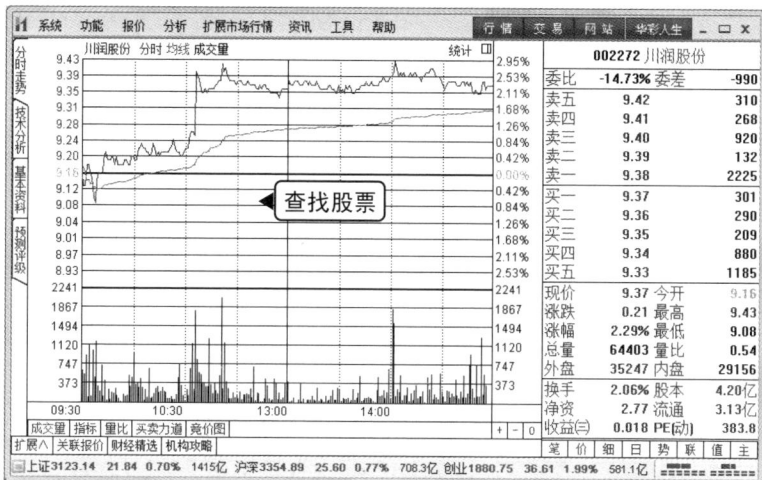

Step02　按【F5】键即可进入川润股份（002272）股票的K线图页面（如果上一次操作是在K线图页面中，查找股票后，系统将自动进入到所查找股票对应的K线图中）。

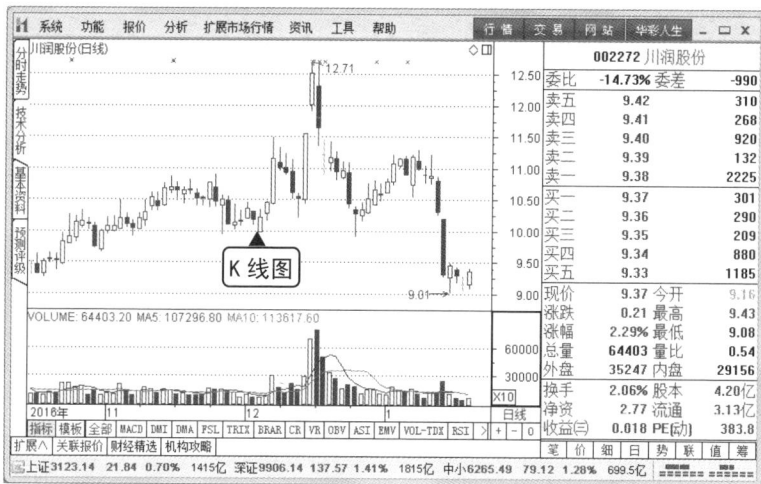

第234项　如何设置个股的分析周期

默认情况下，个股的分析周期是按日来进行分析的，不同的投资者，可以根据实际情况使用快捷菜单设置相应的分析周期。

 应用示例——查看许继电气（000400）股票的周K线图

Step01 启动股票交易软件，通过键盘精灵查找许继电气（000400）股票，在空白位置单击鼠标右键，在弹出的快捷菜单中选择"分析周期"/"周线"命令。

Step02 系统自动以"周"为分析周期显示K线图（K线周期改变后，成交量的分析周期同步被更改）。

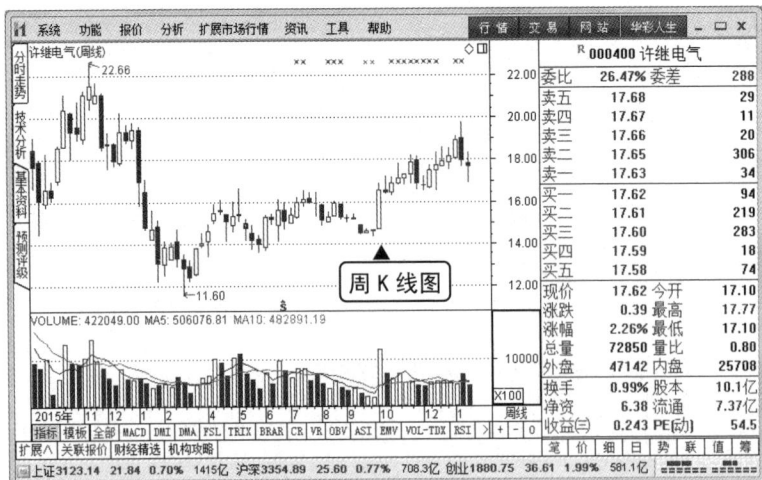

第235项　如何查看移动平均线的周期

在利用移动平均线对行情进行分析时，有时候因为添加的移动平均线太多而分不清楚其分析周期，此时只需要将鼠标光标移动到移动平均线上，系统会自动弹出一个信息提示框。显示"MA10"，表示该移动平均线为 10 日均线；显示"MA60"，表示该移动平均线为 60 日均线，如图 9-5 所示。

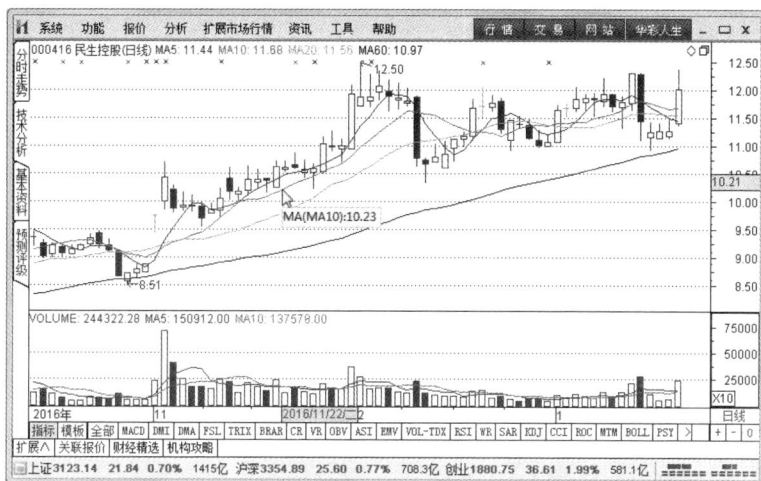

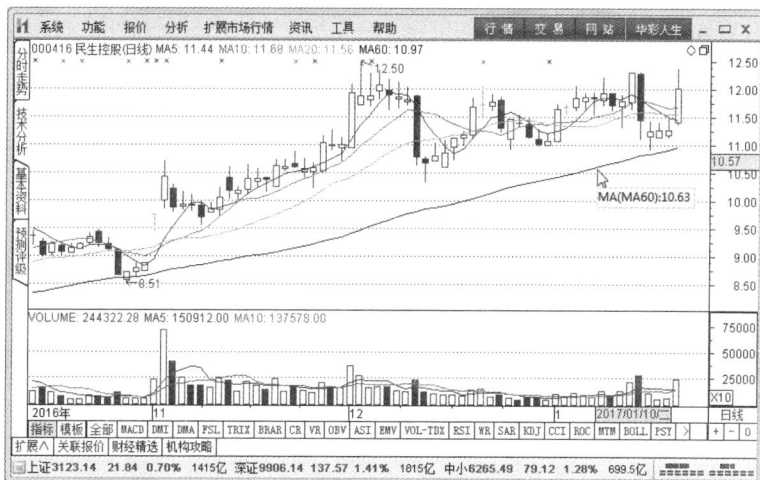

图 9-5　10 日均线和 60 日均线

第 10 章

炒股新时尚——手机炒股

随着网络的不断发展和电脑的广泛普及,很多投资者选择使用网上交易,但是由于电脑具有体积大和不可移动的特性,给许多投资者带来了极大的不便,于是手机炒股应运而生。本章将具体讲解手机炒股的相关知识和具体操作。

◇ 手机炒股有什么优势   ◇ 如何将炒股软件下载到手机上
◇ 如何登录软件   ◇ 如何添加和删除自选股
◇ 怎样获得帮助信息   ◇ 利用手机如何进行股票交易活动

一、手机炒股基础

在使用手机炒股之前，首先需要掌握一些基础知识，如手机炒股的优势、软件的下载以及登录等。

第236项　手机炒股有什么优势

目前，我国的手机炒股是基于手机的短信息功能而开发出来的，其应用方面具有智能性、无地域性、方便性、全面性和快捷性五大优势，因此被越来越多的用户所青睐，其具体的优势如图 10-1 所示。

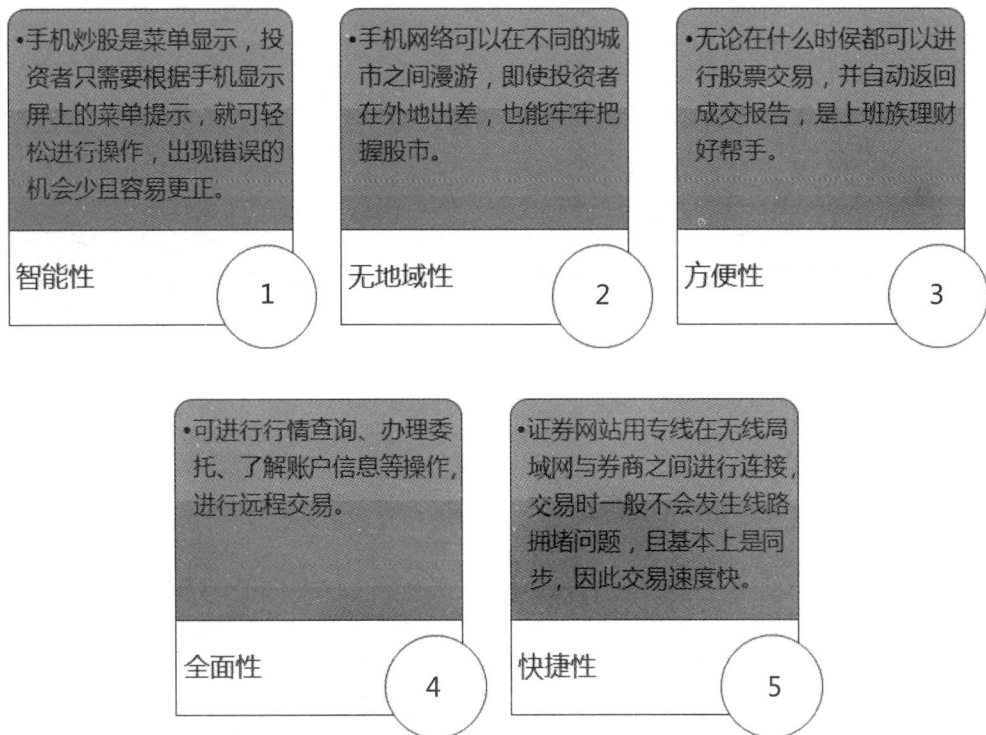

- 手机炒股是菜单显示，投资者只需要根据手机显示屏上的菜单提示，就可轻松进行操作，出现错误的机会少且容易更正。

智能性　①

- 手机网络可以在不同的城市之间漫游，即使投资者在外地出差，也能牢牢把握股市。

无地域性　②

- 无论在什么时侯都可以进行股票交易，并自动返回成交报告，是上班族理财好帮手。

方便性　③

- 可进行行情查询、办理委托、了解账户信息等操作，进行远程交易。

全面性　④

- 证券网站用专线在无线局域网与券商之间进行连接，交易时一般不会发生线路拥堵问题，且基本上是同步，因此交易速度快。

快捷性　⑤

图 10-1　手机炒股的优势

第237项　如何将炒股软件下载到手机上

随着手机炒股的普及，许多的炒股软件都推出了手机炒股版本，投资者可以根据使用习惯选择合适的手机炒股软件进行下载，其具体的方法有 4 种，如图 10-2 所示。

免费短信下载：发送G到057188300033下载。

手机免费获取下载地址：在手机炒股下载网页中输入手机号码、随机码，然后单击"获取地址"按钮，系统会把下载地址直接发送到手机。

手机WAP直接下载：直接用手机访问http://wap.hexin.cn网页，在其中即可下载。

下载到电脑：在手机炒股下载页面中设置手机品牌、机型后即可进行下载，然后通过数据线或者读卡器将其复制到手机。

图 10-2　手机炒股软件的下载方式

第238项　如何登录软件

对于智能手机而言，将炒股软件下载到手机上后它会自动进行安装，投资者只要在手机中找到炒股软件所安装的位置，就可以进行登录了。如果是首次登录软件，还需要注册一个账户。

应用示例——登录同花顺手机炒股软件

Step01 在手机桌面点击"同花顺"图标，此时手机自动进入欢迎界面，在其中点击"立即体验"按钮。

Step02 在打开的登录界面中点击"没有账号？快速注册"按钮（若已是同花顺的注册用户可直接单击"登录"按钮）。

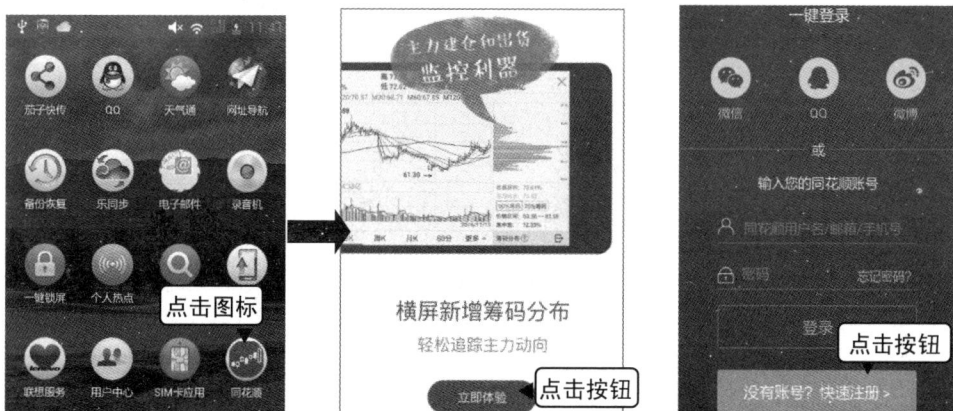

Step03 在进入的"免费注册"界面中输入手机号码，然后点击"注册"按钮。

Step04 在打开的"设置密码"界面中选择默认的向运营商发送短信即可，此时页面自动跳转到短信发送界面中，直接点击"发送"按钮。

Step05 稍后将收到同花顺系统发送的临时密码短信，返回到登录界面中，在其中输入对应的手机号码和临时密码，点击"登录"按钮。

Step06 此时在打开的界面中即可查看到成功登录的账号，点击该账号。

Step07 在打开的界面中即可查看账户情况，在该界面中点击"账号安全"选项，在打开的"账号安全"界面中点击"修改密码"选项。

Step08 在打开的"修改密码"界面中重新输入原密码、新密码和确认密码，然后点击"下一步"按钮，在打开的界面中将提示修改密码成功，最后点击"确定"按钮完成操作。

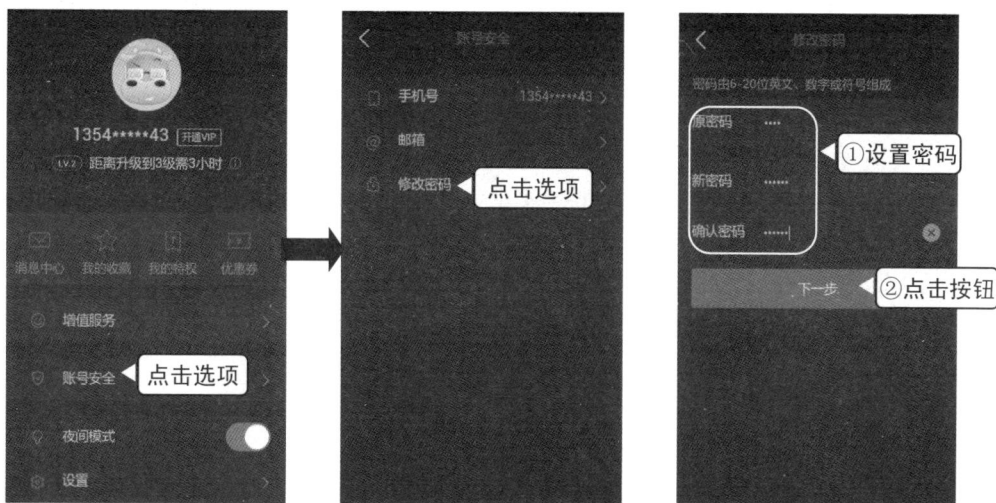

二、手机炒股的基本操作

下载手机炒股软件并登录成功后即可进行股票交易的相关操作了，手机炒股和在电脑上进行股票分析和交易有些区别，下面将介绍常用的几种基本操作。

第239项 如何添加与删除自选股

为了方便查看指定的股票，可以将其添加到自选股页面当中，当不需要的时候将其删除即可，下面通过具体的实例来讲解添加与删除自选股的操作。

应用示例——将三一重工（600031）股票添加到自选股页面

Step01 在同花顺手机炒股主界面中点击"自选股"图标，程序自动切换到"自选"界面中，在该界面中点击右上角的搜索按钮。

Step02 程序直接进入到"股票搜索"界面中，该界面默认显示数字键盘，如果投资者知道要添加的股票的代码，可直接输入股票代码进行搜索，如果不知道股票代码，则点击键盘中的"ABC"按钮。

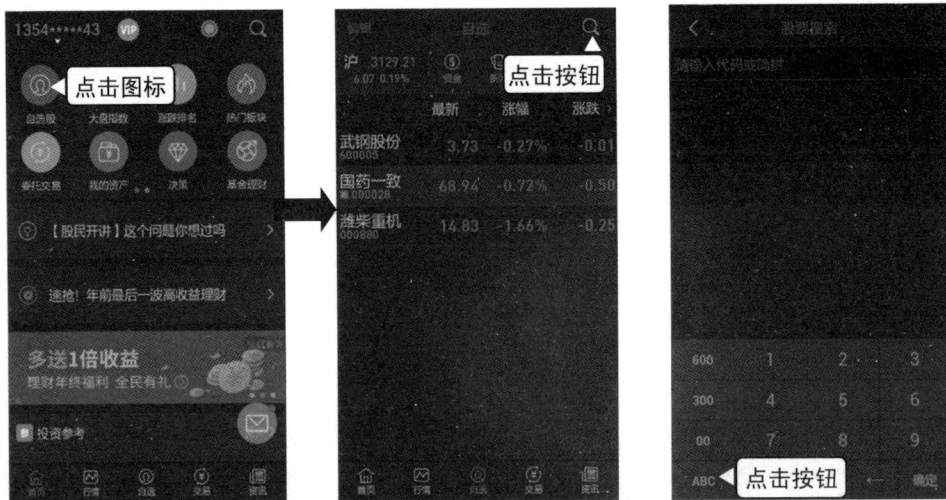

Step03 在打开的界面中输入股票名称的首字母，程序自动显示与首字母组合符合的所有股票名称，点击需要添加到自选股的股票名称左侧的"+"按钮，再点击页面下方的"确定"按钮。

Step04 程序自动完成添加自选股的操作，并且切换到该股的个股盘面信息界面中，由于此时没有登录股票资金账户，因此程序会自动弹出一个提示信息界面，点击其右上角的关闭按钮将其关闭。

Step05 在个股信息界面中点击左上角的退回按钮，在返回的界面中即可查看到添加的自选股。如果需要删除某个不需要的自选股，直接长按自选股所在的行，程序将自

动弹出相关的编辑操作选项，再直接点击"删除"按钮。

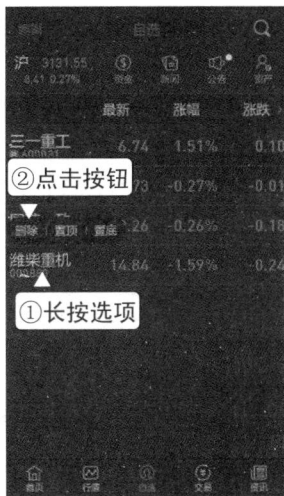

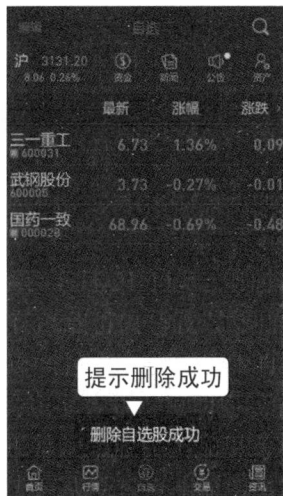

第240项　怎样获取炒股知识

对于任何不熟悉股票投资相关知识的新股民而言，此时可以使用软件自带的帮助功能来辅助学习。

应用示例——获取炒股基础知识

Step01　在同花顺手机炒股软件的首页向下滑动页面，找到"股民学校"图标，并点击该图标。

Step02　在打开的界面中即可查看到各类炒股知识，如新手入门、技术面分析等，在新手入门栏目中点击"基础知识"图标。

Step03 在打开的界面的"文章"类别中即可查看到基础知识目录，如果要查看某项知识，直接在目录中点击标题即可。

Step04 此时程序自动切换到该标题的详细内容页面中，在其中即可查看到具体内容。

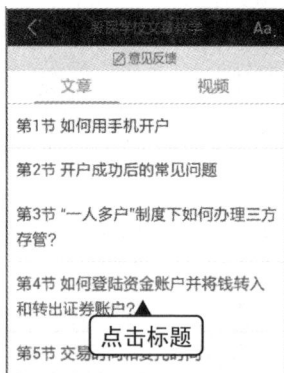

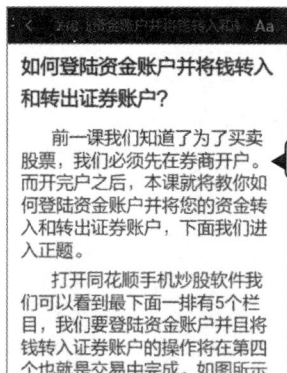

第241项　如何利用手机登录交易系统

用手机进行股票交易之前需要先登录到交易系统，然后才能进行买入、卖出、撤单等股票交易活动。如果投资者首次使用手机炒股软件进行股票交易活动，在登录交易系统之前还需要添加券商。下面通过具体的实例讲解用手机登录交易系统的操作。

应用示例——添加证券营业部并登录交易系统

Step01 在手机炒股主界面中选择"委托交易"选项（在手机炒股主界面的页面下方直接点击"交易"选项，也可以快速切换到添加证券营业部的页面中）

Step02 在打开的页面中点击"添加账户，开始交易"按钮。

Step03 在打开的"添加开户券商"页面中选择开户的券商的选项，这里选择"长江证券"选项，在打开的"添加交易账户"页面中填写交易账号、交易密码后点击"登录"按钮即可。

第242项 在手机软件上查看大盘和个股信息

在利用手机进行炒股时，学会查看大盘和个股信息也是必须掌握的技能，查看大盘和个股信息的方法很相似。下面通过在同花顺手机炒股软件中查看上证指数的信息为例讲解相关的操作方法。

应用示例——查看上证指数

Step01 在手机炒股主界面中点击"大盘指数"按钮或者在页面下方点击"行情"选项，程序自动进入到指数市场行情页面，在其中显示了各种当前指数大小。

Step02 在页面上方显示了"沪深""板块""港美股"和"其他"选项，点击不同的选项就会切换到不同的分类下方，并在其中显示当前分类的个股的行情，例如在沪深分类下可以查看沪深个股的涨幅榜、跌幅榜等信息。

> **"板块""港美股"和"其他"分类中查看的信息说明**
>
> 在"板块"分类中主要查看行业主力净流入、行业板块、概念板块的个股信息等；"港美股"分类中主要是对美股和港股中的行业板块信息、热点美股、中概股涨幅榜等信息的查看；"其他"分类中主要是查看债券、基金、新三板、创业板、中小板等证券信息。

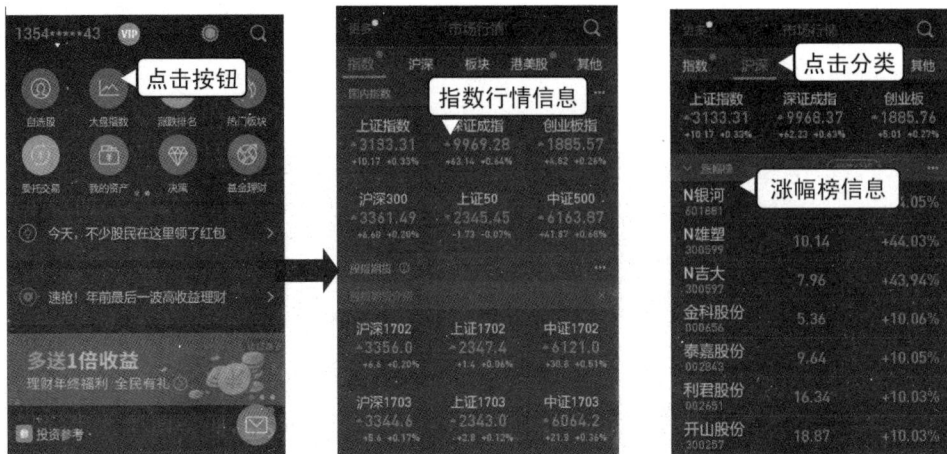

Step03 在市场行情页面中直接点击"上证指数"选项，程序将自动切换到上证指数页面中，在其中可以查看当前的大盘指数信息，如开盘、最高、最低、换手率、量比等数据以及大盘当日的分时图。在当前页面的任意位置向左滑动屏幕即可切换到大盘的K线图。

Step04 默认情况下在K线图的下方显示的是成交量的信息，用户可以根据需要进行切换，直接点击页面下方的"成交量"按钮弹出指标选择面板，在其中点击"MACD"选项。

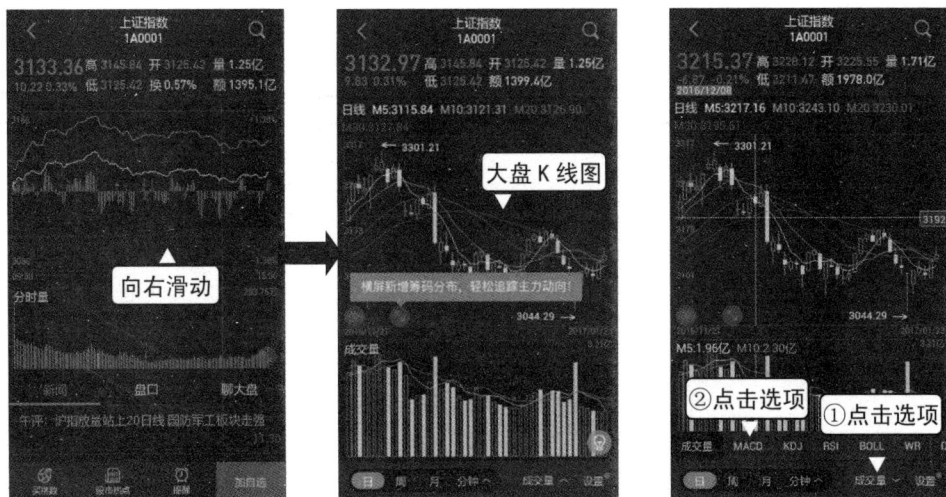

Step05 程序自动将成交量指标切换为MACD指标，并收起指标选择面板。

Step06 如果用户要分析大盘的周K线图，直接在页面下方点击"周"按钮即可切换到对应的周K线图中。

Step07　如果要进行更多的指标设置，如设置K线图是否复权、是否显示K线均线、继续添加其他指标等，都可以通过点击页面下方的"设置"按钮，在打开的指标设置页面中即可进行设置。如这里要添加指标，直接点击"添加指标"按钮。

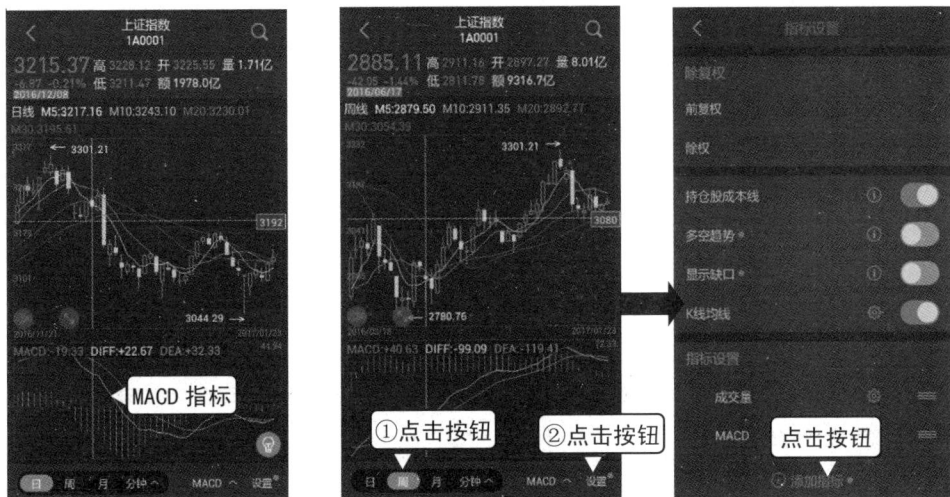

Step08　在点开"添加指标"按钮后点击需要添加的指标选项，如这里点击"CCI"指标，在返回的指标设置页面下方即可查看到添加的指标。

Step09　再点击指标设置页面上方的退回按钮即可退回到K线图界面中，如果要查看历史某日的信息，直接点击对应的K线即可。

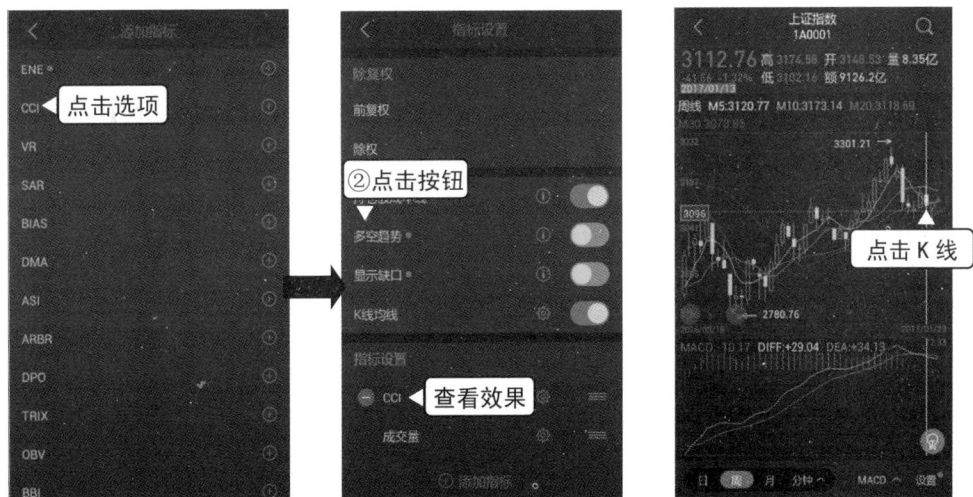

Step010 如果单根K线太小，不容易被选择，此时可以点击K线图左侧的"》"按钮展开工具栏，在其中连续点击放大按钮放大区域。此时K线被放大，再次点击某根K线查看历史上的K线信息就很容易了。

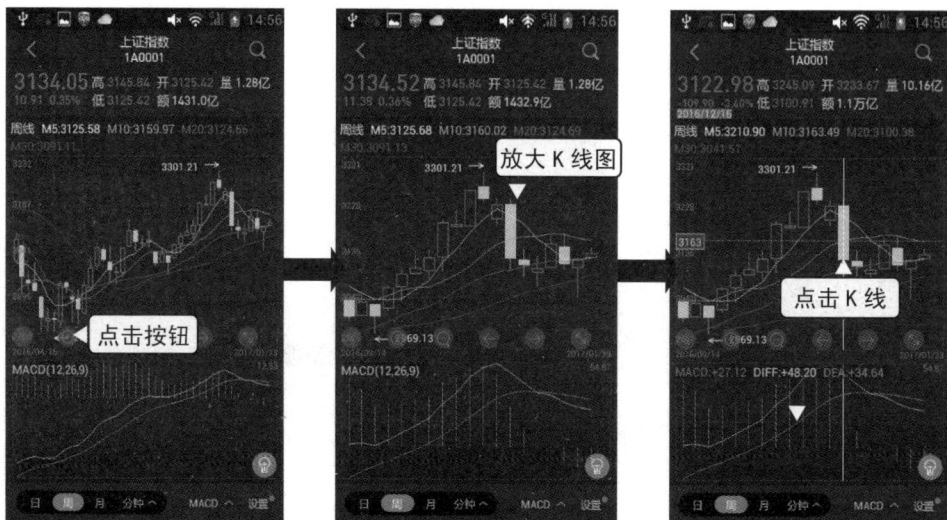

第 11 章

洞悉股市——掌握股票买卖技巧

股票投资是一种风险投资，投资者在进行股票投资时，除了需要掌握必要的基本分析和技术分析的相关知识以外，还要掌握股票的买卖技巧，这样才能避免被套牢。

- ❖ 什么是道氏理论
- ❖ 什么是波浪理论
- ❖ 索罗斯投资秘诀
- ❖ 什么是价值套牢
- ❖ 解套的方法有哪些
- ❖ 利用地域板块的联动买卖股票

- ❖ 道氏理论的适用场合
- ❖ 巴菲特投资经验
- ❖ 什么是价格套牢
- ❖ 股民如何才能避免被套牢
- ❖ 熊市不同时期的解套策略应用
- ❖ 利用同行业板块的联动买卖股票

。

一、著名投资理论和投资经验

在利用 K 线图和其他指标对行情变动走势进行技术分析，或者制定股票买卖策略时一定要认真分析、谨慎操作。

很多世界著名投资大师总结出了一些非常有用的投资理论以及投资经验，投资者可以参考这些理论或者经验，再结合股市行情就可轻松制定出合理的买卖方案。

第243项　什么是道氏理论

根据道氏理论，股票会随市场的趋势同向变化。股票的变化表现为 3 种趋势，分别是基本趋势、中期趋势及短期趋势。

(1) 基本趋势

基本趋势即为大部分股票的股价随股市上升或下降的变动趋势。通常，这种趋势持续的时间为一年或一年以上，股价总升、降的幅度超过 20%。

如图 11-1 所示，金路集团（000510）2016 年的股价相对于 2015 年而言有所上涨，其涨幅为 43.88%。

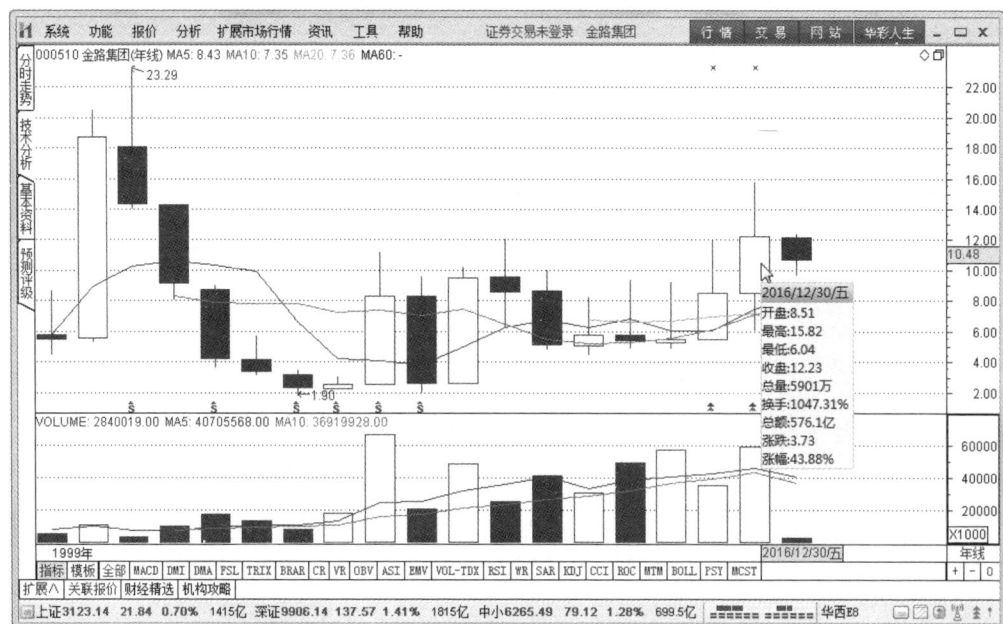

图 11-1　金路集团（000510）2016 年股价基本趋势

基本趋势与长期投资

　　对投资者来说，基本趋势持续上升就形成了多头市场，持续下降就形成了空头市场。通常，做长期投资的投资者都会分析股票的基本趋势，其目的是想尽可能地在多头市场上买入股票，而在空头市场形成前及时地卖出股票。

（2）中期趋势

　　中期趋势也称次级趋势，因为次级趋势经常与基本趋势的运动方向相反，并对其产生一定的牵制作用，因而也称为股价的修正趋势。这种趋势持续的时间从 3 周至数月不等，其股价上升或下降的幅度一般为股价基本趋势的 1/3~2/3。

　　需要注意的是：1/3~2/3 的原则只是几率的简单说明，并非一成不变，大部分的次级趋势的涨落幅度在这个范围里。

（3）短期趋势

　　短期趋势即为股价短暂的波动，其波动时间很少超过 3 个星期，一般少于 6 天。通常，3 个或 3 个以上的短期趋势即可组成一个中期趋势。

第244项　道氏理论的适用场合

　　根据道氏理论的特点，其具体适用场合如下所示：

◆　道氏理论主要适用于分析股市的基本趋势。一旦基本趋势确立，道氏理论假设这种趋势会一路持续，直到趋势遇到外来因素破坏而改变为止。

◆　道氏理论不能预测股价何时产生最高价或者最低价，因此不适用于短线投资者。

◆　道氏理论对于投资者选股也没有多大的帮助。

第245项　什么是波浪理论

　　波浪理论是技术分析大师艾略特所发明的一种价格趋势分析工具，它是一套完全靠观察得来的规律，可用以分析股市指数、价格的走势，它也是世界股市分析上运用最多又最难了解和精通的分析工具。

　　根据波浪理论，一个完整的股市涨跌周期由 8 个浪组成，前 5 个为上升阶段的浪，后 3 个为下跌阶段的浪，其具体形态和基本特点如图 11-2 和图 11-3 所示。

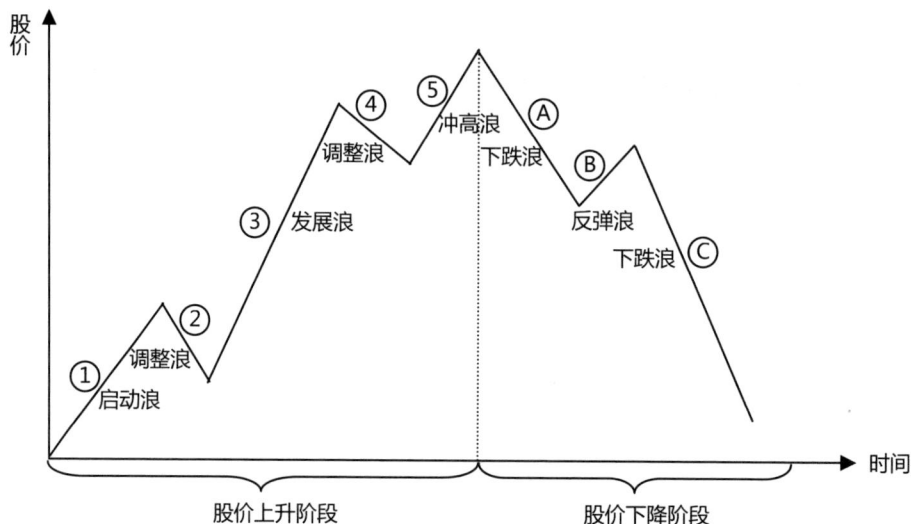

图 11-2　波浪理论基本形态

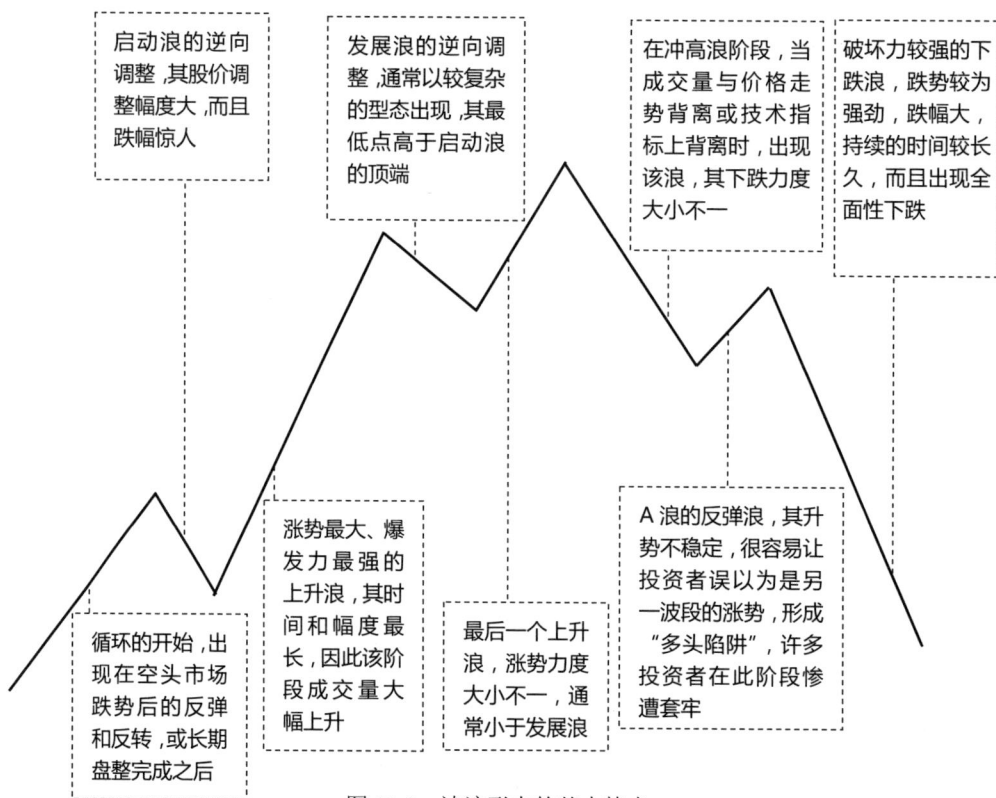

图 11-3　波浪形态的基本特点

艾略特认为，不管是股票还是商品价格的波动，都与大自然的潮汐、波浪一样，一浪跟着一波，周而复始，具有相当程度的规律性，展现出周期循环的特点，任何波动均有迹可循。因此，投资者可以根据这些规律性的波动预测价格未来的走势，在买卖策略上实施。

应用示例——股票价格变动的波浪形态

对于上证指数（999999）而言，其股价 2013 年年底到 2016 年年底之间，利用波浪理论对其股价变动进行分析可得：①～②为启动浪，②～③为调整浪，③～④为发展浪，④～⑤为调整浪，⑤～⑥为冲高浪，⑥～⑦为 A 浪，⑦～⑧为 B 浪，⑧～⑨为 C 浪，如图 11-4 所示。

对于长期投资者而言，可以选择大盘调整阶段选择利好的股票建仓入市，在大盘顺势推动的时候选择利好时机卖出股票皆可获利。投资者一定要正确判断冲高浪，因为冲高浪后股价就开始下跌，如果在 B 浪时期没有逃命，后市必定被套。

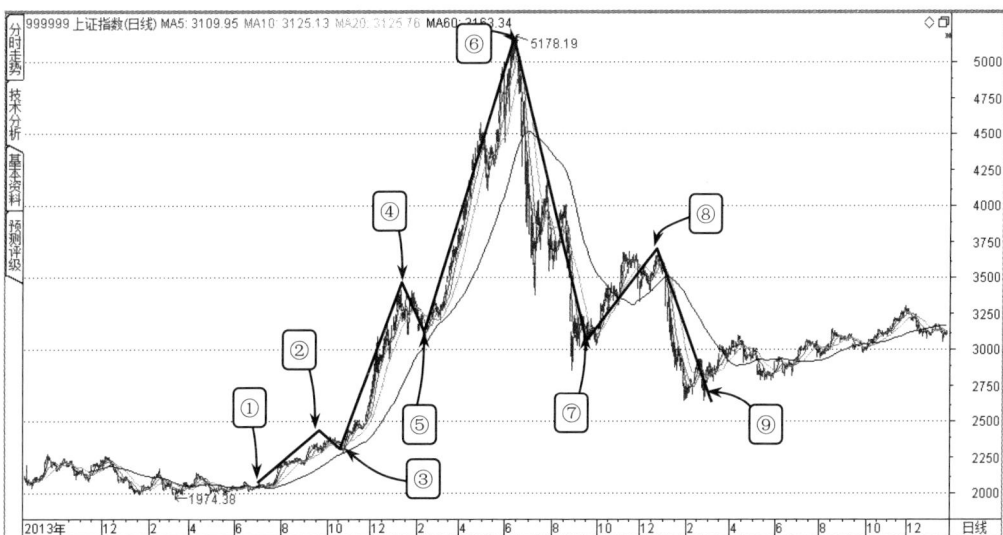

图 11-4 上证指数（999999）股价变动的波浪形态分析

第246项 巴菲特投资经验

沃伦·巴菲特（Warren Buffett）被称为股神，他是美国投资家、企业家及慈善家，主要依靠投资股票和外汇市场，成为世界上数一数二的富翁。其投资方法大致可概括为 5 项投资逻辑、12 项投资要点、8 项投资标准和 2 项投资方式，如图 11-5 所示。

。

5项投资逻辑

- 1.因为我把自己当成是企业的经营者，所以我成为优秀的投资人；因为我把自己当成投资人，所以我成为优秀的企业经营者。
- 2.好的企业比好的价格更重要。
- 3.一生追求消费垄断企业。
- 4.最终决定公司股价的是公司的实质价值。
- 5.没有任何时间适合将最优秀的企业脱手。

12项投资要点

- 1.利用市场的愚蠢，进行有规律的投资。
- 2.买价决定报酬率的高低，即使是长线投资也是如此。
- 3.利润的复合增长与交易费用和税负的避免使投资人受益无穷。
- 4.不在意一家公司来年可赚多少，仅有意未来5至10年能赚多少。
- 5.只投资未来收益确定性高的企业。
- 6.通货膨胀是投资者的最大敌人。
- 7.价值型与成长型的投资理念是相通的。价值是一种投资未来现金流量的折现值，而成长只是用来决定价值的预测过程。
- 8.投资人财务上的成功与他对投资企业的了解程度成正比。
- 9."安全边际"从两个方面协助投资：首先是缓冲可能的价格风险；其次是可获得相对高的权益报酬率。
- 10.拥有一只股票，期待它下个星期就上涨，是十分愚蠢的。
- 11.就算美联储主席偷偷告诉我未来两年的货币政策，我也不会改变我的任何一种作为。
- 12.不理会股市的涨跌，不担心经济情势的变化，不相信任何预测，不接受任何内幕消息，只注意两点：A.买什么股票；B.买入价格。

8项投资标准

- 1.必须是消费垄断企业。
- 2.产品简单、易了解、前景看好。
- 3.有稳定的经营史。
- 4.经营者理性、忠诚，始终以股东利益为先。
- 5.财务稳健。
- 6.经营效率高、收益好。
- 7.资本支出少、自由现金流量充裕。
- 8.价格合理。

2项投资方式

- 1.卡片打洞、终生持有，每年检查一次以下数字：A.初始的权益报酬率；B.营运毛利；C.负债水准；D.资本支出；E.现金流量。
- 2.当市场过于高估持有股票的价格时，也可考虑进行短期套利。

图 11-5　巴菲特投资经验

第247项　索罗斯投资秘诀

乔治·索罗斯（George Soros）本名捷尔吉·施瓦茨（György Schwartz），他是匈牙利出生的美国籍犹太裔商人，著名的货币投机家、股票投资者、慈善家和政治行动主义分子。

索罗斯是金融界的奇才、怪才，由于他在国际金融界掀起的"索罗斯旋风"几乎席卷世界各地，所引起的金融危机令各国金融界闻之色变，因此被称之为"金融大鳄"。

索罗斯的投资技巧是建立在"反射理论"和"大起大落理论"的基础上，在行情反转处进出股市，利用"羊群效应"逆市主动操控市场进行市场投机。其具体相关含义如图 11-6 所示。

反射理论	大起大落理论	羊群效应
• 简单地说，是指投资者与市场之间的一个互动影响。 • 如果相互作用是良性的也就是可逆的，事物的发展会在发生偏离的短时间内回到均衡状态；但如果相互作用是不可逆的，那么事物的发展就会出现历史性的突破。	• 在将要"大起"的市场中巨资投入引诱投资者一并狂热买进，从而进一步带动行情上扬。 • 在市场行情将崩溃之时，率先带头抛售做空。基于市场已在顶峰，脆弱而不堪一击，故任何风吹草动都可以引起恐慌性抛售，从而又进一步加剧下跌幅度，直至崩盘。在涨跌的转折处进出，赚取投机差价。	• 指在一个投资群体中，单个投资者总是根据其他同类投资者的行动而行动，在他人买入时买入，在他人卖出时卖出。

图 11-6　反射理论、大起大落理论和羊群效应

二、如何轻松解套

所谓套牢主要是指投资者进行股票交易时所遭遇的交易风险。例如投资者预计股价将上涨，但在买进后股价却一直呈下跌趋势，这种现象称为多头套牢。

第248项　什么是价格套牢

所谓价格套牢就是指投资者买入股票后，股价一直下跌，由于现价总是低于买入价，从而导致投资者不能无亏损地将股票抛出。如图 11-7 所示，如果投资者在 A 点买入股票，在日后的长时间内股市行情看跌，股价持续下降，必定会被套牢，这种套牢就叫价格套牢。

图 11-7　价格套牢

第249项　什么是价值套牢

简单地说，价值套牢就是投资者投入股市获取的利益没有同期银行储蓄获得的利益多。产生价值套牢与投资者买入股票的价格、股票现价以及公司的经营业绩有关。

例如，投资者以 8.5 元的价格购入某只股票，到卖出的时候每股净利润为 1.2 元，其每股收益为 14%。如果高于同期银行储蓄的收益，则不管后市股价是否会跌，该现象都没有产生价值套牢。如果低于同期银行储蓄的收益，则即使后市股价上涨，该现象也属于产生价值套牢。

第250项　股民如何才能避免被套

在股市中，投资者最担心的就是被套牢，为了降低投资者被套牢的几率，投资者可以从图 11-8 所示的内容进行着手。

准备充分

- 行情的变化情况是无法准确预测的，千万不能盲目地进入股市，盲目地等待股价上涨。

密切注意放量形态

- 在进行股票投资的时候，无论上升行情还是下降行情，都需要密切注意成交量的放量形态，因为这种形态多数是庄家在出货，行情有可能转势，此时投资一定要谨慎。

不买问题股

- 在选择股票的时侯一定要认真分析，仔细研究股票的质量，如果股票质量差，尽量不要购买，以免在基本面突然变化的情况下被套牢。

选一个技术指标做参考

- 在行情的技术分析中包含了很多的指标分析，投资者只需要对其中部分指标或者某一个指标进行透彻研究，发现有行情看坏的信号后，应立即出货或者谨慎持股。

图 11-8　防止被套的基本方法

第251项　解套的方法有哪些

投资者在进行股票投资的过程中，如果被套牢，则应该根据被套的状况积极采取解套的措施。通常的解套策略有 5 种，具体方法如图 11-9 所示。

将所持股票全盘卖出，以免股价继续下跌而遭受更大的损失。

忍痛将手中弱势股抛出，并换进市场中刚刚发动的强势股，以期通过涨升的强势股的获利，来弥补套牢所受的损失。

先止损了结，然后在较低的价位时予以补进，以减轻或填平上档解套的损失。

随股价下挫幅度扩大反而加码买进，从而降低购股成本，以待股价回升获利。

如果手中所持股票均为绩优股，且整体投资环境尚未恶化，此时以不变应万变，静待股价回升解套。

图 11-9　解套的常用策略

。

第252项　熊市不同时期的解套策略应用

虽然解套的策略有多种多样，但是对于不同的股市行情，应选择合适的解套策略，这样才能达到最佳的解套效果。投资者如果在熊市中被套，其具体的解套策略如图 11-10 所示。

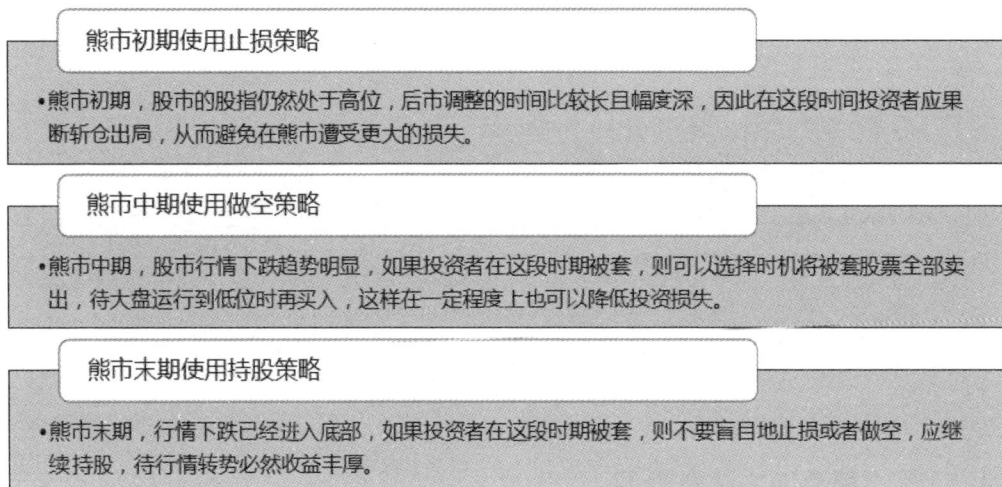

熊市初期使用止损策略

• 熊市初期，股市的股指仍然处于高位，后市调整的时间比较长且幅度深，因此在这段时间投资者应果断斩仓出局，从而避免在熊市遭受更大的损失。

熊市中期使用做空策略

• 熊市中期，股市行情下跌趋势明显，如果投资者在这段时期被套，则可以选择时机将被套股票全部卖出，待大盘运行到低位时再买入，这样在一定程度上也可以降低投资损失。

熊市末期使用持股策略

• 熊市末期，行情下跌已经进入底部，如果投资者在这段时期被套，则不要盲目地止损或者做空，应继续持股，待行情转势必然收益丰厚。

图 11-10　熊市不同时期的解套策略

三、联动效应在买卖股票中的应用

所谓联动效应指某一事物在某段时间内产生了变动情况，在同一时期前后其他相关事物也会出现某些变动情况。在股市中，如果某只股票发生了变动，和它相关或者同类的股票也会产生一系列的变动，因此研究联动效应对投资者判断股票态势和买卖时机有着重要的意义。

第253项　利用地域板块的联动买卖股票

所谓地域板块即为上市公司所在的地域相同，例如四川板块中包含四川长虹（600839）、川润股份（002272）、高新发展（000628）等股票。这种地域板块具有稳定性强、容易操作以及联动效应明显的特点，投资者可以利用这些特点，特别是地域板块的联动效应对板块的行情进行分析，从而选择最适合投资的股票。

第254项 利用同行业板块的联动买卖股票

所谓行业板块主要是由相同行业性质的股票所组成的，如金融行业的中信证券（600030）、长江证券（000783），石油行业的中国石化（600028）、中海油服（601808）、中国石油（601857）等。

对于行业板块而言，联动效应的影响很大。如图11-11所示，康普顿（603798）与恒泰艾普（300157）的联动效应就比较明显。康普顿（603798）2016年4月6日上市，股价当日上涨收出一字线。受该股票的上市影响，恒泰艾普（300157）在4月6日这天也由9.79元上涨到9.98元以阳线报收，而且这两只股票在随后的后续走势中都非常相似。

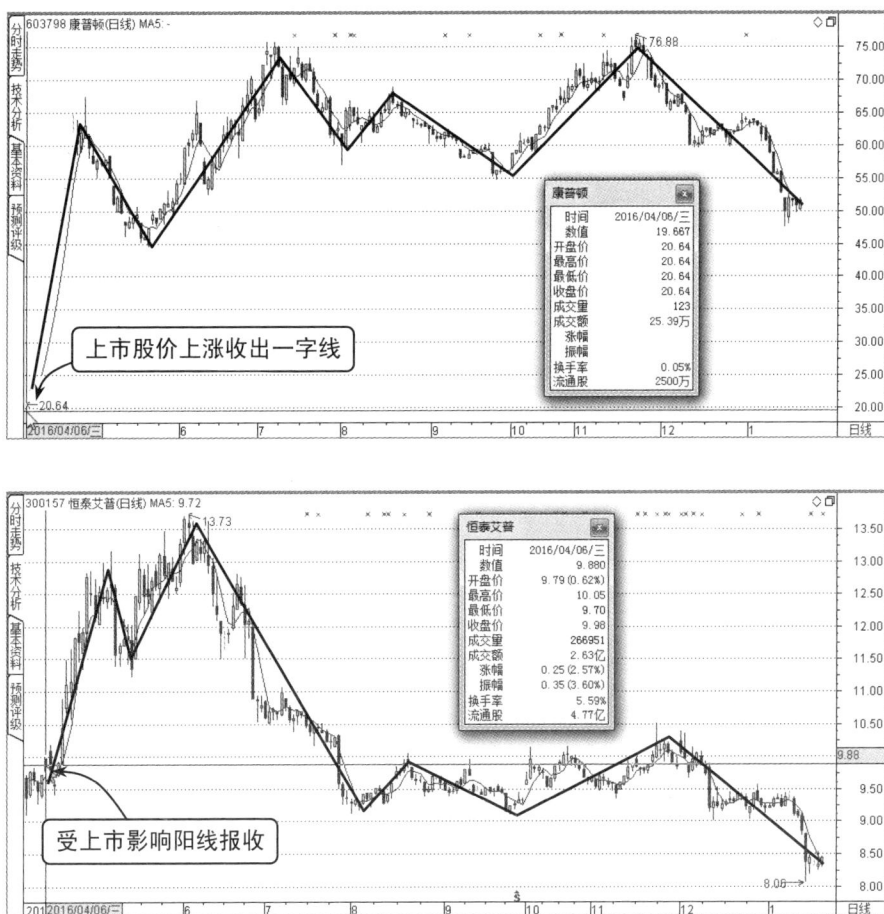

图 11-11 行业板块的联动效应

第 12 章

畅游股市——新股民所必备的防范技能

股市犹如大海，投资者如果以运气、自我感觉或小道消息的态度炒股，最终必定会石沉大海。对于股票的投资，除了掌握必要的技术和投资策略，还需要掌握必要的防范技能，从而确保畅游股市。

- ◇ 什么是股市风险
- ◇ 股市风险具体体现在哪些方面
- ◇ 盲目追涨的风险
- ◇ 股市存在哪些陷阱
- ◇ 小道消息陷阱
- ◇ 克服赌博的心态
- ◇ 克服畏手畏脚的心理

- ◇ 什么是市场风险和非市场风险
- ◇ 传言的风险
- ◇ 风险防范之分散投资法
- ◇ 虚假交易陷阱
- ◇ 线图陷阱
- ◇ 克制自己的贪欲
- ◇ 克服盲目跟风的心态

一、未雨绸缪，防范股市风险

股票和风险是相互依存的关系，只要股票存在，伴随而来的就是风险，因此在股票投资中常会听到"股市有风险，入市须慎重"这句话，投资者不仅要记住这句话，更要将它放在心上。

第255项　什么是股市风险

所谓风险主要是指可能遭受的损失或损害，而股市风险主要是指投资者在进行股票投资的时候可能造成的收益和本金的损失。

股市风险的形成根源

股市中风险形成的根源主要有两大类：一类是外部客观因素所带来的风险，如利率风险、物价风险、市场风险、企业风险等；另一类是由投资者本人的主观因素所造成的风险。

第256项　什么是市场风险和非市场风险

从风险与收益的关系来看，股市风险可分为市场风险（又称系统风险）和非市场风险（又称非系统风险）两种，其具体的内容如图 12-1 所示。

市场风险	非市场风险
• **定义**：是指与整个市场波动相联系的风险，它是由影响所有同类证券价格的因素所导致的证券收益的变化。	• **定义**：是指与整个市场波动无关的风险，它是某一企业或某一个行业特有的那部分风险。
• **导致原因**：经济、政治、利率、通货膨胀等对股市的影响。	• **导致原因**：企业管理能力、劳工问题、消费者偏好变化等对证券收益的影响。
• **风险范围**：购买力风险、市场价格风险和货币市场风险等。	• **风险范围**：企业风险。
• **风险行业**：通常包括销售、利润和证券价格与经济活动和证券市场情况相联系的行业，如基础行业、原材料行业等。	• **风险行业**：通常包括生产非耐用消费品的行业，如公用事业、通信行业和食品行业等。

图 12-1　市场风险与非市场风险

第257项　股市风险具体体现在哪些方面

股市中风险总是无处不在，其具体体现为价格的波动性、不确定性和市场的不稳定性，其具体内容如图 12-2 所示。

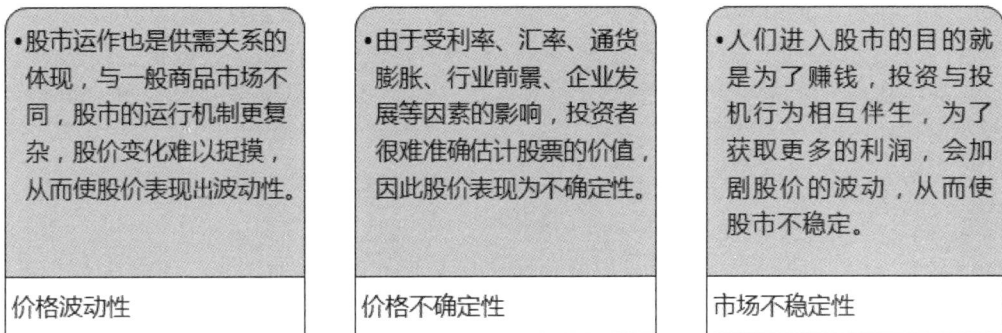

•股市运作也是供需关系的体现，与一般商品市场不同，股市的运行机制更复杂，股价变化难以捉摸，从而使股价表现出波动性。	•由于受利率、汇率、通货膨胀、行业前景、企业发展等因素的影响，投资者很难准确估计股票的价值，因此股价表现为不确定性。	•人们进入股市的目的就是为了赚钱，投资与投机行为相互伴生，为了获取更多的利润，会加剧股价的波动，从而使股市不稳定。
价格波动性	价格不确定性	市场不稳定性

图 12-2　股市风险体现

第258项　传言的风险

中国的股市是一个政策市、消息市，消息对股市的影响非常大。曾经有"信息就是金钱"的说法，但是对于消息，投资者需要认真辨别，分清楚消息是传言还是实实在在的信息。对股市的消息可以分为 3 类，具体如下所示：

◆ **传闻消息**：一般是指对某些领导人包括上市公司负责人非正式的访谈，对尚未正式出台的法规条文、政策的透露，对经济形势的个人见解等。传闻模棱两可、真真假假、似是而非，投资者一定要认真分析真伪。

◆ **预测、分析消息**：主要是股评家或者分析家对股市行情的点评，投资者对于这类信息可以借鉴，但是不能盲目跟从，因为没有谁能准确预测股市，况且有些股评消息有可能就是庄家为了自己牟取利益而使用的一种手段。

◆ **谣言消息**：这种消息常常是来去匆匆，有的是庄家坐庄使用的手段，故意说某只股票后市行情看好之类，从而使那些不明究竟的散户很容易相信并立即买进，结果成了人家的"轿夫"。

第259项　盲目追涨的风险

股市行情的变化都是不稳定的，总会在某个时间由上升行情转为下降行情，由下降行情转为上升行情，因此投资者在股票上升行情中要见好就收，不要盲目追涨，特别是对于已经上涨了很长一段时间的股票，尤其忌讳盲目追涨，因为有可能行情在很短的时间内就转势，甚至下跌到低于买入价格，从而被套牢。

应用示例——盲目追涨导致套牢

国农科技（000004）在经过一波大幅上涨后，在 2016 年 9 月初运行到股价的高价位区。9 月 23 日，股价放量以接近涨停板的价格收出大阳线，将股价拉高到一个阶段性的高点。次日股价低开低走大阴线报收，但是很快股价下跌受到支撑，步入了震荡上涨的行情。

假设某股民在股价持续走强的 A 点以 40 元的价格买入，如图 12-3 所示，持股短短几日后，股价快速上涨到最高的 48.49 附近，但是他并没有卖出股票，而是继续追涨。在 11 月底，股价开始回落，但是该股民认为股市只是暂时调整，还会继续上涨，仍然没有卖出股票，而后的短暂回调后股价在 12 月中旬的 60 日均线位置受到支撑，这就更加坚定了该股民的判断。然而该股最终在 12 月底上涨缺乏动力而最终步入下跌，短短几个交易日的下跌，股价就跌破买入价，此时股民不仅没有赚到钱，反而亏损被套牢。这就是典型的盲目追涨，而且是在长时间的上涨行情中继续追涨。

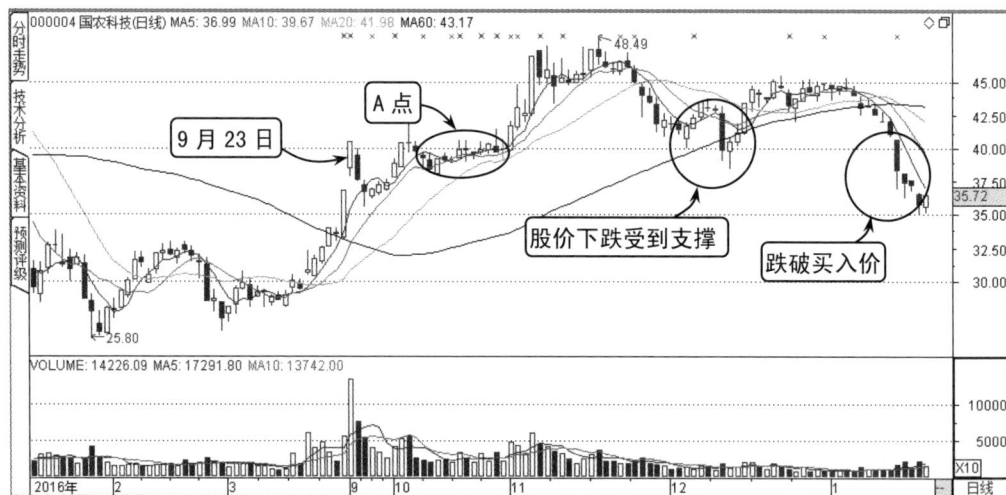

图 12-3　国农科技（000004）日 K 线示意图

第260项　风险防范之分散投资法

为有效避免风险，投资者在进行股票投资时应当采取分散投资的策略，其具体内容有资金分散、行业分散、地域分散和时机分散 4 个方面，如图 12-4 所示。

资金分散：投资者在进行股票投资时，切记不要将全部资金集中购买同一只股票，这样可以防范全部资金套牢。

行业分散：切忌购买同一行业的多只股票，这样可以避免在行业低迷时期所有股票都亏损。

地域分散：其防范作用与行业分散相似，主要是避免同一地域政策对股市的影响，以减少投资风险。

时机分散：根据企业盈利的旺季和淡季选准时机买卖股票，可以降低投资风险。

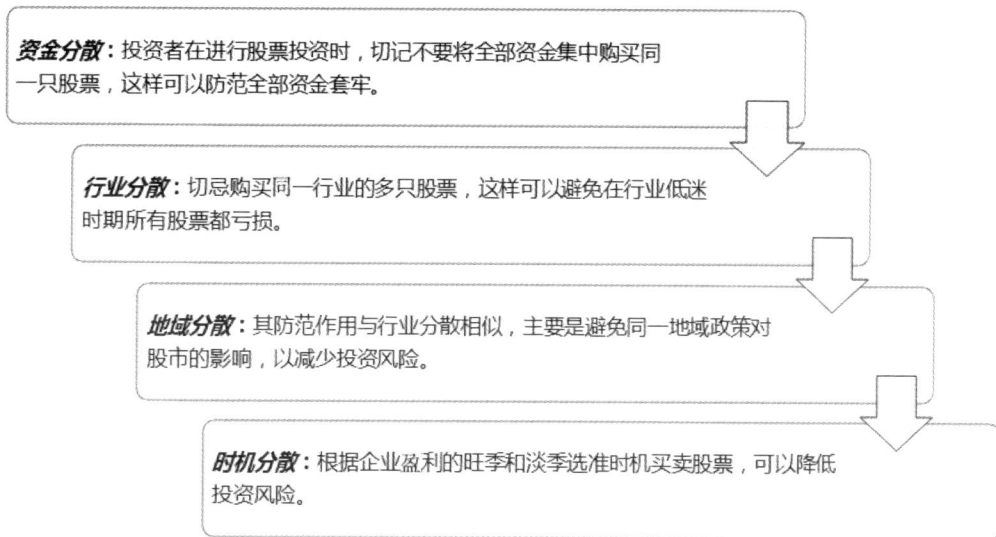

图 12-4　分散投资法

第261项　风险防范之分段买卖法

在进行股票投资时，由于其股价变动情况很难预测准确，因此建议投资者在买卖股票时分段进行。

◆ **分段买入股票**：分段买入股票可避免当投资者一次性将资金全部购买股票后股价下跌带来的损失。投资者采取分段买入，如果行情继续看好，可再次追仓，如果行情看跌，此时也只是买入了部分股票，这在一定程度上就降低了投资损失。

◆ **分段卖出股票**：分段卖出股票的原理与分段买入股票相似，当投资者一次性卖出股票后，过了一段时间，却发现股价回升，涨势良好，而现在手中却没有股票了。采用分段卖出策略，可以在股价回升时停止卖出，继续等待上涨，增加投资收益。

二、慧眼识珠，识别股市陷阱

在股票市场中，有些投资者或者投机者为了自己的利益，故意设下各种陷阱，让那些没有任何防范的投资者掉入陷阱中，因此，投资者在股票投资中识别股市陷阱也是十分重要的。

第262项 股市存在哪些陷阱

在股票市场中，除了某些具有实力的投资者会为小股民设置陷阱以外，某些券商或者上市公司为了达到某种目的，也会冒着违规操作的风险设置各种陷阱，其具体的表现如图 12-5 所示。

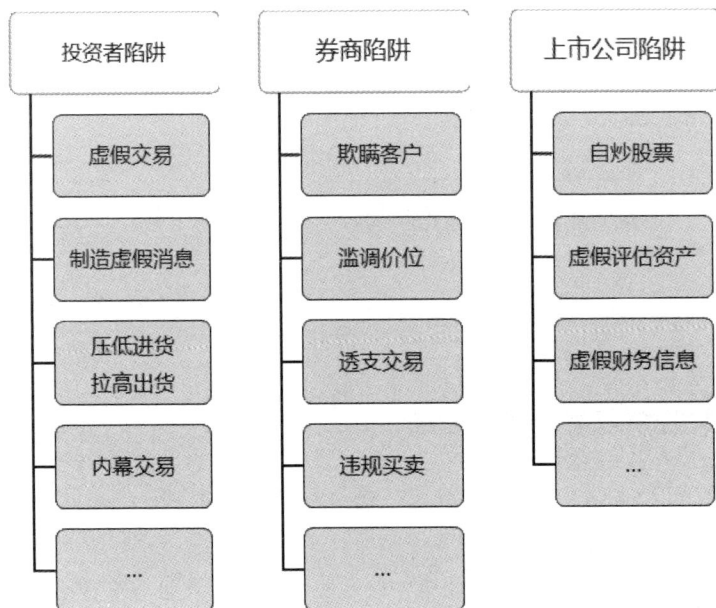

图 12-5　股市中存在的陷阱

第263项 虚假交易陷阱

在股市交易中，某些大庄家为了牟取暴利，常常会使用虚假交易的手段设置陷阱。其具体操作手法是：某些大户利用不同的身份，在不同的证券公司开设多个账户，然后在几个账户中相互转账，形成虚假的交易记录，影响散户的决策判断。

例如：庄家甲分别以 A、B、C 三个身份在不同的证券商开设账户，如果该庄家要出货，他会使用在不同的账户之间相互转账的方式将股价抬高，造成一种虚假的需求，从而误导其他散户跟进，为其抬高股价，庄家就可以在价高时卖出股票。相反，庄家也可以使用该手段将股价压低，从而方便其进入股市。

因此，投资者在股市交易中一定要提防庄家的虚假交易陷阱，通常可以从股票的成交量来进行分析。

第264项 小道消息陷阱

"知者不言，言者不知"，这是华尔街古老的、人人都信奉的对待小道消息的股市警言。在股市中，由于利益关系，各种居心叵测的"专业人士""内部人员"会在一定的时候释放各种假消息，而股民无法识别这些虚假消息，从而导致投资损失。

应用示例——小道消息陷阱分析

2015 年 4 月 21 日，一则小道消息开始流传："金钼股份（601958）是即将被连续拉升的有色翻番黑马股"，同时也有分析指出该股近期底部持续放量，机构吸筹明显，即将连续拉升。结合具体的 K 线分析，该股在 4 月 8 日后步入回调整理，最终在 60 日均线上方获得短期均线的支撑而结束回调步入上涨趋势，成交量确实出现持续放量，于是很多股民不加思考和分析便进入股市，且在随后的几个交易日中，换手率逐渐增大，成交量也明显增多。

然而，该股在 4 月 30 日出现一个跳空大阴线后，连续两个交易日阴线拉低股价，成交量迅速缩小。虽然该股后市经历了一波横盘整理，但是成交不活跃，上涨缺乏动力，最终股价短暂上冲到 17.33 元的新高后开始回调。尤其在 6 月 16 日，一根大阴线一举跌破 5 日、10 日和 20 日均线，当日跌幅达到 8.39%。此时 60 日均线也出现走平的迹象，说明行情有转势的可能，并没有出现前期散播的出现翻番的拉升行情。此时投资者卖出，可以收回成本，如若继续听信谣言，则必定逃不过凶猛的跌势，而且会被严重套牢，如图 12-6 所示。

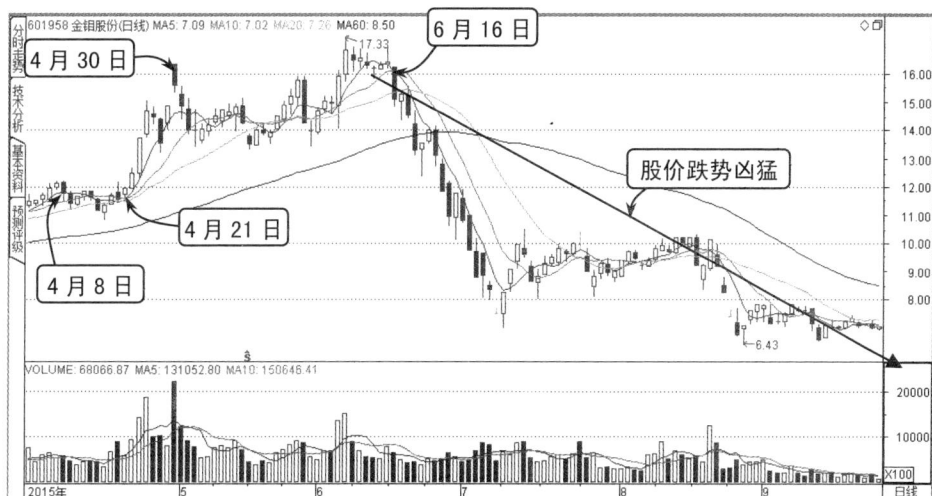

图 12-6 金钼股份（601958）2015 年 4 月至 9 月的日 K 线图

这就是典型的利好小道消息陷阱，股民如果仔细研究一下金钼股份的走势已经经历了一波翻番行情，此时已经进入到股价上涨的高价位区，公司如果没有重大的利好事项公布，很难再开启一波翻番行情，就可以辨别出该消息的真伪，也就不会亏损。

因此，如果你的一位朋友告诉你说某只股票最近有利好的消息，而你听了他的消息后购买股票跟进股市，这种做法是非常不明智的。即使消息准确，也不能确定你就是最先得到消息的人，或许在你得到消息的时候，行情已经过了，此时选择入市有可能会亏损或者被套。

第265项　线图陷阱

为了避免掉入某些小道消息陷阱，某些散户炒股侧重于技术分析，根据不同的线图形态来判断股市行情。但由于技术分析的公式化和可预测性，资金雄厚的庄家往往会利用该特性来造假，诱惑散户上当受骗。

应用示例——大阳线陷阱分析

深大通（000038）大幅上涨后在 2016 年 7 月运行到阶段性的高位后步入了一个深幅的回调整理，并于 2016 年 10 月底运行到回调的低价位区。在 10 月 27 日，股价开盘后一小时突然放巨量拉高打到涨停板并封涨停，当日收出大阳线脱离回调整理行情，如图 12-7 所示。

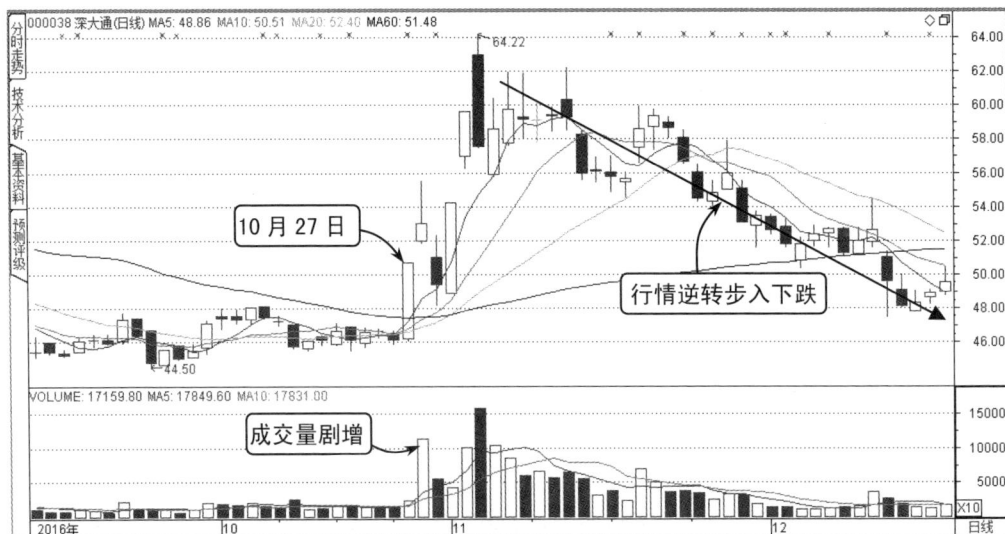

图 12-7　深大通（000038）2016 年 9 月至 12 月的走势图

　　从图中可以看出，在 10 月 27 日当天，由于大阳线的出现，股价被快速拉高，短期均线系统呈现了多头排列，60 日均线也呈现上扬的走势，导致很多散户误认为股价真正的上升行情到来了，其实这是主力给散户布下的大阳线陷阱。

　　观察 10 月 27 日及其随后几个交易日的换手率，如图 12-8 所示，从图中可以看出，27 日的换手率仅为 6.28%，但是随后 4 个交易日的换手率却非常高，分别是30.20%、14.60%、11.48%和 26.75%。在股价持续上涨了一个时期后，换手率又迅速上升，则可能意味着一些获利者要套现，股价可能会下跌。

深大通	☒	深大通	☒	深大通	☒	深大通	☒	深大通	☒
时间	2016/10/27/四	时间	2016/10/28/五	时间	2016/10/31/一	时间	2016/11/01/二	时间	2016/11/02/三
数值	48.941	数值	52.744	数值	51.068	数值	53.260	数值	58.869
开盘价	46.19 (0.30%)	开盘价	52.00 (2.65%)	开盘价	51.01 (-3.74%)	开盘价	48.90 (-0.83%)	开盘价	57.00 (5.09%)
最高价	50.66	最高价	55.60	最高价	52.27	最高价	54.24	最高价	59.66
最低价	46.00	最低价	51.78	最低价	48.10	最低价	48.90	最低价	56.21
收盘价	50.66	收盘价	52.99	收盘价	49.31	收盘价	54.24	收盘价	59.66
成交量	23691	成交量	113933	成交量	55084	成交量	43314	成交量	100934
成交额	1.17亿	成交额	6.09亿	成交额	2.74亿	成交额	2.29亿	成交额	5.88亿
涨幅	4.61 (10.01%)	涨幅	2.33 (4.60%)	涨幅	-3.68 (-6.94%)	涨幅	4.93 (10.00%)	涨幅	5.42 (9.99%)
振幅	4.66 (10.12%)	振幅	3.82 (7.54%)	振幅	4.17 (7.87%)	振幅	5.34 (10.83%)	振幅	3.45 (6.36%)
换手率	6.28%	换手率	30.20%	换手率	14.60%	换手率	11.48%	换手率	26.75%
流通股	3773万	流通股	3773万	流通股	3773万	流通股	3773万	流通股	3773万

图 12-8　深大通（000038）2016 年 10 月 27 日及随后几个交易日数据

　　此外，在这几日成交量出现了快速放大的情况，这也是谨慎介入该股的一个强烈信号。从这些数据可以分析出，27 日的大阳线就是一个陷阱，因此在此后介入该股的投资者要及时出局，否则一旦行情转势，在漫漫下跌行情中将会被深度套牢。

三、管理自我，克服心理误区

　　在股票投资中，技术分析、投资策略以及资金管理等操作层面的缺陷会导致投资失败，但人的心理因素在股市操作中也起着很大的作用，因此在炒股中管理自我、克服心里误区也是比较关键的部分。

第266项　克服赌博的心态

　　股民进入股市都是为了赚钱，虽然股市变化无常，但并非完全没有规律可循，这就需要靠技术分析，不能完全靠运气赌博。纯粹由心理支撑的价格飞涨的牛市虽可持续一段时间，并在中途不断加仓，但这样有可能会造成投资者投资失败，甚至倾家荡产。

第267项　克制自己的贪欲

　　没有哪只股票是一直下跌的，也没有哪只股票是一直上涨的，然而很多投资者常常被利多的消息和狂飙的股价冲昏了头,而忽略了行情转势和对后市发展的分析,从而由于自己的贪欲导致投资失败。所以在股票投资时,投资者一定要克制自己的贪欲,见好就收,这样才能有效地避免或者减少投资损失。

应用示例——贪欲酿成投资损失

德赛电池(000049)在 2015 年 9 月至 12 月,股价经历了长达 3 个月的上涨行情,从最低的 32.51 元上涨到最高的 68.53 元,涨幅超过 110%,许多贪婪的散户,看见股价上涨趋势比较顺利,盲目的加仓追涨。

在 12 月初,股价逐步攀升至最高的 68.53 元后开始整理。短短几个整理日后,股价在 60 元的价位线出现跌势走缓的行情,而此时的成交量相对于前期而言并没有出现较大的减少,如图 12-9 所示。

因此,投资者在 12 月以后入市或者加仓,最终都会亏损。如果投资者继续持股,在后市继续看跌的行情下必将出现更惨重的损失。从后市的行情发展看,短短一个多月的时间,股价就下跌到 35 元的低位,几乎将前期的上涨全部跌破。

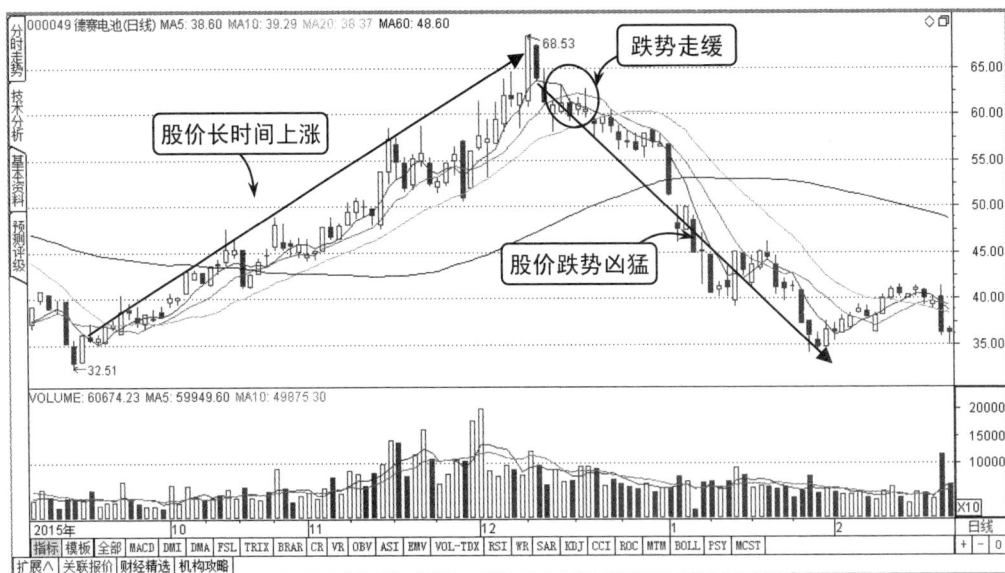

图 12-9 德赛电池(000049)2015 年 9 月至 2016 年 2 月的 K 线走势图

第268项 克服畏首畏尾的心理

如果投资者在股市中曾经投资失败过,那在以后的投资过程中就会表现出畏首畏尾的心理，该心理将导致两种极端的表现，具体情况如下：

- 由于担心买进股票，股价会下跌，股民就紧张地持有资金，不轻易出手购买，即使股价已经跌倒一个非常理想的价位。

- 当股价在上涨的时候，担心现在卖出，股价还会上涨，失去在最高点卖出的时机；股票下跌的时候，担心现在卖出，股价就会急速上涨。

当股民存在畏首畏尾的心理时，往往会影响判断，从而导致投资失败，因此投资者在进行股票投资时一定要克服这种心理，具体的方法如图 12-10 所示。

首先，要设置合理的价位，无论是短期操作还是长线持有，买入和卖出价格都要合理。

其次，要严格按照股市变动规律调整自己的最低买入价和最高卖出价。

最后，要相信不会买到最低价也不可能在最高价卖出，选择合适的价位买卖即可。这样虽然每次都会有点遗憾，没有将利润最大化，然而，落袋为安是最保险的做法。

图 12-10 克服畏手畏尾的心理

第269项 克服盲目跟风的心态

股市中存在着不少的"甩手掌柜"，即完全没有任何知识或者技术的准备而入市的股民。这类股民对行情不进行分析或者对自己的分析没有把握，盲目地跟从他人进行股票买卖，这就是股市中常见的盲目跟风，它是股民最常见的一种心态。这类投资者一方面对股价的狂涨狂跌起了推波助澜的作用，另一方面也上了那些在股市中兴风作浪的人的当，往往会造成投资失败。

在股市之中时常有风云突变，不时会有虚实参半、令人无所适从的消息传来。这种时候一定要有自主判断、自主决策的能力，避免人买亦买、人亏亦亏。股市中，真理不会因为人们的蜂拥而上就掌握在多数人手中，因此切忌盲目跟风。